高校智慧图书馆建设与应用研究

王春霞　著

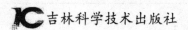
吉林科学技术出版社

图书在版编目（CIP）数据

高校智慧图书馆建设与应用研究 / 王春霞著. -- 长春：吉林科学技术出版社, 2022.9
ISBN 978-7-5578-9759-8

Ⅰ. ①高… Ⅱ. ①王… Ⅲ. ①院校图书馆－数字图书馆－图书馆工作－研究 Ⅳ. ①G258.6②G250.76

中国版本图书馆 CIP 数据核字(2022)第 179486 号

高校智慧图书馆建设与应用研究

著	王春霞
出 版 人	宛 霞
责任编辑	金方建
封面设计	正思工作室
制 版	林忠平
幅面尺寸	185mm×260mm
字 数	267 千字
印 张	11.75
印 数	1–1500 册
版 次	2022年9月第1版
印 次	2023年4月第1次印刷

出 版 吉林科学技术出版社
发 行 吉林科学技术出版社
地 址 长春市福祉大路5788号
邮 编 130118
发行部电话/传真 0431-81629529 81629530 81629531
81629532 81629533 81629534
储运部电话 0431-86059116
编辑部电话 0431-81629518
印 刷 三河市嵩川印刷有限公司

书 号 ISBN 978-7-5578-9759-8
定 价 90.00元

编审会

王春霞　李　源

前　言

　　学科化服务，是指按照科学研究（如学科、专业、项目）而不再是按照文献工作流程来组织科技信息工作，使信息服务学科化而不是阵地化，使服务内容知识化而不是简单的文献检索与传递，从而提高对用户需求和用户任务的支持力度的一种信息服务（知识服务）。学科化服务的主要目标是使信息服务从基于图书馆端系统过渡到基于用户端系统，从作为第三方系统过渡成为具体科研活动的有机组成部分，以保证信息服务的出发点和考核目标能够被定位在科学研究上，通过建立科技信息人员与科研人员之间的紧密合作伙伴关系，促使信息服务对科学研究负责，而不单单对信息服务机构负责，从而扩大图书馆在科研活动中的影响力。

　　学科化服务是图书馆、科研机构和信息机构服务的前沿阵地，其发展前景十分广阔，因而对学科化服务的研究具有重要的现实意义和战略意义。由于高校图书馆是学科化服务最主要的主体，因而本书即以"高校图书馆学科化服务"为题，对涉及高校图书馆学科化服务的方方面面进行深入、系统的研究。

目 录

第一章　高校图书馆学科化服务的产生与发展 ……………………………… (1)
  第一节　学科馆员制度 ……………………………………………… (1)
  第二节　学科化服务产生的背景 …………………………………… (9)
  第三节　高校图书馆学科化服务的内涵、特性及价值意义 ……… (12)
  第四节　高校图书馆学科化服务的发展历程 ……………………… (16)
第二章　创新高校图书馆知识服务建设 ………………………………………… (20)
  第一节　知识服务的理论基础 ……………………………………… (20)
  第二节　高校图书馆知识服务现状与需求分析 …………………… (24)
  第三节　创新理念下高校图书馆知识服务模式构建 ……………… (34)
  第四节　高校图书馆创新知识服务的对策研究 …………………… (42)
第三章　大数据与高校图书馆个性化信息服务建设研究 …………………… (48)
  第一节　大数据与高校图书馆个性化信息服务理论概述 ………… (48)
  第二节　高校图书馆网站个性化信息服务现状调查研究 ………… (55)
  第三节　基于大数据的高校图书馆个性化信息服务系统模型构建研究 …… (68)
  第四节　大数据环境下高校图书馆个性化信息服务发展对策 …… (73)
第四章　高校图书馆学科化服务的管理 ………………………………………… (80)
  第一节　高校图书馆管理与学科化服务 …………………………… (80)
  第二节　高校图书馆学科化服务管理的主要内容 ………………… (86)
  第三节　基于知识管理的高校图书馆学科化服务 ………………… (98)
第五章　高校图书馆资源管理的方法 …………………………………………… (105)
  第一节　高校图书馆资源的来源与选择 …………………………… (105)
  第二节　建立科学的文献资源引进程序 …………………………… (125)
  第三节　建立完善的文献资源采集工作规范 ……………………… (127)
  第四节　加强采访队伍的建设 ……………………………………… (129)
  第五节　合理使用文献购置经费，加强使用效益评估分析 ……… (130)
  第六节　建立合理的藏书布局 ……………………………………… (131)
第六章　高校图书馆数字资源版权管理实践 ………………………………… (133)
  第一节　制订图书馆数字资源版权管理战略规划 ………………… (133)
  第二节　制定版权管理制度 ………………………………………… (138)

第三节　利用法律法规与政策支持 ……………………………………………（146）

第四节　获取著作权授权 …………………………………………………………（156）

第五节　应用版权管理技术 ………………………………………………………（159）

第七章　高校图书馆学科化服务未来的发展趋势 ……………………………**（166）**

第一节　泛在图书馆 ………………………………………………………………（166）

第二节　泛在图书馆环境下嵌入式馆员的泛在化服务 ………………………（170）

参考文献 ……………………………………………………………………………**（178）**

第一章　高校图书馆学科化服务的产生与发展

第一节　学科馆员制度

学科化服务源自学科馆员制度的建立。因此，要探讨学科化服务，首先就应追溯学科馆员制度的建立。

一、学科馆员制度的源起

国外学科馆员的起源应追溯到文艺复兴时期。英国 Cross Ley 描述了剑桥、牛津大学的学科馆员制度，他认为传统意义上的研究型大学图书馆的学科馆员是学科专家。文艺复兴时期，大学就有学识渊博的图书馆员，他们是法学、文学或神学的专家，这一传统一直延续到本世纪。德国 Danton 认为，学科馆员制度最早可追溯到 19 世纪早期。据英国 Margarent Feetham 研究，学科馆员最初由 R. W. Chambere 于 20 世纪初引进伦敦大学，而后在 20 世纪 30 年代被利兹大学采用并扩散到其他学校。美国 Red 认为，1940 年以前，哈佛大学等多家图书馆就已经雇用了早期的学科馆员——区域问题参考馆员，但他认为真正的学科馆员制度源于第二次世界大战期间国家安全防御活动和对特定信息需求活动的需求。

在第二次世界大战中，美国为了解陌生的太平洋岛国和神秘的东南亚文化，人类学、社会学、历史学、评议等领域的专家得以聚集一堂解决信息危机问题，在此过程中逐渐产生了区域问题的研究方法，并在图书馆建立了区域问题研究馆藏。伊利诺斯大学、印第安纳大学、哈佛大学和哥伦比亚大学等先后投入大量经费从事区域馆藏项目建设，掌握学科专业知识、通晓各国评议的学科专家在其中发挥了重要作用。之后随着研究项目的顺利发展，区域问题参考馆员逐渐演变为学科馆员，便形成了早期的学科馆员制度。

二战后，学科馆员制度在美国、英国以及德国都得到了较大的发展。早在 1946 年，美国原伊利诺斯大学校长 Robbert Downs 就倡导为研究型大学准备学科馆员；芝加哥大学图书馆 Herman Fussier 更为关注学科馆员角色，1949 年提出了"更为广阔领域的学科馆员"概念，强调学科馆员自身是一位学者，既要了解书、书的价值、书商的特点，同时也必须关注用户需求。在美国学科馆员发展史上，"分馆制"起了重要作用，内布拉斯加大学是美国第一个完整意义上的"分馆制"图书馆。1950年，该大学已雇佣了多名学科馆员。这种"分馆制"允许学科馆员实施与专业领域相关的图书馆各方面的工作，使学科馆员得到了最大限度的利用，因此可以作为学科馆员制度得以正式建立的标志。1960年，美国许多大学图书馆按"分馆制"进行了重组，并且都雇佣了学科馆员。在20世纪70年代早期，美国的国家科学学会和社会科学研究委员会建议所有的大学图书馆都雇佣学科馆员。1981年，美国卡内基梅隆大学图书馆实施了学科馆员制度，称之为"跟踪服务"。接着，俄亥俄大学图书馆也推出了"网络化馆员导读服务"。

在英国，二战后随着地区性学院不断提升为大学，学科馆员制度得以不断发展。1964年，高等教育帕里协会建议所有的英国大学图书馆都雇佣学科馆员，此项制度在二十世纪六七十年代也得以流行。1975年，已有20个大学图书馆建立了此项制度。这一时期由于网络资源尚未形成，学科馆员大都具有一种乐观主义精神。Thompson是东英格列大学的英国文学专家，他于1975年提出应该建立这一领域的最全面的馆藏。

在德国，学科馆员制度的发展是二战后馆藏重建的结果。20世纪50年代，德国大学图书馆要求学科馆员必须具有博士学位，接受两年图书馆培训，并参加国家考试。20世纪60年代早期，平均每个德国研究型大学图书馆设有4~15名学科馆员。至20世纪70年代中期，Peter Biskup研究发现，德国大学图书馆一般都设有8~21名学科馆员。这一时期，学科馆员主要负责图书采购，但也会从事编目和参考咨询工作。

在国内，学科馆员建制起始于清华大学图书馆。1998年，清华大学图书馆建立了科学馆员制度，并设立院系、聘请了图情专家，在国内大学图书馆率先开始了由学科馆员与院系图情专家相结合、面向学科的图书馆服务。之后，东南大学图书馆、西安交通大学图书馆、北京大学图书馆、武汉大学图书馆、江苏大学图书馆、南开大学图书馆、北京师范大学图书馆、上海交通大学图书馆等多个高校图书馆都效仿设立了学科馆员（或学科咨询馆员）制度，由专人负责开展面向特定院系与学科的、有针对性的服务，只是学科馆员的工作职责侧重点不同。自2003年以后，清华大学图书馆又针对网络化、数字化环境的变化，进一步拓展了学科馆员的职责，并尝试面向学科的竞争情报分析服务，收到了比较好的效果。2006年，中科院国家科学图书馆推出了"融入一线，嵌入过程，提供学科化、个性化、知识化、泛在化服务"的"第二代学科馆员和学科化服务"，以其"融入一线、组织一线、服务一线；责任绑定、服务绑定、创新绑定、考核绑定"的学科馆员管理原则和服务而受到了广泛关注。2008年，上海交通大学图书馆又推出了以创新服务模式为品牌的全馆全方位学科化服务体系，从组织机构设置、学科服务团队组成、馆藏物理空间布局到各类业务流程再造，都开始以学科化服务为主线进行，在国内走出了一条独具特色的学科化服务之路。至2010年，全国已有100余所高校图书馆设立了学科馆员岗位，开展面向学科的服务。

二、学科馆员的概念

图书情报学在线词典中学科馆员被定义为以专业知识和经验用于选择专业资料，并对用户提供某主题领域或学术专业（或学科分支）的书目指示和参考服务的图书馆员。在大学图书馆中学科馆员通常还持有所在学科领域的第二硕士学位。他们也可以叫作主题分析馆员。

1983年出版的《美国图书馆协会图书馆学与情报学词汇表》将"学科馆员"定义为："图书馆中那些对某一专业领域学科有浓厚的知识底蕴，负责图书馆专业领域馆藏文献的遴选评估，有时也提供此专业的信息咨询服务及负责馆藏图书的分布组合的工作人员。亦作学科文献书志馆员。"

三、学科馆员的职责

学科馆员的产生与美国大学的学科设置有一定关系，学科馆员的设置就是在学科变化和馆藏建设的需要中逐渐发展起来的。学科馆员的职责并没有统一的规定，它因各图书馆的类型、规模、学科特点和资源等的不同而不尽相同。

（一）国外学科馆员的职责

关于学科馆员的工作职责，图书馆界最认同的说法是 Dennis W. Dickinson 在1978年提出的，他把学科馆员的主要职责归纳为两个方面：专业参考帮助和院系联络。专业参考帮助是指向读者提供咨询建议、数据库检索、参考资源建设以及读者使用指导；而院系联络则是指与各院、系、研究所建立交流沟通机制，主动了解学科信息需求，有针对性地改进图书馆工作。具体如下。

1. 院系联络

高校学科馆员担任着图书馆和院系之间联络人的角色，这包括参加院系或教研室的各种相关活动，了解该院系或教研室的学科建设和发展，了解教学和科研的计划与发展，反馈老师和学生对图书馆资源与服务的建议和要求，及时向院系或教研室的老师及他们的研究生介绍专业信息资源与图书馆服务等。有了学科馆员的优良服务，使得图书馆和各院系的联系进一步加强，为信息与院系教学和科研的结合提供了强有力的保证。参加院系或教研室的各种相关活动可以是正式的也可以是非正式的。例如，学科馆员可以参加院系的课程计划委员会或新学科建设委员会；定期参加院系全体会议及学科各种与教学科研有关的活动，参与院系学科建设或课程设置计划；定期到院系或教研室坐班，提供定点到位服务或参加院系一些其他活动。这给双方提供了很有利的合作机会和条件。这种学科馆员服务制度，极大地方便了院系或教研室的信息服务。

2. 学科信息资源服务

高校学科馆员的另一项重要职责是为教师和学生的教学和科研提供信息资源服务，这包括协助教师专门为某专业课程教学的需要提供有关信息资源和建立学科资源导航。目前，比较常见的方式是通过网上教学系统为某课程提供与该课程的学习、作业和考试有关的信息资源。利用这些信息资源，学生可以更好地完成课程的学习，提高学习质量。另外一种方式是为某教学课程设计专门的网页。例如，奥克兰大学图书馆的学科馆员为一些大型课程专门做了网页。其中一个例子是历史学科馆员与各门历史课教师的讨论，为一到三年级的9门课程做了网页，为这些课程提供信息服务。

3. 学科信息素养教育

提供信息素养教学服务，包括信息素养课程设计、课堂教学等。提供信息素养教育是学科馆员很重要的一项工作。根据美国信息素养标准，有信息素养的人被定义为：能确定所需信息的内容与范围；能有效地获取所需的信息；能批评性地评估信息和信息源；能将选择的信息融入个人知识库中；能有效地将信息应用到具体实践中；从经济法律和社会的角度考虑信息的使用，并以伦理道德观和法律准则保证信息使用的正确性。

自20世纪90年代起，信息素养教育被许多国外高校列为对毕业生培养的目标之一，因此对学生进行信息素养教育也越来越得到了重视。为学生讲授与课程有关的信息资源检索和管理便成了学科馆员一项重要的职责。现实中，学科馆员也经常走到院系中去，主动与教师联系如何将信息素养教育结合到专业课程中。有的学科馆员还与专业课教师共同设计课程，探讨如何更好地将信息素养教育融入专业课程教学中。参与学科教学已逐渐成为高校图书馆学科馆员的职责之一。

4. 馆藏资源建设

学科馆藏资源建设是学科馆员的另一项职责，包括推荐新书和剔旧。学科馆员也是指定学科数据库的试用评估人和联络人。通常教师和研究生将所需要的图书直接推荐给本院系的学科馆员，学科馆员根据馆内收藏情况决定是否提交采访部门订购。另外，学科馆员还定期分析馆藏资源与学科专业配置比率及定期剔旧以保证本学科馆藏资源建设的合理性。对于馆藏比较弱的专业，学科馆员会与教师联系推荐新书，有时学科馆员直接推荐新书以弥补薄弱专业的馆藏资源。馆藏建设的另一个方面是学科期刊和数据库的建设包含几个学科，所以学科期刊和数据库的建设往往是几个学科馆员共同商讨决定的。例如，在馆内决定购买某一新数据库之前，往往由学科馆员和教师共同试用和评估，再由学科馆员收集反馈意见，馆长根据反馈意见最后决定是否订购。随着数据库导航系统的出现，为本学科建立学科导航系统也成为学科馆员的职责。

5. 参考咨询服务

提供参考咨询服务一直是图书馆服务的一个重要组成部分。学科馆员既提供图书馆咨询台服务，又提供对本学科教师和研究生的一对一的学科咨询服务。本学科的教师和研究生可以直接以电子邮件、电话等方式联系他们的学科馆员，咨询解答各种问题。学科馆员的人数有限加之本科生对信息需求的不同，对本科生的服务通常是以班级为主。

（二）国内学科馆员的职责

李春旺、李广健认为学科馆员的发展分两个阶段，即基于传统图书馆的第一代学科馆员制度阶段和基于数字图书馆的第二代学科馆员阶段，并对两个阶段学科馆员的职责进行了较为深入的分析和总结。

1. 基于传统图书馆的第一代学科馆员制度阶段

李春旺、李广健认为第一代学科馆员制度主要基于传统图书馆的组织机制与用户需求，依托印刷型文献资源和手工服务方式，致力于建立图书馆与研究机构之间的学科联络与主动服务机制，初步实现学科服务与主动服务两大目标，其核心职责是学科联络和专业参考帮助，具体可分为以下几个方面：

学科需求联络，即建立图书馆主动了解用户需求的交流机制，实现信息从学科用户向学科馆员的流动。

馆藏建设，包括了解本馆及合作单位馆藏学科资源，协助制订资源建设策略与规划，根据学科用户的意见制定采购订单，负责学科资源的著录、分类与管理以及资源建设质量的评价与监控。

公共关系与营销，指学科馆员作为图书馆的发言人和资源、服务的推销员，主动向科研人员提供图书馆资源、服务以及相关政策与策略等信息，促进信息从学科馆员向学科用户的流动。

用户服务与用户教育，主要包括提供一线读者服务工作，参考咨询服务、编写资源利用与服务指南，负责用户信息利用的指导与培训等。

2. 基于数字图书馆的第二代学科馆员阶段

李春旺、李广健认为第二代学科馆员制度是面向数字化、网络化信息环境，以数字图书馆为依托，从而充分体现出"以用户为中心"的服务理念，通过数字图书馆系统与研究机构知识管理平台的无缝集成，使学科馆员更多地参与科研活动，将信息服务融入个人信息环境之中，并根据用户需求指导信息组织，实现信息服务与资源的统一。在保留和发展了第一代学科馆员职责的同时，第二代学科馆员增加了许多新的职责，主要有以下几种。

（1）科学信息作者与发布者。作为具有学科背景的信息管理专家，学科馆员将从单一的信息推荐者变为兼有多重身份的信息生产者与信息发布者。其一，学科馆员作为二次文献的作者与发布者，负责本学科领域文献资源的分析、评价、导航、推荐工作，编写文摘、书目、书评、导航目录、数据库评价报告等，并利用网络进行发布。其二，学科馆员作为一次文献的作者与发布者，研究学科进展、发展态势，并建立专题网站发布自己的研究成果，这种形式随着blog交流方式的兴起而迅速发展起来。例如，Greg Notess创建了一个搜索引擎专题网站，发布他在搜索引擎方面的研究成果，Search Engine Showdown已经成为当前搜索引擎领域研究人员最重要的参考网站。

（2）信息资源管理者。首先，学科馆员是馆藏印本资源、电子资源和分布式网络资源的管理者，负责这些信息的采集、组织、保存、访问权限管理、信息迁移服务与永久性保存服务等工作。其次，学科馆员是研究机构知识资产的管理者，参与机构数据库的建设与维护，负责研究机构知识资产信息的标准化组织、永久性保存以及学术成果网络发布、交流、开放存取等工作。最后，学科馆员负责学术交流过程中产生的增值信息管理，包括来自科研人员与学科馆员的交互信息，来自虚拟学术社区的讨论组信息等。通过对研究机构知识资产以及学术交流过程信息的管理，学科馆员真正融入科研活动中，有机会获取科研成果形成过程中的相关信息以及科研成果公开发布后的演变信息，以便构建复合数字对象实现对信息的深层次揭示与管理。

（3）知识管理员。作为知识管理员，学科馆员的职责包括两方面：第一是知识组织服务，即利用数据挖掘等技术对相关信息进行主题聚类、分析、评价、过滤，从而发现用户最需要的信息内容。第二是竞争情报研究，即根据研究机构的发展需要，由学科馆员综合学科信息、竞争组织信息、机构知识信息等，利用文献计量学等方法进行统计分析与评述，发现学科发展趋势、竞争对手动向以及本机构的优势、劣势等，为科研决策提供情报支持。

（4）研究人员。作为信息管理专家，学科馆员负责信息组织方法、管理政策、交流机制等方面的研究，跟踪学科进展，研究学科信息发展态势，指导用户获取、理解、使用信息资源，提供相关咨询服务，发挥网络馆员的作用。作为信息技术专家，学科馆员与对口学科研究人员、学习型组织成员、IT技术专家等协同工作，参与数字图书馆技术研究，设计开发信息管理工具，实现数字图书馆系统和用户信息环境的无缝集成。作为特定学科专家，学科馆员成为机构科研团队的一员，参与对口学科的研究工作。

（5）虚拟交流的组织者。作为虚拟交流空间的创建、组织与协调者，学科馆员提供空间服务，负责虚拟交流活动的组织以及对交流中产生信息的管理，负责合作式信息挖掘与推荐，负责在线咨询以及专家咨询代理等职责。

另外，李更良根据学科馆员新的角色定位，认为学科馆还应具有以下新的职责。

（1）专业用户研究。学科馆员的服务对象以特定学科领域的专家学者为主，他们的研究工作内容专深，如果不通过深入地分析和钻研很难把握他们的信息需求特点。为此，学科馆员要围绕服务对象展开广泛的研究。例如，某个重点服务对象所从事的工作内容、研究方向、关注热点，所从事研究所处的研究阶段，有哪些现实的和潜在的信息需求等。学科馆员的这些研究不能像一般的图书馆员一样坐等读者上门，必须走出图书馆亲自参与到服务对象的研究工作之中，以同行的身份与之进行交流、沟通，真正成为他们生活中的朋友和工作中的伙伴。只有如此，才能从多个侧面了解他们，准确地把握他们的兴趣爱好以及对某个问题的个人观点，而这些信息都可能帮助学科馆员确定自己的服务方向和重点。

（2）学科文献信息研究。学科馆员以学科专业的文献信息为重点研究内容。这种研究是建立在图书馆整体工作之上的，要以全体图书馆人员的工作为基础。学科馆员并不是像现在有人说的要自己编制专业书目、建立网络信息导航系统，而是要充分利用图书馆各部门的工作成果，如图书馆目录、专题书目、工具书、数据库、网络资源导航系统等展开对学科专业文献信息的研究，对已经掌握的信息源进行认真的分析，作出客观的评价。学科馆员要善于挖掘信息，善于从别人不注意的地方发现有用的信息，还要积极撰写专业文献信息综述，尤其要通过文献信息研究，提出自己对学科信息的独到见解，进行知识创新，为专业研究人员利用文献信息提供参考和帮助。

（3）学科发展研究。学科馆员要通过对专业文献信息的分析和研究，洞悉专业学科的发展现状，准确把握该学科研究的热点、难点问题。应积极提出专业学科发展方向的见解。在专业人员选择研究方向、确定研究课题时可以给他们提供有力的帮助。

对跟踪服务的研究课题，要研究其所处的研究阶段、课题的关键技术以及该领域的最新成果，能够将最新成果应用于研究课题之中，使课题的研究少走弯路、节省时间，必要时还要及时地对当前某些方面的无效研究提出终止的建议，以避免重复劳动。对于学科发展服务，学科馆员还要跟踪相关领域的前沿动态，给课题的研究提供尽可能多的参考和借鉴。

（4）参与教学科研的实际工作。学科馆员要为科研和教学提供高质量的信息服务，还必须亲自参与到教学科研活动之中。学科馆员要凭借自己的知识结构优势在教学科研活动中占据一席之地。只有如此，才能真正融入教学和科研活动之中，准确掌握教学和科研中的信息需求，充分发挥自己的作用，体现出自己在教学和科研工作中的价值。更为重要的是，学科馆员要加强与科研管理部门的合作，如有条件还要参与科研管理。通过参与科研管理了解本学科专业在研课题的总体情况，从而使自己的研究和服务更有针对性，并为立项新课题提供选题和方向。同时，通过参与科研管理的便利条件，密切与科研人员的联系，使自己真正融入科研的氛围以体会到科研的感觉，进入科研的角色。只有这样，才能提高自己的能力和水平，促进信息服务水平的提高。

四、学科馆员与参考馆员的比较

参考馆员，简单地说，就是从事参考咨询服务工作的图书馆员，是了解、熟悉乃至精通某学科、专业、文献类型以及相关检索工具等知识，并为读者（用户）提供相关服务的、为图书馆的其他业务工作提供咨询建议的、能体现职业特点的图书馆员。"参考馆员制"是图书馆设立的，以图书馆为中心，以服务图书馆用户为目的，通过参考馆员的服务来满足用户需求的参考咨询服务模式。该制度的建立由来已久，它是随着参考咨询服务工作的发展而产生和发展的。

学科馆员是指高校图书馆委派的、专门与某一院系或学科进行对口联系，主动为用户提供有针对性文献信息服务的图书馆员。"学科馆员制"是以学科为对象而建立的高级专业人员对口服务模式。这种"服务模式以学科为对象，依托具有某一学科专业背景、熟悉图书馆馆藏结构和资源利用手段，具有敏锐的信息意识、较强的信息组织加工及获取文献信息能力的图书馆高级工程师专门服务人员，与某一学科建立对口服务"。

可以说学科馆员是在参考馆员基础上发展而来的，两者的本质是一致的，只是随着信息技术的发展和服务理念的转变，两者在某些方面有了一些不同，主要体现在以下几点上。

（一）服务目标上

参考馆员的服务目标是普及培训和指导工作，对用户开展利用资源的培训，举办检索技能讲座，及时通报图书馆最新服务方式和手段，提供多种形式的信息咨询服务；沟通协调用户与图书馆的关系，了解用户对图书馆发展的意见和建议，帮助用户参与图书馆的建设和发展。而学科馆员的服务目标是加强图书馆与院系学术单位的合作；促使更多的用户了解并利用信息资源；探讨一种能加强图书馆指导作用的协作模式；通过文献信息服务参与和支持院系及学校的发展计划；提供一个交流渠道与师生们讨论图书馆的问题以及读者所关心的问题。

（二）服务作用上

参考馆员制度的建立，提高了高校图书馆各种馆藏文献的利用率，提高了文献服务水平，对高校图书馆的发展起到了巨大的推动作用。而学科馆员的作用主要体现在促进图书馆资源利用与资源建设两个方面。通过学科馆员参与对口学院的学科建设、课题研究，促进了图书馆信息资源和人力资源的充分利用，同时也促进了图书馆的资源建设；不仅包括印本资源、数字资源，还包括网上虚拟资源、人力资源等建设。学科馆员制度的建立对图书馆开展层次服务，提高图书馆的服务水平与服务能力，提升图书馆形象具有重要的促进作用。

（三）服务内容上

参考馆员服务主要以解答读者常规性问题、辅导使用资源为主。参考馆员服务基本上是一种被动型服务，他们向用户提供一般性的信息服务，服务范围广阔，没有学科专业限制，能满足用户全方位、多层次的信息需求，主要解决用户在使用图书馆过程中遇到的具体问题，属于大众性、综合性、社会性的服务类型。而学科馆员则更多地涉及某个学科的发展，以向用户提供学科信息、协助用户完成课题为主要任务。他们的服务内容更侧重于与用户交流，提供和帮助用户发现更多的专业资源和信息导航，深入用户的科研或教学活动过程中，为用户的研究和工作提供具有较强的针对性的信息资源。

（四）服务对象上

参考馆员是为图书馆所有读者提供帮助，服务对象具有随机性和不确定性，服务范围广泛。传统的图书馆参考馆员主要为到馆用户服务，指引他们查找所需的文献资源，帮助他们解决在利用图书馆的过程中遇到的各类问题。在现代信息技术条件下，网络的应用使参考咨询服务的对象从本馆、本地扩大到整个社会乃至全球，参考馆员所服务的用户群越来越庞杂。而学科馆员则更多地面向科研一线人员，服务对象更具体、更明确。学科馆员通常根据自身某一学科的专业背景，为从图书馆用户中细分出来的、集中在专门领域的学科用户提供全方位、多角度的信息服务。

（五）服务形式上

参考馆员服务是"以图书馆为中心"的信息服务形式，这是一种基于图书馆的体系机构，响应用户请求而提供的服务，参考馆员只能被动地接收用户提出的需求信息，无法实现主动的推送服务。而学科馆员服务是"以用户为中心"的信息服务形式。学科馆员需要走出图书馆，与相关的院系师生和主管科研的院系领导、学术带头人建立经常性的联系，定期了解他们的教学和科研进展情况、学术开展情况以及对文献信息的需求情况。学科馆员不但可以主动获取用户的需求信息，而且还可以主动将图书馆的资源、服务及相关政策信息推送给用户。

（六）素质要求上

在本质上，参考馆员和学科馆员都是以特定用户的信息需求为中心，而学科馆员不仅要具备参考馆员的各种素质，而且还必须对本学科的情况有较全面的了解，具备在这一学科领域深入研究的能力。相关学科知识背景使得学科馆员对于馆藏学科文献的敏感度相对较高，因而他们能够更有针对性地对学科专业文献信息进行收集整理、分析研究，发挥协助教学科研的主观能动性，为用户提供高水平、深层次、参考利用价值高的信息服务。这种信息服务往往能够真正带给用户以个性化的服务和较高的满意度，被誉为"深度研究咨询"或是"扩展性信息咨询"。

（七）角色定位上

从用户的角度来看，参考馆员是图书馆用户的求助者，他能解答读者在使用图书馆的过程中遇到的各种问题，能为用户提供全方位、多层次的服务。从图书馆的角度看，参考馆员是图书馆资源与服务的宣传者，是维系图书馆与用户的纽带。而学科馆员则是一个由图书馆派出的上门服务的使者，他在积极宣传图书馆的资源与服务的同时，也把相应的信息和服务送到用户手中。学科馆员所具有的学科背景，有助于其为相关院系的读者群提供有效的资讯服务。从图书馆的角度来看，学科馆员则是一个与用户密切联系的情报员，他们收集各种用户情报，使图书馆能更好地了解用户的需求，从而提供最佳的资讯服务。

第二节　学科化服务产生的背景

学科化服务是现代高等教育可持续发展的产物，也是社会环境变化对图书馆综合影响的结果。

一、服务环境的变化

高校图书馆所处的服务环境发生了巨大变化，目前的图书馆面临着两方面的压力：一方面，传统的图书馆已不再是信息资源的唯一拥有者和提供者；另一方面，现代网络环境下科技自主创新下的信息需求发生重大迁移，文献信息服务格局也正在发生根本转变。随着出版商直接面向最终用户提供信息服务，以及商业性信息经纪人的崛起，削弱了图书馆原有的核心竞争力，如何提升服务能力成为图书馆的当务之急。网络出版改变了传统学术交流模式，以用户为中心成为新型学术交流的核心特征，非正式交流变得越来越重要。用户希望图书馆员能创新服务模式，在学术交流组织、管理等方面发挥重要作用。在此形势下，图书馆的核心能力不再是自己的资源能力，而是基于用户需要和用户过程的深层次服务能力；图书馆的信息保障能力应建立在满足用户需求的基础上，而不是人均拥有的文献的数量；信息系统开发应站在用户的角度，提升用户利用信息的能力；服务组织需要将图书馆工作深入为用户服务的全过程中。

二、网络技术的发展

网络环境下，传统的信息资源不均衡和信息获取的难度得到极大改善，信息检索和获取变得日益方便和简单，用户与搜索引擎的关系越来越亲近和密切。用户普遍认为，网上无所不有，用户无所不有。用户希望他们所需的信息直接到桌面、到现场，用户希望能足不出户，可以在办公室、实验室、家中、出差途中，随时随地地获取和利用所需要的信息，所需的信息可以直接到桌面，而不用到物理的图书馆或登录图书馆的网站，希望他们的需求能得到及时、专业的帮助。面对海量的信息，他们关注的是如何从复杂的信息环境中获取解决问题所需的信息内容，他们需要能直接带人以解决问题的方式，直接得到帮助他们解决问题的专题情报服务，为此，网络环境下的图书馆服务工作需重新定位。

三、用户信息需求与阅读行为的改变

网络化、数字化信息技术的迅猛发展，使得用户信息需求和阅读行为发生了巨大改变。

随着阅读进入"休闲时代"，"浅阅读"已成为大多数年轻人习惯的一种方式。网络阅读主流化成为一种趋势，用户学习、科研等行为E化。第五次国民阅读调查显示，通过互联网阅读的占36.5%，直接阅读图书的占34.7%，网络阅读第一次超过图书阅读。另外，图书馆面临着来自信息服务商大规模扩张带来的巨大挑战。在《2003年OCLC环境扫描》报告中指出：作为一种社会功能，图书馆可能会一直存在下去，但作为一种组织机构形态，却未必。新信息环境的形成，使图书馆行业与其他信息服务行业的界限日渐模糊，这既给图书馆带来了广阔的发展空间，也给图书馆带来巨大的冲击。2005年年底，OCLC又发布《对图书馆与信息资源的认知：给OCLC成员的报告》。统计数据表明，84%的用户使用搜索引擎进行信息检索，1%的用户从图书馆页面上进行信息的检索。统计数据表明，84%的用户使用搜索引擎进行信息检索，90%的用户对使用搜索引擎获得的信息表示满意。在用户的信息获取方式、使用习惯都产生了根本性变化的今天，简单的文献获取已经不能满足科研人员的需求，用户需要更个性化、深层次的服务。

获取和使用数字化信息已经成为用户在教学科研中的基本要求和习惯，庞大的信息资源和繁忙的科研任务，使用户在利用这些资源的同时遇到一些难以解决的困难，随着科学的发展，跨国家、跨地区、跨学科领域的交流合作也变得越来越重要。用户希望图书馆能够在学科信息资源的选择、组织、过滤、整理、评价等方面发挥更大的作用，希望图书馆工作人员能够提供有效的、高质的、高效的信息检索以及获取、分析等服务，并可以在培养用户自我服务能力方面有所作为。人们期待新型的信息服务应该是一种面向知识内容和解决方案的服务，是一种用户目标驱动的服务。它所提供的知识层次的信息资源应该是面向实际需要的、有针对性和有效的。它提供的内容信息应该是按照知识概念体系组织的，在这个知识概念体系的框架内，各类信息可以跨越不同的知识库，按知识概念和学科门类在信息资源之间建立起某种关联，从而建立起超越地域限制和具有可扩展性的巨大的"知识网络"，以满足用户实现在更宽广的范围内，在更具专业化与个性化的水准上获取知识的需求。因此，用户对信息的需求从一般性文献信息服务转变为学科化、知识化的服务，以解决他们在教学、科研活动中遇到的实际问题。在此背景下，需要高校图书馆改变以往的服务模式，建立一种适合用户需求，以用户需求驱动的、动态的、个性化的、有利于高校图书馆发展的服务模式。

四、图书馆发展的内在要求

图书馆是一个生长着的有机体，相应的图书馆服务也应该随着图书馆的发展以及用户需求的变化而不断提升和创新。就高校来看，学科和专业建设已成为学校建设的重要环节。学科性需求成为用户需求的最显著特征。为了更好地促进自身发展，高校图书馆必须以用户需求为导向，调动和合理配置相关资源，为用户提供"面向学科"的信息和知识服务。反过来，用户利用图书馆服务使得问题得以解决，就会更加支持图书馆的发展，并且会随着需求的深入给图书馆提出更高的要求，这又会进一步促进图书馆的发展，从而使图书馆的可持续发展获得不竭的动力支持。

五、图书馆学理论的推动

图书馆发展的每次飞跃，都离不开图书馆学理论的创新。高图书馆为用户提供学科化服务，既是图书馆工作经验的总结，更是广大馆员结合图书馆实践进行理论创新的结果。就高校图书馆学科化服务来看，图书馆学理论的创新主要表现在以下几个方面：一是学科化服务概念的提出；二是学科化服务机制、模式、策略等的探索；三是个性化、主动服务理念的驱动。随着图书馆学理论的不断创新，学科化服务必定更加深入地开展下去。

六、图书馆自我价值的激发

在高校图书馆学科化服务的过程中，馆员是关键因素。对馆员来说，开展学科化服务有以下依据：一是《普通高等学校图书馆规程（修订）》的要求，其第二十九条"高等学校应加强图书馆的专业队伍建设……有计划地聘任多种学科的专业人员"，第三十条"高等学校鼓励图书馆专业人员……重视培养高层次的学科专家"，都提出了馆员学科化服务的要求；二是根据马斯洛的需求层次理论，开展学科化服务是实现馆员自身价值的内在需求；三是馆员通过开展学科化服务，不但能赢得用户的尊重，还能促进自身的发展。充分激发和维持馆员的积极性和主动性，就能将学科化服务开展得更深入，以实现更好的效果。

七、用户学科化需求的驱动

满足用户的需求，是图书馆各项工作的归宿，对图书馆服务能力的提升具有重要的推动作用。随着信息环境和用户需求模式的变化，要求图书馆必须破除传统习惯的束缚，树立以用户为中心的理念。对高校图书馆来说，就是要从用户需求的个性化、学科化、知识化和智能化出发，将服务与用户的教学和科研融为一体，提供面向问题解决的学科化信息服务。用户的学科化需求，给高校图书馆的服务能力和服务手段提出了更高的要求，也为高校图书馆开展学科化服务的理论探索和实践创新提供了新的动力。

由此可见，以上社会环境的影响，是高校图书馆学科化服务产生的根本原因和直接动力。

第三节 高校图书馆学科化服务的内涵、特性及价值意义

一、高校图书馆学科化服务的内涵

对于学科化服务的定义，目前比较常见的有两种。一是所谓学科化服务，就是按照科学研究（如学科、专业、项目）而不再是按照文献工作流程来组织科技信息工作，使信息服务学科化而不是阵地化，使服务内容知识化而不是简单的文献检索与传递，从而提高信息服务对用户需求和用户任务的支持力度。另一种说法，学科化信息服务是一种基于馆藏物理资源和网络虚拟资源，以用户需求目标驱动的，面向科研过程，融入用户决策过程并帮助用户找到或形成问题解决方案的增值信息服务。学科化信息服务不同于注重信息资源的获取和传递、仅提供具体信息、数据或文献的传统服务。它基于用户的需求，用户需要什么就提供什么；它关注的焦点是要深入用户需求的内容之中，面向用户问题提供解决方案。

可以看出，尽管两种论述的角度不同，但实质却是一致的。只不过第一种说法强调的是文献组织方式的学科化，而第二种注重的是图书馆员开展工作的方式及开展工作的重心而已。通过这两种定义，我们可以对学科化服务这样理解：在现代环境下，学科化服务是一种以用户为中心，以用户需求为驱动力，以一定的学科资源（包括印刷型和数字型资源）为基础，应用一定的技术手段，主要通过学科馆员进行的系统面向用户的信息服务。学科化服务是一种新的服务模式和新的服务机制，其内容是指学科馆员运用图书情报学基本理论、基本技能和对口专业的基础知识，利用馆藏文献资源、电子资源和网络资源等，为科研教学人员提供专业信息服务。主要包括宣传推广资源与服务、资源保障与信息需求分析、个性化信息服务、学科情报研究等。它是实现读者服务工作向学科服务的专门化，实现文献提供向学科知识服务的转移，其最终目标是提高信息服务对用户需求和用户任务的支持力度。

二、高校图书馆学科化服务的特性

较之传统的文献信息服务，高校图书馆学科化服务强调的是知识的提供及根据用户需求的变化不间断地提供知识服务，强调的是动态的知识提供过程，其具有以下特性。

（一）学术性

学科化服务主要解决学科教学和科研过程中遇到的研究性问题，其服务对象主要是科研人员或准科研人员（如大学教师、研究机构的研究人员、研究生等）。学科馆员提供的服务是一种研究性服务，他们不能仅仅像一般的参考咨询那样直接为读者提供其需要的最终信息，如一篇论文、一个数据、一件事实等，而是十分看重为用户提供具有预见性的参考和帮助。这些工作必须经过学科馆员对信息进行组织、选择、分

析、综合等加工后才能完成。在这个过程中，学科馆员要充分运用自己的专业知识，对所掌握的信息进行研究，进而提出自己的见解，其结果是一种明显的知识创新。因此，学科馆员的工作内容与教学、科研人员的工作相互交叉和渗透，带有明显的学术研究的性质。学科馆员不一定只是针对某一项研究课题或教学过程中的某一个需要进行研究，其研究内容要对所属的学科专业具有普遍的指导意义。

（二）知识性

服务是图书馆永恒不变的宗旨，而知识性服务则是图书馆高水平学科化服务的升华，尤其是基于学科的知识化服务，它是围绕大学的学科设置，特别是重点、特色学科的建设而开展的学科知识深化服务。它通过使用图书馆构建的各类专业数据库及其网站，主动推送知识，同时，依据图书馆学科馆员对所负责院系学科的教研人员的跟踪、定题及个性化需求服务的扩展，提供对比、评价、分析、综合得出的有参考价值的知识扩展信息，帮助教学科研人员实现学科知识的发现、学科知识的创新和学科知识的获取。

（三）个性化

学科化服务需要紧贴用户需求，提供针对性的信息服务，即深入各院系，与各学科专家、学者、教师紧密联系，及时掌握其个性化需求，并通过 E-mail、Web 表单、电话、QQ 等实时在线服务方式，建立咨询对象的个人信息库，对所咨询对象的科研个性和需求进行分析，把握对象用户的科研定位，随时调整服务的角度、内容与方式，利用现代化的网络、通信设施，充分收集对象用户感兴趣的最新信息，制作成便捷的服务产品，并主动快速地推送到用户手中。

（四）主动性

学科化服务是一种外向型的服务工作。学科馆员应走出图书馆，与教师、科研人员结成合作伙伴，亲自参与到他们的教学科研活动之中，在参与中准确把握教学科研活动信息需求的方向和特点，主动为科研和教学活动提供相关的专业信息。学科馆员与服务对象之间的关系，不再是明确的主客体关系，而是相互协作、相互促进的关系。他们的工作相互融合、渗透，成为一个连续的有机整体。在某个具体的研究中，学科馆员和其他科研人员一样都是研究人员，他们不存在服务与被服务的关系，而只是在工作中分工不同，各自有不同的侧重点。

三、高校图书馆学科化服务的价值意义

学科化服务是图书馆发展到一定阶段的必然产物，是一种面向用户的创新型主动式信息服务和个性化的集成信息服务，也是管理上的一种创新行为。高校图书馆通过学科馆员的工作更好地融入教学、科研以及行政管理的各项活动之中，加速了信息资源的传递与交流，成为一种深受用户欢迎、具有广阔发展前景的新型的信息服务模式。从学科馆员的管理实践来看，一流的图书馆必须有一流的信息服务，一流的信息服务必须要有完善的学科馆员机制来保障。建立学科馆员制度、提供学科化服务，是高校图书馆业务发展的一种趋势，是高校图书馆服务工作适应信息化、用户需要深化

服务和创新服务的必然选择，具有极其重要的价值意义。

（一）学科化服务是高校图书馆社会价值的体现

图书馆价值一般是指图书馆的社会价值，即图书馆为满足用户信息需求而做的种种努力和贡献。高校图书馆的社会价值是在了解和分析用户信息需求的行为模式，进而评估自身的实力并有针对性地提出、实施服务方案的过程中得到实现和深化的。

学科化服务对于高校图书馆而言是一种更具主动性的服务模式。如果说以往的图书馆服务将图书馆的社会价值的实现拘泥于物理空间或者小范围内的虚拟空间的话，学科服务则让图书馆跨越时空限制，在利用自身资源和服务优势构建起来的无形的信息网络中实现自身的价值，而且这一过程带有很强的"主动出击"色彩，让图书馆社会价值在纵向和横向两个维度同时发展、延伸。对于高校图书馆而言，在信息技术零壁垒、网络信息泛化的时代，以一种更为专业、主动而深入的精神证明自身的社会价值就成为必然的选择，而高校图书馆的社会价值也在诸如分析、整理、推送、融入等步骤中逐渐得到彰显和深化。

高校图书馆在学科化服务中实现自身的社会价值过程，其实也是一个提高图书馆的存在感的过程，而"存在感"的提升对于身处网络信息环境下的高校图书馆而言更显得迫在眉睫。环境的巨变不但改变了用户的信息行为，也淡化了图书馆的存在感。而学科化服务正是对这种时代巨变的一种灵敏感应：高校图书馆要提高自身的存在感和存在价值，要打破传统服务的时空界限，主动将图书馆的资源和服务带到主体（用户）的身边，在用户周围建立起无形的图书馆网络。而要想在泛在的互联网资源背景下脱颖而出，高校图书馆需要利用自身的学科优势，提供专业的信息检索知识，提炼、整合并分化图书馆的信息资源，以更为专业化、学科化和特色化、个性化的信息资源和服务在大一统的网络环境下赢得用户的支持和肯定。这种资源整理的过程其实也包括了用户一直在使用的网络免费资源。所不同的是，图书馆对这些泛化的网络资源也进行了专业化的整合、归类，以专业化、学术化、学科化的资源和服务对抗泛化、大一统的网络资源，成为图书馆提高自身价值的重要思路。学科化服务正是应合了一定时代发展的趋势。

（二）学科化服务是高校图书馆自我价值的实现

图书馆价值除了指一般意义上的图书馆社会价值之外，还包括图书馆作为价值主体时通过从外界"获取"一定的资源和能满足自身可持续发展的自我价值，即此时图书馆处于价值主体的位置。而作为一个有机整体，图书馆是一类特殊的价值主体，具备一定的整体理性思维能力，对其自身的发展前景、现实需求具备一定的理性思考能力和主观愿望，通过对自身发展状况、所处地位和所需资源等的评估和规划，从外界（价值客体）获取相应的资源和能量，进而满足自身的发展需求，如高校图书馆通过参加培训提高馆员的专业素养、通过评估用户需求丰富馆藏规模、更新图书馆软硬件设备、通过预算申请更多的政府拨款等，都属于通过这种"获取"的方式来"满足"图书馆自身的发展需求和愿望。但图书馆并非单纯为了满足自己的主观愿望而实现"自我价值"，自我价值的满足必然是为了更好地实现自身的社会价值，以系统有效的体制、资金和资源的保障作为发展的后盾。

细观开展学科化服务的各单位，不难发现，在开展学科化服务以前，高校图书馆将自身的"状态"调整到了最佳之后才推出诸多的服务项目，而这里所说的"图书馆的状态"就包括图书馆组织结构的调整、图书馆学科馆员的专业培训、图书馆学科资源的购买组建、相关软硬件设备的引进等。在这些准备工作的基础上，再开始细化学科服务的项目内容。除了这些准备工作，还包括对学科服务工作开展的情况进行评估测量，并设立一定的激励机制，对优秀的学科服务项目及相应的学科馆员予以一定的奖励，肯定其工作价值等。各种努力都是为了更好地满足用户的信息需求，以高效的方式服务于学科发展和学术研究，进而体现高校图书馆的社会价值。因此，学科化服务中所开展的诸多前期准备工作和后备的评估、激励机制等都是高校图书馆自我价值的实现，这一过程与高校图书馆社会价值的实现并不冲突，它们是一个相互支撑和相互促进的过程，或者说高校图书馆自我价值的实现本身就是高校图书馆社会价值的一个组成部分，是高校图书馆实现社会价值的一个重要组成要素。

（三）　为学科建设提供最具有针对性的信息服务

学科建设必须要有完备的信息资源支持，否则学科建设就成为空中楼阁，提高教学质量与科研水平就成为一句空话。当然，尽管高校图书馆原有的信息资源与服务在一定程度上也能够为教学科研提供基本的信息服务，但由于这些资源与服务普遍都是面向全校师生，而没有对专业区别对待，从而使得专业人员特别是教师、研究生的深层次服务得不到满足。如非学科服务的信息资源建设与服务由于服务的内容范围广、针对的服务对象范围广，在有限的人力与资金的条件下，就学科而言信息资源建设可能比较薄弱，也不可能专门针对高端用户提供对口的专业信息服务，故只有开展学科化服务，才可能为他们提供针对性的信息服务。

（四）　学科化服务是网络时代开展知识服务的有效途径

网络时代信息量迅猛增长，传统服务中以文献为单元进行检索与获取，产生的冗余信息极大地降低了用户的使用效率，而与此同时，以知识为单元的信息检索与传递却使用户获得了前所未有的满足，它不仅表现在用户减少了信息过滤的时间，更表现在直接获取知识。无疑，知识服务将是网络时代信息服务的发展趋势，而开展学科化服务正是提供针对性知识服务的有效途径，如目前高校图书馆开展有学科导航服务、学科知识门户建设等。

（五）　完善高校图书馆服务的较为理想的模式

不可否认，高校图书馆在为用户提供服务的过程中难免存在不尽如人意的地方，如有些用户的信息需求得不到满足，而有些服务却很少被用户利用等。这种结果固然由多方面的原因所造成，但一个不容忽视的因素是图书馆与用户缺乏必要的联系，由此导致高校图书馆的信息资源建设与用户需求部分脱节，高校图书馆提供的服务与用户所需的服务不完全吻合。因此，要改变这种状况，就必须加强与用户的沟通，而开展学科化服务的一个前提就是学科馆员必须了解、熟悉学科用户，并经常与用户保持联系，满足用户的各类信息需求。因此，学科化服务是沟通用户并不断改进资源建设、完善高校图书馆服务的较为理想的模式。

第四节 高校图书馆学科化服务的发展历程

学科化服务即学科馆员服务。学科馆员是一种新的角色，是高校图书馆为开展深层次信息服务，尤其是学科咨询服务而采取的措施。学科馆员是在高校图书馆内既有图书情报专业学科背景，又非常熟悉某学科的各类型文献资源，能够有针对性地为特定的教学和研究目标提供信息服务的复合型人才。发达国家图书馆的学科馆员建设起步较早，发展也较快，已经建立了一套完善的学科馆员机制，并在教学科研和服务社会中发挥着巨大作用。

一、国外学科馆员服务的发展历程

（一）美国学科馆员服务的发展

20世纪以来，美国的图书馆事业发展迅速，在许多方面都处于世界领先地位。学科馆员制度最早出现于美国，先后经历了区域问题参考馆员、分馆学科馆员和学科馆员三个发展阶段。

1. 区域问题参考馆员阶段

第二次世界大战期间，美国政府和国防部门为了战争的需要，需要了解大量不同文化背景下其他国家的相关信息，于是就组织国内各个相关领域的学者专家和图书馆的专家学者，共同解决信息危机问题。在解决信息危机的过程中诞生了区域问题的专门研究方法。这些专家建议在美国设立专门的区域问题研究部门，并在图书馆中建设区域问题馆藏。1940年，哈佛大学图书馆就已经开始雇佣早期的学科馆员——区域问题参考馆员，专门从事区域问题馆藏项目的建设和发展。随着区域研究项目的顺利开展，区域问题参考馆员逐渐演变为一种制度，即学科馆员制度。

2. 分馆学科馆员阶段

分馆制是美国图书馆发展的重要阶段，也是在总结区域问题参考馆员的经验基础上发展起来的。实行"分馆制"的图书馆中，比较有代表性的是内布拉斯加大学图书馆。内布拉斯加大学图书馆的"分馆制"是将图书馆馆藏划分为不同的学科领域，为每一学科领域设立独立的阅览室、流通部、参考咨询及馆藏管理。分馆制学科馆员从事与他们专业领域相关的图书馆研究工作，负责为教研人员和研究生选取文献资料，提供参考咨询服务和书目服务。分馆制的学科馆员制度，将服务与对象的需求相结合，将传统的被动服务模式变成为教学科研的主动服务模式，从而使之成为学科馆员建设的重要里程碑。

3. 学科馆员阶段

哈佛大学图书馆是世界著名的图书馆。哈佛大学图书馆学科馆员提供的服务，有一般研究指南、学科专业研究指南、修改化信息资源、创造专题在线资源、指导尝试研究咨询等。哈佛大学的学科馆员已经与哈佛大学的教学科研建立了日益紧密的关系，在教学科研的工作中发挥了很多重要的作用。学科馆员被哈佛大学的师生誉为

"哈佛的最重要的搜索引擎"，这充分说明了学科馆员为教学与科研提供专家式的服务已经深入哈佛大学图书馆的各项工作之中。

（二）英国学科馆员服务的发展

英国学科馆员制度的建立是图书馆建设发展需要的结果。伦敦大学图书馆是英国最早引入学科馆员的图书馆。伦敦大学图书馆的学科馆员担任专业学科领域的馆藏内容记录、指导订购馆藏、规划自己负责领域的馆藏等工作，通过整体规划馆藏，提高了为教学科研服务的能力，在伦敦大学图书馆的发展中发挥了重要的作用。1964年，高等教育帕里协会根据伦敦大学学科馆员建设的经验，建议所有的英国大学图书馆都雇佣学科馆员，以推动了英国学科馆员建设的发展。

在英国学科馆员建设和发展过程中，也遇到了组织结构问题。在最初的学科馆员建设的组织结构中，学科馆员往往是一个部门的管理者。作为管理者，经验丰富的学科馆员很少有时间从事研究工作，这对学科馆员的服务效果产生了一定的影响。直到20世纪80年代，英国的图书馆界意识到这个问题，并及时进行调整。目前，英国的学科馆员采用雇佣制，图书馆根据馆藏、服务和分支机构的需要设立专门的学科馆员岗位，服务于教学科研并发挥着重要的作用。

（三）德国学科馆员的发展

德国图书馆学科馆员建设是在吸收美国、英国等国家图书馆先进经验的基础上，根据二战后馆藏重建的需要建立的。德国对图书馆的学科馆员有很高的要求，20世纪50年代，德国的大学图书馆就要求学科馆员必须具有博士学位，接受两年图书馆培训，并通过国家的资格认证考试。图书馆的学科馆员承担着特定责任，掌握一定的专业知识，能迅速有效地利用各种编目工具，并且熟知图书馆政策和所负责领域现有的馆藏情况，理解所负责领域与其他领域的关系。学科馆员在德国的教学科研，甚至学术界具有的很高的地位，教学科研人员非常信任图书馆的学科馆员，并将他们看作是与自己一样的研究人员，将学科馆员所在的图书馆看作是一个研究型机构。

二、我国高校图书馆学科化服务的发展历程

我国高校图书馆学科化服务（学科馆员服务）的发展经历了10余年，可分为三个阶段。

（一）学科化服务的起步阶段（1998—2002年）

此阶段主要是引入国外学科馆员服务的经验，以及开始学科馆员的宣传。1998年，清华大学率先设立学科馆员制度，安排了14名学科馆员，对口与12个院系的"图情教授"建立了联系，开了我国学科馆员实践的先河。1999年，东南大学进行学科馆员试点（2000年正式实施）。2000年，西安交通大学图书馆在机械工程学院、材料科学与工程学院、电气工程学院、电子与信息工程学院、能源与动力工程学院试行学科馆员制度。2001年4月，北京大学图书馆开始实行学科馆员制度，10名学科馆员隶属咨询部。同年6月，武汉大学开始按学科设立学科馆员岗位。到2002年，实施学科馆员制度的高校开始增多。江苏大学图书馆2001年就在机械工程学院、材料科学与

工程学院、汽车与交通工程学院系开始试行学科馆员制度，2002年全面推行学科馆员制度。南开大学图书馆于2002年9月建立学科馆员制度，旨在从学科专业的角度为师生提供信息领航。经过实地考察和相关文献的查证，开始着手组建学科馆员组，第一批6位学科馆员是在全馆范围内进行选拔，学科馆员组隶属于信息咨询部。北京师范大学图书馆于2002年年底开始引进学科馆员制度，聘任兼职学科馆员5人、兼职咨询馆员5人。

（二）学科化服务的推广阶段（2003—2005年）

该阶段主要是由试点到推广的时期。2003年12月，正值上海交通大学图书馆"第十届优质服务月"，图书馆正式推出了酝酿已久的学科咨询馆员制度，采用"学科咨询馆员——图情咨询教授"服务模式。2004年6月，正式确定学科馆员岗位。针对"211"大学的调查，截至2005年12月，据网上不完全统计，全国共有40所院校设立了学科馆员或学科联络员，在100所"211"重点大学中有25所，占25%；地区分布为华北地区8所、华东地区9所、西南地区3所、华中地区3所、华南地区1所、西北地区1所。此外，中国科学院国家科学图书馆2004年试行学科馆员制度，从原资源建设部、信息服务部门选出10名馆员为兼职学科馆员，主要是联络和培训，说明学科馆员已影响到专业图书馆。

（三）学科化服务的发展阶段（2006年至今）

2006年，清华大学图书馆将学科馆员进一步扩大至部分专业馆，并在上届图情教授任期已满时作了聘任调整，新聘任了图书馆教师顾问和学生顾问，图书馆教师顾问从大学科和文献资源的角度设置，职责可概括为资源建设、建议与反馈、指导学科服务、担任查新专家顾问，其中尤其偏重于在资源建设等方向性问题上发挥顾问作用。所聘任的22名教师顾问中，既有院系领导，也有普通教师。图书馆学生顾问由校学生会、研究生会推荐部分学生代表，与图书馆共同商定组成。学生顾问与图书馆负责人共同组成图书馆学生顾问委员会。一批高校图书馆纷纷设立学科馆员，如中国人民大学、华中师范大学、海南大学、河南大学、西北师范大学、云南师范大学、新疆财经大学、重庆工商大学等。

这一阶段，设立学科馆员制度的高校迅速增加，并形成一定的规模。据2007年同济大学陈建华对288所高校主页的统计，40所高校已设立学科馆员（或咨询馆员、在线咨询员），1所准备设立学科馆员，这41所高校占被调查的14%。其中，北京（10所）、江苏（8所）、上海（4所）、河北（3所）、湖北（3所）、四川（3所）、山西（2所）。调查还发现，浙江大学图书馆219人却无学科馆员，而徐州师范大学图书馆55人却有学科馆员（学科联系人）22人，两者间形成了强烈的反差。而据2007年江苏大学张群和何丽梅所作的108所"211工程"高校的网上调查统计，有32个馆开展了学科馆员服务（占30%），65个馆没有开展学科馆员服务，还有11个馆网站无法登录。据张栋2008年12月调查，100所"211"学校中建立学科馆员64所，占到64%。这些统计仅是针对"211"高校，且基于网上调查，没有反映高校学科馆员发展的全貌。这一阶段，除一些"211"重点大学设立学科馆员制度（如湖南大学、首都师范大学）

外，一些非"211"普通高校也开始实施学科馆员服务（如武汉纺织大学、汕头大学、山西师范大学）。据不完全统计，我国设立学科馆员的高校已从2006年的近40所发展到现在的100所以上。

　　与此同时，2006年6月，中国科学院国家科学图书馆开始在科研院所全面实施学科馆员制度，组建学科咨询服务部，通过岗位迁移，设创新岗位总馆20个，三个分馆22个，共42个。2006年9月，学科馆员正式走向研究所第一线。至2007年4月，招聘三批学科馆员共34人（以外聘为主），面向全院30个城市108个研究所提供学科化服务。这标志着我国学科馆员服务在这一阶段向科研机构大规模拓展，从而在我国形成了高校学科馆员与科研院所学科馆员两大阵营。

第二章　创新高校图书馆知识服务建设

第一节　知识服务的理论基础

一、相关概念界定

（一）知识服务

知识服务是信息服务业发展的新方向，是图书情报工作的新生长点，也是现代图书馆核心竞争力的体现。它不同于以文献资料为中心的传统信息服务方式，是基于用户需求、融入馆员智慧、以信息资源建设为保障并对信息资源进行深层开发利用的创新性服务方式。

当前，学术界对于知识服务的概念并没有形成统一的认识，对于知识服务定义的问题一度引起国内图情领域学者的激烈讨论。现有的关于知识服务的代表性观点，主要是从融入用户问题情境强调问题解决、基于知识管理强调显隐性知识的转化、从宏观与微观（广义与狭义）层面三个角度来分别探讨知识服务的概念，尽管切入点不同，但综合三类不同的观点同样可以发现知识服务具有如下三点本质特征：

第一，从服务基础层面来看，知识服务是面向知识内容，以对信息资源的获取、分析、组织为基础，通过对知识内容进行深层次挖掘和集成创新形成知识产品；

第二，从服务方式层面来看，知识服务以用户知识需求目标为驱动，面向用户、融入用户解决问题全过程，以动态化、连续性的组织方式满足用户需求，为用户提供问题解决方案；

第三，从服务目标层面来看，知识服务以实现增值服务为目标，即要求借助馆员智慧"生产"出的知识产品能为用户创造价值，能通过提高用户知识应用能力实现价值，帮助用户彻底解决其自身解决不了的问题。

综合不同层面的观点，知识服务应分为广义和狭义两个层面，广义的知识服务是指一切为用户提供所需知识的服务，这包括提供普通知识服务和提供专业知识服务等；狭义的知识服务则认为它是针对用户专业需求，以问题解决为目标，对相关知识进行搜集、筛选、研究分析并支持应用的一种较深层次的智力服务。

笔者将知识服务定义为：基于用户在知识获取、知识利用、知识创新等方面的需求，利用一切资源（包括物理馆藏和虚拟馆藏、显性信息资源和隐性信息资源、硬件设施、人力资源等）为用户提供不同层次信息服务的过程，主要包括两方面内容：第一，基于信息资源流通提供满足一切用户知识获取需求的普通化知识服务；第二，以具备专业化知识的学科馆员人才队伍为保障，以用户知识创新需求目标为驱动，以交互方式贯穿于用户决策全过程，基于信息组织和信息挖掘等技术手段组织分布式、动态化信息资源，通过为用户提供创新性知识产品或问题解决方案来实现知识创新和增值目标的个性化、专业化知识服务。

概括来讲，本文所探讨的知识服务是一种广义上的知识服务概念，图书馆面向用户提供的一切服务内容均属于知识服务范畴，但根据用户知识需求类型的不同，会提供不同质量和不同层次水平的服务。

（二）高校图书馆服务

知识经济时代，"大众创业、万众创新"作为带动中国经济发展的新引擎推动了主义市场经济的迅猛发展，"互联网+"作为一种新的经济形态借助信息网络促进了传统行业的改革和产业融合升级，企业的科研、生产、经营需要知识的支持，政府的公共服务职能的发挥需要知识的支持，个体用户的自我完善与发展需要知识的支持，并且在中国特色社会主义文化强国建设过程中，信息化、学习和教育终身化已成为发展的主旋律。高端信息技术的发展推动了图书馆服务基础发生根本性变化，广泛而深入的知识需求对高校图书馆提出更高要求，双重驱动要求高校图书馆敞开大门融入，为提供信息保障和科技创新支持，高校图书馆服务问题逐渐受到重视，相关概念应运而生。

我国图书情报领域学者将高校图书馆服务定义为：高校图书馆根据自身资源及服务能力的客观现实，在满足校内主要服务对象（教师与学生）信息需求及科研需要基础上，积极参与工作，为满足信息需求面向一切用户开放馆藏信息资源，通过有偿或无偿的多种服务方式和渠道接纳读者，为其提供力所能及的信息服务，不断推动发展进步的过程。

（三）高校图书馆知识服务

高校图书馆知识服务既是对高校图书馆知识服务业务范围的横向扩展，也是对高校图书馆服务层次的纵向延伸，是突破时间和空间限制，合理分配和充分共享教育信息资源的重要服务方式，是高校图书馆摆脱传统信息服务观念束缚、打破传统信息服务模式限制，寻求图书馆创新服务方式、实现转型发展和提升图书馆核心竞争力的重要举措。

综合上述知识服务和高校图书馆服务的概念，笔者在本研究中将高校图书馆知识服务定义为：高校图书馆在服务于学校教学科研之余，面向公众、企事业单位及其他组织等用户尽可能地开放一切馆藏资源及硬件设施，在分析用户信息需求基础上增加服务中的智力因素，从而根据不同层次用户的信息需求提供系统、全面、有效的问题解决方案的过程。由于高校图书馆知识服务是针对不同层次、不同类型的用户开展的服务形式，因此具有服务内容个性化、服务层次立体化、智慧水平递进化的特征，整个服务过程便捷高效。

（四）高校图书馆知识服务模式

单就"服务模式"来说，由于"服务"涉及广泛化的对象、复杂化的内容、多元化的需求，这决定了针对服务不会有一种标准化的形式，换言之，服务模式应该是能根据不同对象群体的不同种类需求而随时灵活变换的服务形式。高校图书馆知识服务作为高速发展的知识经济时代的发展产物，其模式是应该能适应知识经济发展要求、符合高校图书馆创新发展和转型升级需要、满足各类用户知识需求特点的。因此，探索高校图书馆的知识服务模式应以适应发展需要、充分把握用户需求为基础，转变高校图书馆的传统服务观念，树立推动知识经济进步和高校图书馆转型发展为目标的模式构建理念，坚持以人为本的指导思想，以满足用户知识需求为前提、以帮助用户方便获取知识为原则，从高校图书馆的信息资源结构、服务组织体系、运行营销机制等方面构建与用户需求相匹配的多种模式。

根据上文笔者对高校图书馆知识服务的定义，本研究所讨论的服务模式按用户所需知识需求的显隐性程度大小、知识服务过程中馆员所倾注的智力因素大小、知识产品信息序化程度的高低分为文献提供等基础性知识服务模式、信息参考咨询等过渡性知识服务模式和知识增值服务等创新性知识服务模式三种层次。

二、相关理论基础

科学理论作为对相应实践领域的总结，并非架空的臆想，其存在将对我们进行科学研究以及实践探索进行指引，并为具体工作的开展提供理论支持。本研究用于支持高校图书馆知识服务模式研究的理论基础主要有全纳教育理论、需求驱动理论、知识生命周期理论、市场营销理论和长尾理论。

（一）全纳教育理论

全纳教育是基于全民教育和终身教育两大教育发展思想，在1994年联合国教科文组织召开的"世界特殊需要教育大会"上提出的一种全新教育理念和持续性教育过程，是特殊教育领域对传统教育思想的重大创新。2008年联合国教科文组织在口内瓦召开的主题为"全纳教育，未来教育之路"的第48届国际教育大会推动了全纳教育思想在全世界范围内的广泛实施，同时，全纳教育成为一项世界各国普遍关注的全球性议题，本次大会也厘清了全纳教育的概念，认为"全纳教育是一个不断变化的进程，其宗旨是向所有人提供高质量的教育，并尊重学生和社区的多样性以及不同的需求、能力、特点和学习预期，消除一切形式的歧视"。全纳教育思想着重了强调教育服务的多元化与公平性，其核心理念可概括为以下三个方面：坚持教育公平，反对歧视、尊重差异，反对排斥、鼓励参与，反对孤立。

如今，全纳教育思想为思考教育公平问题提供了一个新的视角，已被教育领域普遍接受，并且开始超越特殊教育领域向整个教育界及其他各类文化事业领域拓展延伸。因此，将全纳教育思想引入到高校图书馆知识服务中也是顺理成章的事情。

本研究将以全纳教育理论为目标指向和情境，用以指导高校图书馆全纳教育需求，减少对用户的排斥，促进用户积极参与图书馆的知识服务活动，使高校图书馆知识服务工作与图书馆自身的创新和转型发展在"公平与均等，多元化共享"价值取向上形成共生关系，增强高校图书馆发挥知识服务职能与公众对高校图书馆提出的知识服务需求之间的互动关系，从而为高校图书馆知识服务工作的推进提供新的思路，为知识时代高校图书馆的变革提供动力。

（二）需求驱动理论

在产业经济学研究中，为协调产业发展与市场需求之间关系提出需求驱动理论，该理论认为经济的进步和产业的发展依赖于市场用户需求的驱动，在产业发展过程中若缺乏有效的市场需求驱动将难以维持其自身的良好发展势头。市场需求是产业发展运作全过程的驱动源，是制约产业发展的主导因素，生产过程中应随时了解市场客户不断变化的需求目标并以此驱动生产，建立产业发展与市场需求间的动态平衡机制，从而达到低投入、高产出的目标。

笔者借鉴产业经济学中的需求驱动理论，认为高校图书馆开展知识服务既受到用户信息需求的约束也受到用户不断增长的文化信息需求的驱动。将需求作为驱动力，即强调用户对高校图书馆知识服务的需求是高校图书馆开展知识服务的内在动力，公众、科研机构、企事业单位等用户对知识信息资源的多样化需求将促使高校图书馆动态调整自身知识服务方式、动态优化配置馆藏、硬件、人力等一切资源结构完善服务体系，从而在满足当前用户的信息需求的同时不断激发新的需求。

本研究将以需求驱动理论为导向，紧紧围绕用户信息需求特点及其趋势，在分析用户不同层次信息需求的基础上，不断进行自身知识服务结构的调整，加强馆内软硬件设施建设，构建涵盖不同知识服务层次的一站式立体化服务模式，从而满足不同类型信息消费群体的知识需求。

（三）知识生命周期理论

知识生命周期理论源于生命周期的概念，将生命周期理论引介到知识管理领域后引申出知识生命周期的概念，即认为知识是随着实践的发展应运而生，会经历加工、存储、应用的过程，再投入到生产接受实践的考验，从而发挥其自身的价值，由此，我们认为知识生命周期理论是研究关于知识被发明创造、获取利用、组织整合、推广传播、改造应用、创造价值、然后随着其创造价值的能力的逐渐降低而最终被遗忘的整个过程的学问。整个生命周期可以通俗地划分为知识产生、获取、整合、传播、应用、创新、老化这七个阶段。

知识服务的开展是源于知识且以知识的运动为基础展开的，知识贯穿于知识服务过程的始终，基于此，本研究中将运用知识生命周期理论指导高校图书馆知识服务层次模型的构建，从而为高校图书馆构建完整的知识服务体系提供理论支撑。

（四）市场营销理论

市场营销理论是商品经济高度发展和市场竞争的产物，是以消费者需求为目标导向的经营哲学理念。市场营销理论的实质是企业立足于自身优势，以市场和消费者为中心，把满足消费者的需求作为企业活动的准则，根据市场细分、目标市场定位制定相应的营销策略，从而拓展市场，形成经济效益。经济全球化趋势的增强也丰富了市场营销理念的理论内涵，现代市场营销理论认为企业要实现自身的长期生存、和经济的全面协调可持续发展，必须以利益为中心，更加强调企业自身的营销活动要统筹兼顾自身利益、消费者利益以及利益三者之间的动态平衡，任何一方都不能有失公允。

随着市场经济的发展，我国市场营销理论的实践应用已从营利组织领域向公益事业服务部门及其他非营利组织拓展蔓延。在知识经济时代背景下，中国蓬勃发展的信息服务市场、各层次用户知识消费趋势，以及各类信息服务设施环境都为开展知识服务市场营销打下了坚实的基础，高校图书馆同样可以将市场营销理念作为工作开展的指导思想，充分发挥自身资源优势、人才优势和基础设施优势，用市场的视角和营销的观点开放经营，提高高校图书馆自身的核心竞争能力。本研究中，将把市场营销理论的内部营销策略、产品策略等引入高校图书馆知识服务模式运行过程，为模式的运行提供运行机制的保障。

（五）长尾理论

长尾理论最早是由美国 Wired 杂志总主编克里斯·安德森于 2004 年 10 月提出来的，这一理论伴随网络环境的发展而产生，阐释了一种网络知识经济时代背景下的新型经济运营模式，该理论认为：只要存储和流通的渠道足够大，市场需求度低、畅销度低的非主流产品共同占据的市场份额（长尾）可以同需求旺盛的畅销产品（头部）所占据的市场份额抗衡，甚至超过其市场占有率，通俗地说就是众多小市场汇聚成可以同主流市场相匹敌的市场能量。意大利经济学家帕累托发现的帕累托定律（亦即"二八定律"）认为：80%的财富掌握在 20%的人受众，而剩下的 20%的财富为 80%的人共有，用长尾理论示意图来解释二八定律，即二八定律更关注"头部"。由此可见，二八定律与长尾理论是曲线上的两个相互联系的两个部分，前者关注传统经济时代背景下以"关键少数"为常态的头部，后者追求以互联网经济为基础、以"丰饶"为常态的尾部，二者是一个统一整体。

美国学者特鲁斯威尔曾提出图书馆文献流通和服务亦存在明显的二八规律，他认为图书馆 20%的文献及服务可以满足 80%的用户需求，而 80%的文献及服务只能满足 20%用户的需求。那么，将长尾理论应用于知识经济时代背景下的高校图书馆，同二八定律共生作用，将拓展图书馆服务发展的新空间，为图书馆的发展提供新思路。本研究将以长尾理论为理论前提，分析保障高校图书馆知识服务模式有效运作的发展策略。

第二节　高校图书馆知识服务现状与需求分析

一、国内高校图书馆知识服务宏观问题分析

我国自提出高校图书馆服务命题后，以北京大学图书馆、清华大学图书馆为首的部分高校图书馆为顺应发展、满足人们日益增长的知识信息需求，积极开展知识服务实践，开启了高校图书馆服务的"破冰之旅"。据王玉林等人在《我国高校图书馆面

向开放现状调查》一文中对全国各类所有高校图书馆的服务现状进行调查的统计结果显示，有效调查的1649所公立高校中有276所高校的图书馆不同程度地面向信息用户开放，仅占其实际调研高校图书馆的16.7%，尽管我国高校图书馆开展知识服务实践的步伐不大，但高校图书馆既有的封闭服务观念已然被打破，高校图书馆面向提供服务已成为图情界的共识。

为从宏观层面把握我国高校图书馆开展知识服务的概况，笔者按我国华东、华北、华南、华中、东北、西南、西北七大区的地理划分办法随机抽取山东省、北京市、广东省、湖北省、吉林省、重庆市、甘肃省七个省级单位，按中国教育在线高校数据库公布的高校名单分别调查每个省份所有普通本科高校图书馆开展知识服务的情况，通过调查分析发现当前我国高校图书馆知识服务存在以下五个方面的问题。

（一）开放规模不够

相较于国外高校图书馆的知识服务实践，我国高校图书馆的知识服务的发展程度整体偏低，同时存在不同地域、不同类型、不同办学层次的高校图馆知识服务发展参差不齐的现象。调查数据显示，北京市的91所高校有34所面向开放服务，57所广东省高校中有17所实现了知识服务的，调查到的22所重庆市高校有7所开展了不同层次水平的服务，这三个省份的高校图书馆程度相对较高，而湖北、吉林、甘肃、山东四省高校的知识服务程度则相对较低，开放比例均低于20%。从整体情况来看，我国高校图书馆知识服务比率低且存在地域差异，相对而言，经济发达地区的高校图书馆具有较强的服务意识，开展知识服务的比例也相对较高。

（二）开放范围狭窄

当前提供知识服务的高校图书馆大部分仅处于面向所在区域用户提供服务的层面，很少面向全国范围的公众提供服务。高校图书馆一般会明确指出仅对具有特殊信息需求的用户（如合作企事业单位用户、团体用户、科研机构用户）或其他小范围用户有选择性地提供服务，而拒绝普通市民、农民工等弱势群体享受知识共享带来的便利，没有实现真正意义上的。如山东大学图书馆仅面向山东大学齐鲁医院、第二医院医生提供知识服务，清华大学图书馆只为科研合作单位或持所在单位介绍信及本人身份证的读者提供知识服务。

（三）服务内容单调

在服务内容方面，各高校图书馆之间服务内容差异很大，大部分高校图书馆的开展的知识服务形式主要是基于现有的馆藏资源图书借阅、文献传递、馆际互借、限制性的信息检索等知识获取层次的传统信息服务，甚至仅向用户提供室内阅览和文献复制服务，能基于知识咨询、知识组织、知识整合、知识创新开展深层次知识服务的图书馆少之又少，服务内容缺乏多元化。如曲阜师范大学日照校区图书馆仅面向日照市民提供借阅服务，北京大学、东北林业大学等高校图书馆明确限制校外读者只能馆内阅览或复制，并按相关标准支付服务费用。

（四）服务针对性差

笔者在调研上述七个省份的高校图书馆网站时发现，除武汉大学有专门针对校友及校外访客的知识服务导航外，几乎所有高校的图书馆网站中都没有设置明确的知识服务导航，即缺乏有针对性的对外宣传手段，不便于用户对高校图书馆知识服务的认知。

分析能提供知识服务高校图书馆的服务制度发现，所有高校图书馆在面向用户开展知识服务时均属于"被动型"服务，一般不会基于对用户的知识需求的调查分析主动推荐服务，只是为用户提供图书、文献原文或者所需文献的线索而没用提供基于知识整合的知识服务，服务没有针对性。如此看来，当前的知识服务并不能有效地帮助公众解决工作、学习、生活中所产生的信息需求，很少能通过分析服务对象的个性化信息需求重难点来搜集、组织、分析、加工有关信息活跃于不同领域范围的政府等事业单位的决策活动和企业的科研活动中。

（五）技术手段落后

受高校图书馆管理机制及开放体制的制约，大多数高校图书馆在开展知识服务时主要是采用传统的信息服务手段，并没有很好地借助网络技术、信息技术、新媒体等现代传播技术向用户开放网络文献数据库检索服务（如所有高校图书馆的校外访问功能的服务对象仅是住在校外或短期外出需要访问馆藏电子资源的本校教职工或在读研究生）或通过建设特色资源数据库、构建信息资源共享平台等手段为用户提供专题知识订阅、知识推送等智力型知识服务项目。

二、高校图书馆知识服务实践现状调研

为了解当前我国高校图书馆提供知识服务的基本情况，笔者设计并开展了如下调查研究。

（一）调查目的

高校图书馆在开展知识服务过程中所提供的服务内容和服务方式直接关系到高校图书馆服务的开放程度及面向公众提供知识服务的质量和深度。对此，笔者将根据当前高校图书馆知识服务中存在的服务形式传统且内容单一、服务针对性差的不足，以客观的非评价视角，从横向角度了解各种服务在高校图书馆的开展情况，以期在调研高校图书馆知识服务的服务方式、服务内容体系及程度的基础上，分析总结其中存在的问题与不足。

（二）调查对象与方法

我国"211工程"重点建设高等学校相较于其他普通高校拥有先进的教学科研条件、教学水平高、科研经费足、办学效益好、学术积淀浓厚、人才优势明显，此类高校图书馆往往具有面向开展知识服务的优势及实力，对这些高校图书馆开展知识服务现状的调查可以从一定程度上反映当前我国高校图书馆的信息服务水平。

笔者通过随机抽样的方法从中国教育在线高校数据库，"211工程"高校名单中选取36所作为研究对象，结合本研究中提出的高校图书馆知识服务层次模型，从横向角度以知识服务项目为调查对象，具体研究方法是采用网络调查的方法，逐一访问各个高校图书馆的官方网站，通过网站首页、本馆概况（简介）、规章制度（读者须知）、

资源导航、服务导航、各种知识服务项目的内容介绍及其他特征鲜明的导航模块内容展开调查，对在调查过程中遇到的信息不明确的情况适时通过电话或邮件咨询的方式予以确认。

（三）调查项目设定

本次调查的项目主要是以高校图书馆面向用户开展的传统型信息服务项目、智力型服务项目为基础，并在调查过程中根据各高校图书馆开展的特色服务、个性化服务、专利服务等与知识服务相关的各项内容进行增补，从而尽可能全面的把握当前高校图书馆知识服务的全貌。

（四）调查结果与分析

本研究调查的高校图书馆均不同程度地面向用户开展了力所能及的知识服务，具体服务项目调研结果如下所述：

1. 传统型信息服务项目开展状况

印度著名图书馆学家阮冈纳赞提出的图书馆学五定律指出"书是为了用的，每个读者有其书，每本书有其读者"，即强调图书馆应与读者建立有效互动关系，发挥自身馆藏资源优势，加强图书流动性，满足用户对文献资源的需求，传统型信息服务项目主要目标就是满足用户在文献资源获取过程中的知识信息需求。高校图书馆网站上以不同形式的导航、服务制度显示的传统型信息服务项目主要包括文献借阅、室内阅览、馆际互借、文献传递、参考咨询服务、专题培训等。

文献借阅。文献借阅服务是当前高校图书馆进行知识服务中最简单直接、可行性最强的服务形式，通常是为满足个体用户对大众文艺类、生活休闲类、养身保健类、科学普及类图书的需求和机关企事业单位等团体用户对经管类、科技类、决策辅助类图书资源的需求，通过办理临时借阅证的途径为其提供开架获取实体文献资源的服务。在所有基础性知识服务项目中，文献借阅服务所占比例最高，达到66.67%，由于这种形式的服务对馆员要求低且容易开展实施，是当前高校图书馆面对校外到馆用户开展基础层次知识服务的最基本形式。

馆内阅览。高校图书馆为避免因为用户的涌入而造成不能很好地服务于本校师生教学科研过需求的矛盾发生，为保障本校师生的文献信息需求同时满足用户日益增长的知识信息需求，部分高校图书馆仅对用户提供到馆临时阅览服务，此种类型的服务形式通常辅以文献复制服务以达到满足用户获取文献资源的要求。所有调研的高校中，有6所高校开展此类型服务，综合统计能够面向用户文献借阅和馆内阅览服务的高校，占调研高校总数的83.33%，由此可见，当前高校图书馆能够凭借其文献资源优势，积极应对用户的文献信息需求。

馆际互借。由于图书馆馆舍、经费的限制及各图书馆信息资源建设目标的不同，任何一个图书馆都不可能完全满足读者的一切文献需求，对此，高校图书馆基于馆际之间资源共享对与本馆有馆际互借协议的公共图书馆或其他高校图书馆读者开展的提供本馆图书借阅的返还式知识获取服务形式。但由于我国国家层面缺失关于高校图书馆知识服务方面的法律保障，高校图书馆本身知识服务管理机制的不健全，能够开展馆际互借服务的高校图书馆对服务对象也有明确的限制，如调查中能为用户提供馆际互借服务的5所高校的服务对象也仅限于与本校签订文献传递协议的教育、科研、企业单位等的校外团体读者，并没有实现服务对象的全纳。

文献传递。文献传递是指在现代信息技术的支撑下，突破传统馆际互借服务的局限，联合图书馆联盟、商业性信息服务商、出版社、学术研究团体、文献情报机构等机构通过文献复制或电子邮件传递的方式将用户所需文献信息直接或间接传递给用户的一种非返还式知识获取服务形式。文献传递能有效解决远程用户的信息需求，有利于促进图书馆实现服务泛在化，但就笔者得到的调研结果看，能面向用户开展文献传递的高校图书馆只有36.11%，即当前高校图书馆并没有充分利用信息技术手段优势，深入开展数字化公共信息服务。

参考咨询。图书馆的参考咨询服务是图书馆常规业务中的一项重要工作，是图书馆员与读者间进行互动交流的平台和辅助开展知识服务的重要工具，其主要功能是对用户在文献利用、知识获取和情报方面的问题提供帮助，以协助检索、答疑释难等方式为用户提供事实、数据和文献线索。调查结果显示，高校图书馆为用户提供参考咨询服务的高校也相对较多，占到63.89%，但受高校图书馆有限的人力资源限制，面向的参考咨询服务一般都是以提供常见问题解答（FAQ）、BBS论坛、E-mail咨询、电话咨询、实时在线咨询及基于微信、微博等新媒体的参考咨询形式为主的自助型虚拟咨询服务，参考咨询服务的内容主要是帮助用户解答关于使用图书馆文献资源查找、图书馆规章制度等方面的一般性问题，并没有基于用户需求驱动，提供深层次、个性化、泛在化服务。

专题培训。面向用户的专题培训是高校图书馆在做好校内教师及各层次学生的信息素质教育工作基础上，为促进进步和经济发展、为积极发挥信息化教育阵地作用和信息中心的功能，通过视频公开课或精品课等网络课程的形式为个体用户提供自助培训或联合政府部门、企事业单位等团体用户开展专题培训的形式面向提供的继续教育服务，主要目的是增强用户对各类型信息资源的了解、增强用户的信息获取能力、提高各种信息资源利用率、提高用户情报分析能力。本次调查的高校图书馆中有14所面向用户开展了以用户自助培训为主的专题培训服务，知识服务水平不高。另外，笔者还通过访问中国大学MOOC网站，调查了高校图书馆面向开展MOOC教育服务的现状，发现其中有的高校以MOOC课程的形式为全国用户提供精品课程的专题培训工作，但从全国范围看，基于MOOC课程面向用户提供知识服务开放程度还很低。

2. 智力型服务项目开展状况

基于知识组织和知识创新的智力型服务项目是知识服务的主要服务形式，该类型服务主要是凭借图书馆馆员的专业技能对知识和信息进行情报分析，强调在参与科研和决策过程中倾注更多地智力因素，以创造更大的价值为目标，而不仅仅是像传统型信息服务那样以提供知识信息为主，这种类型的知识服务属于狭义概念层面的知识服务。

专题/定题检索。定题检索又称为定题情报提供，是一种为满足用户教学及科研需要，针对用户所委托的课题定期或不定期地对某一特定主题进行计算机跟踪检索的服务方法，通常将检索结果进行筛选、组织、分析、整合，结合用户需求以题录、书目、索引、综述、全文等形式提供给用户。专题/定题检索通常是以嵌入科研过程形式开展有针对性、时效性要求文献跟踪服务，因为科研过程本就是一个受动态平衡机制调节的，要为用户提供准确而全面的情报就要求馆员具有相关的专业知识，因而高校图书馆所提供的专题/定题检索服务的也是针对与本校强势专业相关的科研院所等机构，受众范围很窄。如东北林业大学凭借其在林木遗传育种、动物遗传育种与繁殖、森林保护学三个特色专业，与校外相关农业科技企业建立密切联系，并通过建立用户档案的形式定期、及时地更新科研动态、主动搜集文献信息需求并及时给予反馈。

查收查引和科技查新。查收查引又称做论文收录及被引用检索，是指根据用户申请，在国内外权威数据库中检索其本人论文被收录和被引用的情况从而证明其科研能力和科研水平而开展的知识咨询服务，一般来说，常用的评价检索工具包括SCI、SSCI、A&HCI、EI、ISTP、ISSHP、CSSCI、CSCI等。科技查新是为避免科研课题重复立项、客观正确地判定科研成果新颖性、为科技人员进行开发提供丰富而可靠的信息而设立的服务形式，拥有科技查新资质的机构通常依据查新委托人提供的项目科学技术要点中的技术创新点，通过联机检索和手工检索方式，对其检出的文献进行综合分析，并就查证检查对象的新颖性做出结论的全过程。

调查发现，由于我国的科技查新机构主要集中于省级科技情报研究所及部分高校图书馆，因此查收查引和科技查新服务是具有科技查新机构资质的高校图书馆普遍采用的知识服务，服务普及率达83.33%，鉴于科技查新的专业性较强，高校图书馆主要面向校外的教学研究人员、周边高校、当地企事业单位及科研院所等用户开展各级、各类科研项目的查新与技术咨询（指技术引进、技术转让、新产品开发等）服务，受众针对性强且受众范围局限性大。

研究咨询。研究咨询服务既是对传统参考咨询服务的拓展，又是对专题/定题检索服务的延伸，是针对科研团体用户专业性要求比较高的科研项目，图书馆员跟踪项目进展，根据课题需要按阶段及时对检索到的文献信息进行整合加工并形成文献分析报告的知识服务形式，研究咨询服务通常是贯穿科研过程始终的递进式服务。在所有调查的高校图书馆中，仅有北京大学图书馆、内蒙古大学图书馆、同济大学图书馆、兰州大学图书馆、中国石油大学（华东）图书馆和新疆大学图书馆6所面向团体用户提供研究咨询服务，其中北京大学图书馆自

决策支持服务。决策支持服务又被称为政治决策支持或战略咨询，是决策咨询机构利用综合性知识对用户的各种发展战略、政策规划及建设性方案提供可行性论证，对政府的重大经济、科技、决策等行为提供舆情分析、技术性预测、科学论证的知识服务形式。决策支持服务的对象以党政机关、事业单位为主，他们对决策支持服务的需求目标表现出深层次化和强个性化特点，在显性知识的获取上要求全面、准确、精简，在隐性知识的获取上则要求创新性、前瞻性和预测性，高校图书馆所具有的决策支持服务人员素质高、可参考信息资源丰富度高、高校本身认可度高的"三高"优势是咨询机构无法媲美的，然而，笔者在调查中发现，国内高校图书馆开展决策支持服

务还处于起步阶段，能充分发挥其"三高"优势，面向提供决策支持服务的高校图书馆仅有 11.11%。

竞争情报分析。竞争情报分析的主要服务对象是企业，主要根据科研项目及创新需要，在文献加工的基础上综合运用预测模型和情报分析方法，对情报规划、采集、加工、服务和评估反馈等专业竞争情报生命周期的五个阶段为用户提出有理有据、有分析有评价、有预测有判断的预测性决策意见或情报信息产品的深层次知识服务形式，包括科技情报分析和竞争情报分析两个方面，其目的是提升企业自身的市场核心竞争力，促进企业可持续性发展。本研究所调查的36所高校，只有同济大学图书馆面向社企业提供基于文献计量的产业绩效评估和专题情报信息调研。

3. 特色信息产品及学科信息门户开展状况

特色信息产品。数字化馆藏资源建设是当前图书情报领域研究的热点，高校图书馆在特色信息产品建设上，一方面，综合彰显本校特色的学科建设、教学科研、科技创新成果等信息资源自行构建机构知识库；另一方面，融本校学科优势和所处城市的自然、人文特色于一体，联合政府部门或其他相关科研机构共同开发专题特色库。面向用户免费提供基于自建信息产品的信息互动、知识共享服务亦是图书馆服务意识和水平的体现。本调查中所指的特色信息产品主要包括高校图书馆自建的特色数据库，如合肥工业大学图书馆联合院系开发的《汽车工程特色数据库、李鸿章特色数据库、徽州建筑文化特色库、陈独秀特色数据库、徽商特色数据库；武汉大学图书馆联合中科院武汉文献情报中心、长江水利委员会长江档案馆共建的长江资源库、中国水利工程数据库等；四川大学图书馆承建的皮革特色数据库、巴蜀文化特色库等。

学科信息门户。学科信息门户是学科导航的高级形态和具体化形式，是高校图书馆为充分发挥学校的资源优势、技术优势和人才优势，结合学校学科专业特色和地方特色经济产业，广泛收集整合与特色专业相关的中外文文献信息、网络视听资源、高新技术、本校科研成果及其他相关信息资源，为相关行业提供具有鲜明专业特色的科技文献服务、促进产学研间的相互转化而提供的知识共享服务。调查中笔者欣喜地看到一些高校具有示范意义的成功案例，武汉理工大学图书馆充分发挥本校在材料学、船舶与海洋结构物设计制造、轮机工程三个专业的绝对优势，按技术推介、行业动态、专业资源库的模式汇集专业信息资源并分别构建了专业信息门户平台，有效实现了本地数字信息资源与网络信息资源的整合、开发和服务，从而充分发挥区域文献信息中心的功能，为相关行业从业者提供学习借鉴的平台；同济大学图书馆基于其在国内处于顶尖地位的优势特色学科——车辆工程专业，整合汽车市场资讯、汽车专业中外文图书、汽车科技信息、中外文专业期刊、国内外专利等模块构建汽车行业信息服务平台，为国内汽车行业用户提供最全、最新的资源共享及个性化定制服务。

4. 专利分析或代理服务开展状况

高校图书馆开展的专利分析/代理服务主要是以辅助企业申请专利或者派具有专利代理人资格的馆员提供专利代理服务的专业化服务形式，调研高校中能提供此类服务仅有石河子大学和重庆大学两所，仅占5.56%。其中石河子大学图书馆面向用户提供了系统的专利信息服务，石河子大学以提高兵团事业人员专利信息利用率为目标，图书馆的兵团知识产权信息中心与校外企业联合研发"专利信息服务平台"和"知识产权与创新决策服务系统"，与企业共建"专利帮扶顾问体系"，根据企业需求和企业特点，帮助企业建立专利专题数据库，提高企业专利数据检索、分析及预警能力，重庆大学图书馆则面向校外企业提供专利代理服务。

总之，通过本次调查可以发现，国内高校图书馆的服务理念已开始从封闭转向开放共享，大部分高校图书馆正在积极开展知识服务，服务方式不断丰富，服务技术手段正在实现由传统化向现代化的过渡。就整体情况来看，我国的高校图书馆知识服务尚未形成一种常态化的开放运行机制；提供的服务类型多、内容丰富，但整体上仍以文献资源获取为主，处于较低层次水平；没有高校图书馆能建立知识服务共享平台从而为面向提供综合性、深层次、个性化、泛在化知识服务提供支撑和保障。

三、高校图书馆知识服务的用户需求分析

有效的高校图书馆知识服务模式的构建，不仅要对图书馆自身的知识信息服务现状和水平有清楚的认识，更重要的是要在充分了解各层次用户信息需求特点的基础上，把握各层次用户的信息偏好和资源需求特点，在对自身现有服务内容进行细化与补充的基础上创新服务方式，构建全纳视阈下的高校图书馆服务。因此，有必要以问卷调查方式掌握用户对其了解与利用的程度。

（一）调查的目的

以问卷调查的方式了解用户对高校图书馆面向提供知识服务的态度，准确把握用户在日常工作、学习、生活中的知识需求及其对高校图书馆的期望，便于高校图书馆对知识服务的服务目标、服务方式、服务内容等有合理、明确的定位，为高校图书馆探索知识服务有效途径、更好地优化和创新服务模式提供指导，从而有针对性地满足各类校外用户的知识需求，卓有成效地促成学习型大环境的形成。

（二）调查的基本情况

由于我国高校图书馆很难在短时间内实现对用户的完全开放，在本研究中，我们将高校图书馆知识服务的潜在目标服务群体设置为政府及相关职能部门用户、教研（科研）用户、文化教育从业人员、企业用户、社区用户五大主要群体类型。

为使被调查者积极配合调查从而保证调查数据能真实地反映用户的知识需求，调查问卷的设计本着便捷、全面、高效的原则，采用以选择题和量表评分题为主，以开放式问题为辅的形式。

（三）调查结果统计与分析

1. 调查对象的基本情况分析

调查样本中，男性比例相对于女性比例稍小，为38.64%；年龄分布于60后、70后、80后、90后四个阶段，且以80后、90后为主，所占比例分别为38.64%、45.45%，该阶段的人群正处于人生、事业发展的快速发展阶段，其知识需求旺盛、多样，能很好地反映用户知识信息需求的总体趋势。

所有调查对象的文化程度覆盖高中到研究生等不同阶段，且以本科学历为主，所

占比例为56.82%，总体来看调查对象的文化程度结构与我国国民整体文化程度结构相吻合；从调查对象的职业构成来看，以政府、企事业单位用户为主，这些单位用户的知识信息需求程度一般能与高校图书馆所提供的服务相契合，因此，这些用户的知识需求现状和趋势对高校图书馆优化服务具有重要现实意义。

2. 用户高校图书馆开展知识服务的态度分析

为了解不同层次用户对高校图书馆开展知识服务的需求，问卷5—10题分别作了相关调查。

用户对高校图书馆面向开放的建议。所有参与调查的用户认为高校图书馆应设置专门面向用户的知识服务部门，从而提高开放服务的效率；有近65.91%的用户表示希望高校图书馆通过划分用户层次的方式提供多层次水平的知识服务，从而保证服务的针对性。

在"是否接受高校图书馆在不以营利为目的的前提下，视服务形式的复杂程度适当收取服务费用"问题上，79.55%的调查对象同意高校图书馆根据用户实际需求酌情收取服务费，由此可见，高校图书馆在面向用户提供支持服务时建立有偿服务机制是可行的。

在高校图书馆服务时间设置方面，建议在双体口开放的用户最多，所占比例为93.18%，其次是寒暑假，所占比例为54.55%，选择工作口开放的人数为20.59%，不及建议在双体口开放人数的1/4，由此可见，绝大多数用户更希望高校图书馆能在双体口及寒暑假等闲暇时间开放服务，他们更愿意在工作之余完善自己的学习。

用户认为高校图书馆应面向开放的原因。关于"用户支持高校图书馆面向提供知识服务的原因"问题的调查数据表明，用户支持高校图书馆面向开放的最主要原因是高校图书馆的专业资料全且查找方便，支持率达95.45%，除此之外，馆藏文献资源丰富、信息服务基础设施完善、服务人员素质高且服务专业也是导致用户愿意到高校图书馆寻求知识服务的重要原因，支持者均占调查总人数的2/3以上。由此可见，高校图书馆的信息资源、硬件设施、服务人才队伍三方面的优势是吸引用户到馆寻求知识服务的重要因素，高校图书馆秉承共享的发展理念敞开对外服务的大门亦是大势所趋、人心所向。

3. 用户的知识资源需求分析

用户的知识需求现状。对"用户在工作、生活中是否可以方便获取所需信息"这一问题的调查结果显示，有66.18%的用户不能方便地获取到所需资料，认为自己能方便获取所需资料的占33.82%，这说明用户凭自己的量并不能很好地满足自己的信息需求。通过在调查中对部分用户的随机访问，笔者认为这是由两方面原因导致的，一方面受可供参考的信息资源范围限制，网络上能提供开放获取服务的数据库数量有限、数据不完备且质量差，存在用户能方便地检索到的信息参考价值小，参考价值大的商业数据库信息资源又不能方便获取的矛盾，另外还受网络资源内容空洞、更新慢的限制；另一方面受用户自身的信息检索能力限制，用户的信息检索能力参差不齐，由于缺乏信息检索基本知识和检索技巧，自己的信息需求不能很好地转换为相应检索策略，导致用户的潜在信息需求不能得到满足。

对"公共图书馆能否满足日常信息需求"这一问题，有55.15%的人给出了否定的结论，即有一半以上用户的信息需求需要借助于公共图书馆以外的途径得到满足，笔者通过与曲阜师范大学口照校区图书馆的老师访谈交流了解到，学校所在区域的法检系统、教育系统等机关事业单位工作人员经常会到馆查找文献资源或获取参开咨询服务。

对"遇到信息利用困难时的解决途径"的调查结果显示，当被调查者遇到问题时，首选解决途径是互联网搜索引擎，所占比例为77.27%，这与中国互联网络信息中心于2015年7月发布的第36次《中国互联网络发展状况统计报告》中"我国搜索引擎使用率为80.3%"的结果基本一致。将图书馆作为首要解决途径的人数最少，仅有22.73，这从侧面给图书馆发出了警告信号，在互联网浪潮中，要么慢慢丧失生存的价值，要么以开放共享的服务理念带动图书馆转型升级，提供以解决问题为主要目标的信息增值服务。

用户的对高校图书馆的资源需求。对"您希望高校图书馆提供哪些信息资源"这一问题的调查结果显示，各类用户的信息资源需求侧重点稍有不同，这主要是由其工作性质的不同导致的，如政府及相关职能部门用户、教研用户所需要的信息资源主要是文学类书籍、专业书籍和专业期刊，文化教育从业人员对专业书籍、专业期刊、多媒体资源的需求量较大，企业用户更侧重于专业信息资源的获取，社区用户的信息资源需求则以文化传播类书籍为主。由此可见，用户信息资源需求的专业化特征明显，而高校图书馆作为专业知识宝库在开展服务方面将大有所为。有近70%的被调查者反映高校图书馆数字资源访问限制多，使用不方便，同时有超过80%的调查者希望高校图书馆能通过综合学科整合的形式提供一站式知识服务。

4.用户的知识服务需求分析

可靠性分析。为保证问卷调查结果的可靠性及为下一章服务模式的构建提供有效借鉴，笔者先借助目前SPSS中应用最为广泛的基于系数的信度测量方法，对问卷中的三个Liken分量表内部一致性进行检验。该系数分布在0~1这一区间且越趋向于1，表示数据越可靠，信度值在0.8以上即表明问卷具有非常好的内部一致性。

知识获取层面的用户需求。绝大多数用户对外借图书服务、访问图书馆电子资源、文献传递服务、虚拟参考咨询服务的需求度较大，且远大于Liken量表的中间值3，而馆内阅览服务、复印服务则接近于或低于中间值。由此可见，高校图书馆开展知识服务过程中应着力完善实体文献和虚拟文献开放获取机制，优化虚拟参考咨询服务获取渠道。

知识组织层面的用户需求。显示的统计结果不难发现，用户对知识组织层面知识服务的需求度表现出明显的两极分化，专题培训服务和专业信息门户均大于Liken量表的中间值3，用户对文献代检代查服务的要求也较高，这都从侧面反映出用户在日常工作学习、生活中存在无法便捷地组织所需信息资源的困难，调查结果也暗示高校图书馆应积极主动地拓展信息素养培训、专业信息门户建设业务。科技查新服务和查收查引服务二者的需求度呈现一致性特点突出，均低于中间值，笔者通过对问卷进行交叉分析发现，只有教研、科研用户群体对这两种服务表现出较强的需求倾向，高校图书馆在开展服务过程中则可采取有针对性的服务策略。

知识创新层面的用户需求。为保证调查结果更有效、更客观地反映用户对知识创新层面的知识需求，笔者仅就政府及其相关职能部门用户分析决策支持服务需求，仅就企业用户分析竞争情报分析服务和专利信息服务。分析结果显示，政府行政部门对决策支持服务的需求度为3.75，企业用户对竞争情报分析服务的需求度为3.62，均高于中间值。由于决策支持服务和竞争情报分析服务的专业性很强，靠图书馆单方面力量可能不能很好地满足用户需求，因此，高校图书馆可以联合相关院系，如联合政治或公共管理类院系开展决策咨询服务，联合经济、管理、工学类院系开展企业竞争情报分析服务，在满足知识需求的同时推动学科专业的"产学研"一体化统筹发展。

从本次调查的结果来看，一方面，随着时代的进步，用户的知识需求确实呈现出膨胀态势，但凭借其自身及公共图书馆的力量并不能解决其自身的信息需求；另一方面，用户对高校图书馆面向开放服务提出殷切希望，透过本研究的调查数据也能明确得到用户明确的知识需求。

第三节　创新理念下高校图书馆知识服务模式构建

通过上文对高校图书馆面向开展知识服务的理论分析、当前高校图书馆知识服务现状及用户知识服务需求的调查分析可见，公众对高校图书馆开放服务寄予厚望，高校图书馆也在积极开展开放服务实践，高校图书馆知识服务将是图书馆实现资源能力到服务能力转型变革的重要依托，是处于转型期的高校图书馆提高服务水平、扩大自身影响力采用的一种模式，是当今高校图书馆最具发展潜力的知识服务模式之一。本部分将在上述研究的基础上构建高校图书馆知识服务模式，并从明确服务目标、理清系统构成、优化运行模式、探索保障对策四个方面具体地加以分析说明。

一、高校图书馆知识服务的目标

在泛在知识环境下，以全纳教育为情境，以高校图书馆为立足点，以提高用户信息素质、解决用户问题、促进知识创新为目标导向，转变图书馆传统服务观念，全纳各层次用户，在智能化信息技术手段支撑下，创新组织管理和运营机制，整合信息资源和人力资源，开展多层次、专业化、创新性、个性化知识服务。

二、高校图书馆知识服务模式的构成要素

图情领域学者普遍认为，系统的图书馆知识服务模式涉及人、资源、环境三个方面，包括知识服务用户、知识服务平台、知识服务提供者、信息资源库及知识库五个重要的构成要素，笔者以此为雏形，将高校图书馆知识服务模式的构成要素归结为：知识服务用户、开放共享门户平台、泛在化资源平台、新媒体交互微平台、知识服务智囊团、实体馆创客空间6个部分。

（一）知识服务用户

高校图书馆程度的提高将使高校图书馆面对的读者类型更加多元，政府用户、科

研机构用户、企业用户、文教领域用户、社区用户等都将成为高校图书馆的知识受众。信息化程度的不断提高，使政府部门在决策时会面临更多的新问题、新情况，决策前有洞察全局和把握信息走势的信息需求，决策后又需要掌握信息动态和调整发展战略，整个决策过程会有寻求决策方法支持、信息预测辅助等周密翔实的决策知识需求；企业在信息将面临更加严峻的信息竞争，企业自身获取信息能力不足的短板直接导致企业面临信息满足率低、市场信息把握率低的窘境，这就会有隐性情报挖掘、竞争情报分析方面的信息需求；科研机构及文教领域用户通常兼具教学和研究的双重身份，具有专业化、渗透化的学科知识需求；社区用户是数量大、组成复杂的服务对象群体，其信息需求一般对应于知识获取层次的知识服务。

在整个知识服务系统中，各层次用户既是知识服务的接受者又是知识服务发展的推动者，甚至会兼具知识服务的提供者身份，他们的知识需求、对知识服务的反馈与评价对知识服务系统的完善和知识服务模式的动态调整起到重要作用。

（二）知识服务智囊团

知识服务智囊团是高校图书馆知识服务模式体系中的核心组成部分，是开展知识服务的主体，主要包括专门面向用户提供知识服务的图书馆员及受聘于图书馆的各专业领域的学科带头人、专家、学者。在图书馆由资源能力向服务能力转型变革过程中，学科馆员参与知识服务的各个环节，从单纯的知识提供者转变为信息资源的建设者，特色知识库建设者和推动者，个性化、多元化和学科化服务提供者，主导完成信息资源建设工作、参考咨询与交互服务、专题培训与用户教育、知识服务共享平台维护等。服务过程中，馆员在了解用户需求、消化用户提问基础上，有针对性地检索和组织专业知识，有效开发和挖掘自身隐性知识，以显性知识与隐性知识交叉融合的形式创造新的知识产品。当面对政府决策咨询、企业竞争情报分析等前瞻性强、专业要求高的更深层次知识服务需求时则联合相关领域专家学者，组建多元化专家服务团队，从而以更加灵活有序的工作模式提供学术价值高、前瞻性强的增值型服务。

（三）开放共享门户平台

开放共享门户平台是知识服务系统中联系人与资源的媒介，是一个由用户信息需求驱动的集成化、数字化服务平台。知识服务模式的各组成要素均在该平台得以展现，该平台是知识服务模式的外在表现形式。用户既可以借助此平台获得自助式的知识获取服务又可以实现与馆员沟通，馆员则主要基于此平台实现知识管理与提供知识服务。

针对用户的开放共享门户平台包括市民学习空间系统、科研辅助知识服务系统、知识创新支持服务系统三个子部分，分别对应于基于知识获取的自助服务模式、基于知识组织的科研辅助服务模式、基于知识创新的决策支持服务模式三条服务主线。

（四）泛在化资源平台

泛在化资源平台是高校图书馆开展知识服务的基础要素，该平台以实现信息资源共享"5A"目标（任何用户都可以在任何时间、任何地点，获取任何图书馆的任何信息资源）为目的的归宿，该平台也是市民学习空间的雏形。

泛在化资源平台包括文献资源库、机构知识库、外部资源库三个组成部分，其中，文献资源库是按学科分类组织的方式管理的信息资源，包括实体馆藏资源库和虚拟馆藏资源库两个子库，主要包含以文献、数据等为表现形式的海量显性知识资源。外部资源库主要是图书馆的同盟馆提供的馆际互借服务，以CALIS（中国高等教育文献保障系统管理中心）、CASHL（中国高校人文科学文献中心）、国家科技图书文献中心（NSTL）、全国图书馆参考咨询联盟等机构提供的文献传递服务。机构知识库主要解决本校特色资源在数字环境下如何保存、传播和利用的问题，是实现资源开放获取和保障资源得到有效利用的数字知识资产库，主要包括以下五个子库：

教研成果库。以本校师生发表的学术研究成果、学位文论、研究报告、专利文献等教学、科研成果为主的数据库；

特色资源库。依托优势学科，结合本馆特色馆藏汇集某一领域相关资料构建的具有学科特色、专题特色、地方特色的数据库；

咨询档案库。保存有学科馆员在解决校内外用户咨询提问过程中所使用到的元数据资料、知识服务智囊团融合自身隐性知识与显性知识形成的创造性问题解决方案等；

学科知识库。以学科课程体系和学科培养计划为主线汇集与学科教学相关的文献型资源、数字化资源、网页资源，以具体知识单元为存储单位，以知识处理为基础的应用型数据系统。

MOOC课程库。这里的MOOC课程库是一个集成型的开放式网络课程台，一方面包含本校精品课程、信息素质教育等教学视频资源，另一方面整合各大MOOC平台的开放获取资源，涉及休闲旅游、饮食养生、金融理财等公众喜闻乐见的视频资源。

（五）新媒体交互微平台

媒体交互微平台是借助QQ、微信、微博等新媒体工具构建的以QQ群为主线，以微信、学科博客和微博为两翼的"一主两翼"式协同交互平台，是图书馆开展科研辅助服务和决策支持服务过程中与用户交流互动的桥梁。图书馆借助QQ群的组织功能优势，基于不同群体用户的个性化信息需求，按用户类别分别建群，如决策支持群、企业咨询群、教学辅助群、阅读参考群等，构建"大网络，小模块，专业化"服务格局。

QQ群联合微信实现服务的交互，QQ群实现大众化信息发布、针对某一QQ子群嵌入科研辅助服务，微信则实现小众化个性信息推送服务、自助查询服务、实时沟通服务等，二者结合促知识信息的流动、增值。学科博客发挥学术和共享两大突出特色和优势，一方面实现前沿学术动态的聚合，另一方面提供馆员与用户进行知识和思想碰撞交流的桥梁。利用微博工具无可比拟的裂变式传播优势，以主题微博的形式搭建结构化的学科微博体系，主动为用户提推送信息，实现更深层次的知识推送服务。

（六）实体馆创客空间

实体馆创客空间是具有时代特色的知识服务系统组成部分。高校图书馆面向提供知识服务不能仅仅定位于信息中心，更应开放空间资源、设施设备资源、技术资源、智力资源等拓展公共服务空间承担"启迪民智，普及教育，推动创新"的教育职能。创客空间作为信息化技术孕育形成的创意与交流社交平台，与图书馆具有趋于一致的价值，即：知识、学习、分享、创新，这为图书馆发挥教育职能提供了可能。实体馆创客空间亦即高校图书馆面向读者开放多媒体制作、创意展示、信息咨询、语言交流、开放学习、影音欣赏等创客功能区域，为用户提供创新学习的条件与设施，满足用户多元化学习需求，激发其创造活力，促进知识的转移。创客空间与图书馆的融合有利于深层挖掘高校图书馆价值、拓展公共服务空间，也有利于图书馆应对瞬息万变的需求，提升自身生存能力。

三、高校图书馆知识服务层次结构模型

结合知识生命周期理论考量知识服务的层次分类，知识生命周期的七个知识运动过程阶段中知识的获取阶段是开展任何水平、任何形式知识服务必须经历的阶段，知识的整合、组织、应用和创新则会在知识获取的基础上根据不同层次用户的需求衍生出不同水平的知识服务形式，由于不同用户知识水平、工作性质等方面存在较大的差异，这就要求高校图书馆增强面向用户开展知识服务时必须充分考虑不同类型、不同水平用户需求，提高服务针对性。据此将本研究中的高校图书馆知识服务划分为基于知识获取的基础性知识服务、基于知识组织的过渡性知识服务和基于知识创新的创新性知识服务三个层次，理想化的高校图书馆知识服务层次模型。

（一）基于知识获取的基础性知识服务

高校图书馆知识服务层次模型的第一层是基于知识获取和知识整合过程为用户提供基础性服务的层次，它也是整个知识服务过程的基础。不同的用户群体具有不同层次的知识信息需求，所有的信息需求都要以图书馆馆藏资源为基础，因此，在这一层次，高校图书馆主要提供以组织、整合馆藏资源（包括实体馆藏和虚拟馆藏）为基础的文献借阅、文献传递、馆际互借等服务，该层次的服务是其他两个层次知识服务得以顺利开展的前提，同时也是高校图书馆知识服务得以顺利开展的最基本条件。

（二）基于知识组织的过渡性知识服务

过渡层是高校图书馆知识服务层次模型的中间层次，是高校图书馆知识服务由基础层次向创新层次发展的纽带，在整个知识服务体系中起到承上启下的作用，是最能体现高校图书馆知识服务质量的服务层次。与基础层次的知识服务的本质区别是过渡层服务的开展不仅着眼于知识的共享，而且更加注重知识的对比、分析、归纳和利用，服务内容覆盖了高校图书馆所能提供的知识服务内容的大多数，如定题检索、研究咨询、专题培训、学科服务、特色数据库建设、信息共享门户建设、查收查引、科技查新等，服务对象广泛且在满足不同层次用户服务需求上有较大的延伸空间。

（三）基于知识创新的创新性知识服务

基于知识创新的知识服务层次，对应于狭义角度的知识服务概念，是被学术界普遍认同的知识服务类型，它不仅是在过渡层知识服务基础上加入知识的创新过程，更重要的是强调在知识获取、知识整合、知识组织的基础上融入图书馆员自身的专业知

识、专业技能等智慧因素，融入用户问题情境和决策过程，基于用户信息需求动态、连续地组织和实施服务，生成具有增值价值的信息产品，探究性地帮助用户解决凭借其自身能力所不能解决的问题。这一层次的知识服务内容主要包括决策支持服务、专题情报调研分析服务、嵌入式科研跟踪辅助服务。

将知识生命周期中的各知识运动过程对应于不同层次用户由浅及深、由表及里的波浪式前进和螺旋式上升的认识发展过程和信息需求水平，更加有利于辅助高校图书馆在新信息环境中明确知识服务的功能定位。笔者认为，高校图书馆面向用户开展有效的知识服务应基于高校图书馆知识服务的现状和用户实际的信息需求，以本文提出的知识服务层次模型为基本服务框架，不断强化开展基础层次知识服务的意识、不断提高过渡层次知识服务的质量、不断拓展延伸创新层次知识服务的功能。

四、高校图书馆知识服务模式分析

高校图书馆知识服务模式应是根据其各个基本构成要素自身内在联系、服务的多元化特点以及服务侧重点和运行规则的不同，形成的动态化、集成化运行系统。本研究中构建的高校图书馆知识服务模式及各要素间构成关系。

（一）市民学习空间模式

市民学习空间模式对应于知识生命周期的知识获取阶段，是一种集成化的用户自助知识服务模式，是图书馆基础性知识服务层次的服务模式。该模式是用户主动单向获取资源的服务形式，主要是依靠图书馆的泛在化资源平台实现服务资源的网络化数字化实现。该模式的运行实施要求用户了解图书馆知识服务系统并具有一定的信息检索能力，适用于用户问题直接、明确且通过简单分析即可找到问题解决方案的情况。用户借助市民学习空间可以直接在文献资源库中获取所需物理馆藏或虚拟馆藏文献资料，对于本馆没有收藏的信息资源，外部资源库又以馆际互借和文献传递的方式为用户提供获取资源的保障；可以在机构知识库中检索所需学科知识数据、特色资源数据及多媒体课程等信息资源，对于一些常见的图书馆参考咨询问题可以在咨询档案库找到答案，通过自助服务不断获取知识，知识积累的过程又潜移默化地提高其综合能力，帮助其实现知识的创新和增值。

服务目标分析：凭借市民学习空间打造"7×24"泛在服务模式，以便捷的服务、高效的服务过程、低廉的服务成本，保障所有用户能在任何时间、任何地点获得任何想获得的信息资源，满各种层次用户的一般知识需求。

服务流程分析：该服务模式的实现以用户为主体，主要服务流程为：提出问题—分析问题—信息检索—知识获取/知识传递。

服务责任分析：市民学习空间模式中，图书馆馆员职责集中于系统后台的运行维护，主要职责是泛在化资源平台的资源建设工作，及时优化和更新文献资源库、机构知识库，定期与外部资源库进行数据交换，确保满足用户当前及未来可预计的使用需求。

（二）科研辅助服务模式

科研辅助服务模式对应于知识生命周期的知识整合、知识组织等阶段，是指高校图书馆针对所在区域教研（科研）机构、文化教育机构、企业等校外用户的科研创新全过程存在的技术咨询服务缺乏、信息交流不畅及其他科技创新能力不足的现实问题，围绕从课题立项到课题结束的科研全过程提供的全方位科技信息知识服务模式。该模式是图书馆过渡性知识服务层次的服务模式。

新媒体交互平台是科研辅助服务模式运行中馆员与用户交互的媒介，主要以在线即时参考咨询、异步式参考咨询、专家式参考咨询"三位一体"的层次化参考咨询方式提供双向交互保障。用户通过新媒体交互平台提交服务申请或表达获取具体问题解决方案等核心知识内容的意愿，馆员具体分析用户需求，明确服务全过程，在用户需求驱动下，以文献资源库、机构知识库为依托，按知识检索、知识获取、知识组织、知识集成的一体化服务过程将用户研究领域及相关研究领域的专业知识汇总集成，从中提炼出对用户的研究、开发与创新有用的"知识精品"供其使用。

服务目标分析：坚持以用户为中心的指导思想，以满足用户对知识的需求为前提，细化用户层次和咨询问题类型，以个性化层次化的服务形式、多样化的服务手段，反馈用户咨询的问题、推送知识化的服务内容，辅助用户科研。

服务流程分析：该模式的运行以用户问题驱动，以馆员服务为主导，主要服务流程为：用户申请服务—用户需求分析—知识检索—知识组织—知识整合—知识传递—用户反馈及评价。

服务责任分析：科研辅助服务模式的运行基于科研辅助知识服务系统，馆员负责系统的优化与维护。具体工作还有以下两个方面：第一，馆员基于新媒体交互平台与用户进行交流互动，接受并分析用户需求，明确服务目标；第二，馆员针对用户需求运用图书馆馆藏显性知识和自身隐性知识提供有价值的服务，以协同参考或嵌入科研的方式满足用户知识需求。

（三）创新支持服务模式

创新支持服务模式对应于知识生命周期的知识创新阶段，是一种主要依据政府用户、企业用户等连续的信息活动而提供的前瞻、专业、创新的知识服务模式，该模式是以服务于政府决策咨询、企业竞争情报分析为主的高级知识服务形式，属于图书馆创新性知识服务层次的服务模式。因政府及企业所需要的决策性、竞争性知识服务专业要求高、涉及国家公共利益及企业运营的整体利益，所以对服务人员的素质要求较高，整个服务的完成需要复合式专业型人才的参与。即便是高校图书馆，通才素质人才也是相对匮乏的，这就需要学校相关院系学科带头人、专家、学者等团队力量的加盟。

图书馆面向开展创新支持服务模式，可以参考咨询公司进行知识服务所采用的团队组织方式：针对特定的任务组织专门的人力、物力开展服务工作。创新支持服务模式的团队组织通常具有两个特点：一方面，组织机制柔性化，即图书馆根据政府或企业的创新服务需要随时的组建不同规模的临时服务团队，因服务团队建设于用户需求联动，且二者基于新媒体交互平台的交互过程是贯穿服务过程始终的，因此能保证帮助用户及时、有效地解决问题；另一方面，广泛的专家参与，由于创新支持服务专业性和复杂性的双重特点，服务过程中会随时动态引入专家完善团队知识结构，保证整个服务过程是专业知识和科学方法有机融合、协同促进的过程。

服务流程分析：在服务政府方面：保障政府决策的科学性和正确性，为政府官员提供决策支持；满足政府公共服务的需要提供知识交流服务，发挥高校图书馆的智库职能。在服务企业方面：为满足企业获取竞争优势、抢占市场、规避风险的需要提供竞争情报服务；满足企业技术创新和管理创新所需要的动态知识服务。

服务流程分析：该模式的运行更注重用户与知识服务智囊团间的即时沟通，主要服务流程为：用户申请服务—用户需求分析—智囊团队组建—知识检索—知识组织—知识创新—知识传递—用户反馈及评价，整个服务过程中间穿插用户—馆员间的交流互动过程：交流—反馈—交流—反馈。

服务责任分析：创新支持服务模式的运行基于知识创新支持服务系统，馆员在科研辅助知识服务的基础探索学科前沿知识，更重要的是与相关领域专家团队通力合作，更系统、更深层次地挖掘隐性知识、创造新知识。

五、高校图书馆知识服务模式的典型案例分析

国内已开通知识服务的很多高校图书馆在推进服务立体化方面都进行了很多有益尝试，其中江苏大学图书馆的服务实践处于国内领先地位。

自2005年以来，江苏大学图书馆充分认识到面向开放服务对于高校图书馆自身转型发展的重要意义，秉承"拓展服务内容，创新服务方式"的创新服务理念，积极探索开放发展新思路，该馆既以开放的姿态面向提供传统信息服务，也开展了深层次的嵌入式知识服务，在开展知识服务方面进行了很多新鲜尝试，有力推动了地区经济的发展。江苏大学图书馆的知识服务实践有很多值得借鉴之处，也有一些与笔者研究相契合的地方，笔者将结合本文所提出的创新性高校图书馆知识服务模式对江苏大学图书馆的知识服务实践作简要评析。

（一）依托信息资源共享联合体，拓展基础性知识服务

江苏大学图书馆适应区域经济发展的需要，积极探索消除地区之间、行业之间在文献资源获取上不平等的资源共享模式，按照"统筹协调、相互支持、形成合力、促进发展"的原则，江苏大学图书馆联合镇江市图书馆、江苏科技大学图书馆、镇江高等专科学校图书馆及地区范围内的各行各业图书馆对所藏的各类文献信息资源进行数字化加工整合，构建了不受地域、行业限定的新型文化传播路径——"镇江地区文献资源共享联合体"。

当前，该文献资源共享体主要是基于文献资源提供服务，如文献资源的"一站式"检索、通借通还、高校快捷的文献传递服务；跨区间的网上预约、联合参考咨询服务等功能，实现了文献信息在整个地区范围内的共建共享，为各类用户检索咨询提供了方便，保障共享体用户可以在任一联合馆获取文献资源。当今人们的精神文化需求日益高涨，用户信息需求在纵深方向不断拓展延伸，呈现出对包括物理馆藏资源、数字图文资源、视音频教学资源等多媒体信息资源的多元化需求，因此，江苏大学图

书馆可以充分挖掘自身馆藏优势和学校教学科研资源优势，充分收集馆藏特色资源、学科特色资源、地方特色资源完善信息资源共享联合体建设，打造立体化的市民学习空间。与此同时，图书馆可对各类信息资源做深加工处理，开发个性化特色信息产品，满足各层次用户日益增长的多样化信息需求，如借鉴广州大学图书馆的做法，依托其自主开发的"媒体眼中的广州"新闻资料库为各界开发和提供综合性媒体信息产品和专题性媒体信息产品。

（二）凭借自身科研力量，延伸过渡性知识服务

江苏大学图书馆依托科技查新服务，自主研发了科技查新管理系统，用以辅助加强服务全流程的管理工作，以企业为主体，以市场为导向，不断拓展服务领域，面向的科技查新服务现已辐射与覆盖了江苏省的大部分地区。但当前江苏大学图书馆提供的科技查新服务主要是以学校工科特色办学定位为主导，明确面向中小企业服务的定位方向和服务目标，将扶持中小企业科技创新作为图书馆开展科研扶持服务的切入点和落脚点，以促进中小企业科技创新能力的提升为目标，精准的服务目标定位同时也限制了其自身服务范围的拓展。

依托图书馆馆员人才优势、馆藏资源优势，联合院系科研团队，图书馆完全可以面向周边各行企业、政府机关、科研院所、中小学教研团队等单位提供全方位、宽领域的科研辅助服务，积极参与各种类型用户的科研课题，从而创造良好的效益，同时亦会给予推动图书馆自身发展的反作用力，促进图书馆事业的发展进步。

图书馆在服务于各类单位的科技创新过程中，可以积极开拓知识服务项目，针对政府机构、企事业单位等用户的信息需求搭建个性化的专题数据库、为地方政府机构搭建区域性、集成性、专业性的科技创新服务平台；图书馆还以项目合作为纽带，在学校和企业之间开展横向联合、成果推介转化等科技中介服务。如：整合镇江市六大新兴行业专利信息数据的"镇江市公共科技信息服务平台"、整合高新区三大重点产业专利信息数据的"镇江高新区科技信息服务平台"。

（三）立足区域发展实际，深化创新支持知识服务

自进入21世纪以来，江苏大学图书馆在拓展自身发展平台的同时，积极投身于发展事业，积极参与区域建设。在服务事业创新发展方面，图书馆发挥自身专业优势实时监测省高校进入ES工全球前1%的学科动态及其国际影响力，立足从国际、国内、省内多方位观测评价江苏高校学科发展，为省教育厅优势学科的建设与评估提供决策参考依据；以馆所合作的服务模式同江苏省科技情报研究所开展双向交流、共享数字资源，面向政府提供馆所合作的创新集成信息服务，为省科技厅、省教育厅提供决策支持服务。

在服务企业科技创新发展方面，图书馆把握住国家和江苏地区推进知识产权的战略机遇，面向区域内企业开展知识产权服务，结合《江苏省企业知识产权管理规范》为企业量身定制符合企业自身需求的企业知识产权管理体系、管理规范和管理流程，完成近70家企业的"江苏省知识产权管理规范"咨询工作；通过拓展科技信息服务项目开拓新的服务空间；着力开展专利检索与分析、专利侵权与预警、专利战略分析等科技创新服务项目，为20多家企业进行专利挖掘并组织相关材料的申报，为近100家企业进行专利查新与检索、国外过期专利的分析与利用服务。此外，还为企业提供竞争情报分析、情报研究报告等知识服务项目。

当前，江苏大学图书馆主要依托科技查新站服务于区域科技创新、以馆内科研力量为支撑、以自主开发的管理系统为主要技术手段，服务对象主要区域内中小企业、服务内容主要对接其生产创新，服务辐射面较窄。万众创新的"互联网+"时代，各行业各领域对知识创新的需求日益膨胀，江苏大学图书馆亦应顺应发展趋势，进一步增设面向提供创新支持服务的"窗口"，对此，图书馆可以立足区域经济与发展的实际，联合学校相关院系的教研团队，打造"产学研"三位一体的专家知识服务团队，通过运行创新支持服务模式面向区域内的相关行业"精准扶智"，为行业的创新发展提供智力支持，从而为实现效益的提升和经济效益的增长提供保障。

（四）打通新媒体沟通渠道，保障层次化知识服务开展

江苏大学图书馆设有专门的参考咨询台，设立微信、微博等咨询渠道。咨询馆员面向校内外读者开展服务，解答读者提出的各类问题及指导读者利用本馆的各种文献资源；听取读者对图书馆各项工作的批评、建议，促进读者与图书馆之间的沟通交流。但经笔者尝试通过微博、微信渠道向该馆寻求服务支持后发现，图书馆的回复率极低，由此可见，江苏大学图书馆的即时化交互咨询服务建设并不完善。

在服务优化过程中，江苏大学图书馆可以引入QQ这一普及率最高的即时通信工具，与微信、微博联合搭建"一主两翼"式协同交互平台，开辟实时交互咨询窗口，借鉴淘宝网"店小二"机器人交互应答模式创建自助服务机制，随时解答用户关于资源利用与服务申请等各方面问题，进而依托学校重点学科的人力、物力、各类资源，搭建起用户与图书馆的双向交互机制，有针对性地为三种服务模式不同层次的用户提供信息，为促进地方经济的发展提供智力支持。

第四节　高校图书馆创新知识服务的对策研究

一、知识资源是知识服务的基础

注重图书馆馆藏知识资源建设，增加馆藏知识存量。图书馆馆藏知识资源是否丰富是决定图书馆能否为用户提供令人满意的知识服务的基本因素。做好馆藏知识文献建设工作是为用户提供知识性工作与服务活动的基石。提高知识资源的总存量是提升其开展知识性服务活动能力的基础工作，高校图书馆的馆藏知识资源存量主要通过馆藏纸质文献与电子文献资源的总量体现出来。图书馆馆藏知识资源存量是指图书馆在某一个时间段内对馆藏纸质文献资源一与电子文献资源以及服务人员掌握的显性与隐性知识资源等多种知识资源的占有总量。图书馆服务部门在增加图书馆馆藏知识资源存量的同时，也要多一与相关组织机构进行教学科研等方面的合作交流，促进本校专家学者等用户与校外同行之间进行知识交流，扩大图书馆知识流量。图书馆知识流量是指在某一段时间内流入或流出图书馆的知识资源总量。图书馆的知识流量具有动态

性、时空特性以及吸收性的特征。

纸质馆藏与数据库资源是图书馆所拥有的知识存量的主要表现形式，要想全面增加高校的知识总存量就必须从注重纸质资源的购买与数据库引进或自建两个视角着手。并且在购进纸质资源与引进或自建数据库的过程中，资源建设部的负责人应当使纸质资源与电子资源在数量与结构上能够良好地搭配。相关数据表明，近年来我国高校图书馆在2014年度馆藏文献资源购买费用的平均数约为481万元。提高图书馆馆藏知识资源存量具有多种途径：一方面高校图书馆一可以积极购进相关学科优秀专家学者研究成果的纸质文献资源以及国内外优秀学术数据库；另一方面利用先进科学技术（网络技术、知识挖掘技术、知识组织技术等）与方法对本校师生的科学研究成进行收集、存储，建立本校特色知识库。另外，一线工作人员还可以对能够开放采集的网上资源实施解析组织，建立特色库。整体来说，易于编码显性处理的信息相对容易被分析、组织、处理，而隐性的知识信息不易做显性处理。对结构化、半结构化数据信息进行收集、分析以及挖掘处理，从中挖掘出对用户有用的知识单元，做集成化处理，建构的知识库内容多以显性知识为主。非结构化的数据信息内容往往以隐性知识为主，相对难以编码处理成较细分的知识单元，对于非结构化数据信息的处理，可以借助可视化技术建设视频知识库（名师精品课程、学者讲座、行业专家交流）。例如，现如今MOOC在国内高校深受用户青睐，图书馆也可以通过制作知识视频的形式来存储较难以显性化处理的知识信息资源，并且可视化技术对隐性知识的转移具有重大意义。

二、科学技术方法是知识服务的保障

先进科学技术方法为高校图书馆知识服务提供了技术保障，高校图书馆应及时引进相关先进技术手段，改善知识服务设施水平，例如电脑设备的换代、检索系统的更新等。进入21世纪以来，信息技术、互联网技术以及知识组织技术，获得突飞猛进的发展。例如RFID技术、语义网、物联网、大数据、自然语言处理技术、智能技术等等都为图书馆事业的发展与研究提供了便利。在信息技术与网络技术的支持下，知识的交流传播与转移效率都得以大幅度提升；语义网技术与自然语言处理技术以及智能技术也日益改进着搜索引擎等检索系统的检索效率。早期的文献参考服务之所以能够从当面问答到虚拟解答再到协作解答再到实施知识性咨询工作服务，在这一发展过程中信息技术与互联网技术所起到的作用特别大。科学技术的发展进步使图书馆服务打破时空限制，使用户不必走进图书馆即可享受图书馆知识服务。

随着知识控制理论与方法的逐步改进，对知识进行控制的实现形式已经从以文献形式为单元转变为以相对零碎的数据与知识元为处理单元。徐如镜指出，知识的控制单位长期以文献为主，但用户对知识信息的需求往往以知识元为单位。对知识进行控制的单位如果能够从文献转变为知识元，大量文献中的知识元将被挖掘出来，不同学科的文献中的知识元之间的关联性可以增强，有利于推进知识创新、应用以及知识价值的实现；Don R. Swanson利用Med line文献证实某种疾病与饮食之间具有某种联系，推动了学科细分与知识分裂以及其他学者对知识元之间的语义关联以及知识发现的研究；人类对知识的习得内化能力与知识总量之间存在一定差距，并且这种差距在日益扩大；随着科学知识专业化程度的不断提高，知识会发生分裂，跨学科的知识传递将会变得更加困难；某一专业领域的知识可能对其他学科领域具有价值，跨学科的知识之间存在着某种关联；Brookes 最早提出"认知地图"的概念，期望辅助解析不同学科知识元之间的关联现象。

搜索引擎检索技术的飞速进步日益改变着用户的知识信息行为，并日益提高用户获取知识信息的效率。我国搜索引擎用户规模已经达到 5.36 亿，搜索引擎的使用率为 80.30%，与前一年相比增长了 2.7%；其中以手机为终端进行搜索的用户数量为 4.54 亿，使用率为 76.5%，前一年相比增长了 5.9%。2015 年 11 月 30 日，Google 苏黎世实验室的 Behshad Behzadi 在 Futurapolis 会议中提出，搜索引擎未来的发展目标是开发出终极的个人助手。搜索引擎的检索技术在四个方面将取得重大发展。首先，语音识别的准确率将大大提升。Behzadi 的数据显示，Google 的语音识别出错率已由两年前的 25% 降低至目前的 1/16。这种水平基本相当于跟普通人进行对话的准确率；其次，将继续提高用户检索记录的关联程度，以使搜索引擎系统充分理解用户的知识信息需求，从而呈现令用户满意的检索结果；再次，将实现基于用户所处位置的搜索功能；最后，搜索引擎将自动记录用户的检索浏览痕迹，分析用户的检索行为，为用户提供信息推荐服务。

三、人才是知识服务的核心

（一）引进优秀专业人才

人力资本是组织内部成员的优秀素质及能力的总和。高校图书馆的人力资本更大程度上指图书馆服务人员的脑力资本。高校图书馆的人力资本除了服务人员的数量以外，还包括服务人员的综合素质与能力，例如服务人员的计算机操作技能与服务态度等等。高校的管理人员应从不同方面实现举措以保证一线工作人士的工作素养与智力水平。一般而言，主要从工作人士的受教育程度、专业层次以及心理素养等方面谋求提升工作人士实施工作活动的效果。图书馆馆员的知识结构一般由五部分组成：图书馆学专业基本理论、相关专业基本知识、语言文字知识、技术性知识、职业素养知识。专业层面的基本性理论知识对全体工作人士而言是必须熟练掌握的。一线工作人士必须熟练牢记该类专业性知识，才能更好地开展日常工作，为用户提供良好服务，同时还必须掌握图书馆工作的技术方法，例如，图书分类、编目、藏书组织与建设、文献复制等等。除了专业层面的基础性知识之外，一线服务人士仍需要具备一些与一线工作紧密相关的其他类别的知识，例如法语、日语等语言知识，力争拥有比较全面的知识与技能。对一线工作人士而言，除了需要具备基本性的理论知识及技能外，还需要掌握一些技术性知识一与技能。技术性知识主要指与操作计算机与网络以及系统相关的基本技术与技能知识，主要包括在线检索技术、自动标引技术、视听设备操作技术、缩微技术等等；职业素养知识主要指馆员具备的服务态度以及知识信息素养，主要是一种内在品质。高校图书馆在引进优秀人才时，应注意处理好引进入才的学历结构以及知识结构的协调搭配关系。既要引进深层次专业人才，又要引进知识面宽广的通才型人才。

在高校图书馆的发展建设过程中，应逐渐提高馆长等领导人员以及普通馆员的学历/学位层次与职称结构。相关数据显示，在高等院校馆长的学历与职称结构中，没有专业背景的大约有74.8%，没有获得正高职称的大约有42.8%，没有取得副高职称的大约有66.6%。在985重点院校中，具有博士学位的馆长占比约为76.6%，具有硕士学位的馆长占比约为6.7%，具有学士学位的馆长占比约为16.7%。从表5-1可以看出，"211工程"高校与"985工程"高校的馆长的职称结构差别较小，但是普通高校的馆长职称结构与"211工程"和"985工程"高校就有明显差距，高职高专院校的馆长职称结构与普通高校的差别也比较大。总的来说，我国高校图书馆服务人员的学历结构一与职称结构，正在向高学历化的方向发展。

（二）定期对职工进行培训

在知识经济时代，图书馆服务人员应改变传统保守的服务观念，努力优化图书馆馆藏文献知识资源以及服务人员的知识结构。在图书馆传统服务时代，馆员往往是坐在台前，等用户进馆来咨询问题，馆员是书库看书人、馆藏文献知识资源的管理者。如今知识经济高度发达，图书馆服务人员应当成为知识信息利用专家而不仅仅是看书人，服务人员应该进行角色转变，充分利用自身的专业知识和专业技能对图书馆馆藏知识资源进行挖掘分析，进而创造出新知识用以解决用户实际问题；服务人员应当成为图书馆馆藏知识资源的分析和组织者，馆员应该对大量的馆藏文献信息资源进行筛选、简化、剔除优化工作，例如，根据一次文献不断生产二次文献、三次文献等；图书馆服务人员应尽最大能力对拥有的知识资源进行组织管理，主动向用户提供知识，推进知识共享；尽量从繁多的网址中选取优质可靠的参考信息源，以"书签"或链接的方式保存在本机构知识库中，为用户提供便捷的网络资源导航服务。

一线工作人士个人实施知识性工作与服务活动的能力是组建图书馆工作整体知识性服务活动能力的基本柱石，一线个体人士开展工作与服务的能力的强弱直接决定着向服务对象传达其渴求及期望的知识所包含效用。从长远来看，为了使图书馆能够以高效率为用户提供知识服务，就必须建立有效制度，采取有效措施长期持续性地巩固提高服务人员的工作能力与服务技能，例如定期为服务人员举办服务技能培训活动、选派服务人员进行学历深造等等。除了图书馆的主动安排之外，馆员个人也应当积极参加相关的学术研讨会，学习补充新知识；在日常工作之余，形成终身学习的良好习惯，进行知识积累，增加自我的知识存量。例如，上海交通大学图书馆经常为服务人员进行专业培训，由全校各科研团队推选出一名成员作为信息专员，经过系列培训，提升接受培训人员相关专业的信息检索、鉴别、分析、整合等各方面的能力。经过7年努力，图书馆培养的信息专员已经基本覆盖全校近200个科研团队。

四、用户教育是知识服务的根本

用户作为图书馆开展知识性服务活动的对象，用户的状态（知识结构、科研课题、教育程度、心理活动、兴趣爱好、专业专长等）深刻影响着图书馆知识服务的效果。图书馆实施知识性服务工作不仅仅是简单地向服务对象传递其所渴求的知识，也不是简单地协助服务对象处理其现实难题，最根本的是塑造服务对象的信息意识，提高服务对象个人采集、分析、重造及运用知识的综合实力，让服务对象能够自食其力地实施知识活动。

（一）塑造用户知识意识

知识信息意识是指当认知者萌生某种知识渴求及需要时对那些能够或有可能满足其期望的信息所具有的感知力。知识意识直接影响用户的知识需求强度，如果用户的知识意识仅停留在随机感性认识阶段，知识需求强度就相对较低，只有当知识意识上升到理性认识阶段时，需求强度才相对较强。如果用户的知识意识较强，当用户意识到产生某种知识需求时就会激发强烈的知识获取动机，进而投入较多精力去获取所需知识。知识信息意识对用户而言，首先表现为需求方面的意识，用户在日常学习、研究、实践过程中难免遇到困难或疑惑问题，此时就会自我意识到需要获取相应的知识信息来解决疑难问题，进而产生获取知识信息的行为；其次表现为获取方面的意识，当用户受到外界刺激产生某种知识信息需求时，就会产生通过自身行为努力去获得所需知识信息的心理冲动，这种心理冲动就是获取意识；再次，表现为辨伪意识，如今网络时代使得知识信息资源的生产、获取极其便利，但网络知识信息资源的质量良莠不齐，此时就要求用户对获取的知识信息进行正确性及权威性方面的鉴别，否则就很有可能做出错误的决策或者难以解决实践中出现的问题。

（二）培养用户知识信息能力

增强用户的知识信息能力主要包括用户学习新知识的能力、对知识进行更新的能力以及吸收新知识的能力三个方面。知识信息能力是指认知者在某类知识集合的辨别、剖析、判断、创新和利用上的综合实力。具体来说，认知者的知识信息能力表现在其对知识材料进行采集、解剖、整合组织、内化、创新等几个方面。对于同一类知识信息资源的利用，由于各类用户的知识信息能力强弱不同，所获取知识信息的数量、质量以及利用效果也会千差万别。高校图书馆在为用户开展知识服务的过程中，应当根据用户的知识需求类型、学历层次以及专业方向为用户进行知识资源获取与利用方面的技能培训教育，包括对知识信息进行分析、整合、创新以及内化吸收的思想理论方法。使用户能够独立自主地利用高校图书馆提供的馆藏资源与技术条件，自觉学习新知识，提升自我知识信息能力。

学习是认知者通过吸取新知识并深化理解内化以期改进行为效果的过程。认知者的学习能力主要指认知者将采集到的知识材料实施解码、分析、创新以及内化利用等方面的能力。材料中的效用信息通过认知者的吸收内化得以在其内部不断积累并逐渐升值，在认知者的自觉努力下创造出新的知识。身处一线岗位的工作人需要充分认识到自觉学习的重要性，并努力塑造稳定的学习习惯，利用业余时间进行持续性自学，进行知识积累改进动手技能。

随着用户内部知识的逐渐老化，其拥有的某些知识因失去使用价值而被新知识所取代。从知识创新主体方面来说，知识创造者主要通过脑力劳动进行知识前新；从知识接受者方面来说，主要是通过进修学习、培训、专题及自学等途径进行知识创新。

知识经济的迅速发展使知识更新周期大大缩短。知识自产生之时起就开始逐渐老化的过程，在老化过程中，知识渐渐丧失价值或使用价值，这就要求个体要想适应激烈的竞争和满足发展自我的需要就必须对旧知识进行更新，及时补充新知识，相对于旧知识而言，新知识更具有活力。Cohen 和 Levintha 最早提出知识吸收能力。知识吸收能力是用户在日常学习生活中识别、转化和利用外部知识信息的能力。用户的学习效果通过其知识吸收能力表现出来，例如，老师讲课，对学生都是平等对待，但是学生的考试成绩却差异很大，这就与学生的知识吸收能力密切相关。

第三章 大数据与高校图书馆个性化信息服务建设研究

第一节 大数据与高校图书馆个性化信息服务理论概述

一、大数据概述

（一）大数据概念

大数据可谓是网络、计算机、智能移动终端、物联网等技术发展所产生的时代产物，是由信息量变引发质变，并非一个确切的概念，虽然目前大数据是研究热点，也被各行各业视为新生宠儿，但截至目前各研究学者、机构对大数据的定义仍是仁者见仁、智者见智，其定义主要有以下几种。

2011年麦肯锡公司将大数据定义为，一种规模大到在获取、存储、管理、分析方面大大超出了传统数据库软件工具能力范围的数据集集合。IBM提出用"3V"定义大数据：Variety（多样性）、Velocity（高速性）、Volume（规模性），多样性是指大数据处理的数据类型复杂，包括结构化、半结构化、非结构化数据；高速性是指数据在收集、处理和分析的速度越来越快；规模性主要指大数据处理的数据量一般为TB级甚至是PB级。而NETAPP认为大数据定义考虑的三个基本要素是：大分析（Analytic）、高宽带（Bandwidth），大内容（Content）。大分析主要是用来帮助用户获得有用信息价值；高带宽顾名思义就是处理数据的速度更快；大内容指的是处理信息全面并实现信息的高扩展性获得隐性知识。在维克托·迈尔一舍恩伯格及肯尼斯·库克耶编写的《大数据时代》中大数据指不用随机分析法（抽样调查）这样的捷径，而采用所有数据进行分析处理。

虽然大数据的定义说法不同，但是大同小异，可以将其统一概括为是随着数据量和数据类型的增加，而逐渐衍生出来的一种现象，它即包括海量、复杂多变的数据集，还包括对这种数据集进行高速采集、整理与分析，提取价值的技术架构与技术过程。

（二）大数据基本特点

根据上述定义可以基本归纳出大数据的特点，分别是数据量大、数据类型多、数据价值稀疏、数据速度化、数据量大、随着云计算、社交网络等发展，使用户获得信息的途径更方便、快捷，人类可获得的数据量呈爆炸式发展。RFID射频识别技术使得每件物品的描述信息，都会轻而易举地被计算机捕获到。传感技术的发展使得物联网成为可能，物联网就是在一系列大量数据的前提下，通过传感技术来实现的，所以新事物的产生靠大量数据支撑也同样产生更多的数据。同时很多社交网络满足人类交流，这些社交网络每时每刻都在产生大量的数据。智能移动终端设备的普及，使得每个人每天产生的数据量是以前的数倍，种种表示大量数据应运而生。目前数据处理的基本单位不再是以前的MB，而是转变为TB，甚至是PB为基本单位。

数据类型多，数据来源丰富，其数据类型同样结构复杂、形式多变。社交网络和移动终端设备的出现，使得原先被动接受信息的用户主动产生信息，例如微信、微博、BBS，博客等社交工具随时随地接入网络，无限的心情、图片等信息被分享。导致数据结构不再是单纯的结构化形式，更多为非结构化和半结构化形式的数据。当前用户的浏览内容发生很大变化，用户在交流时除了文字还分享了大量的图片、声音、视频等格式迥异的信息，从而产生大量的非结构化数据。高校图书馆在为用户个性化信息服务过程中，要想做到信息服务的个性化，就要把用户产生的结构化、半结构化和非结构化数据全部收集处理。

数据价值稀疏，由于大数据具有数据量大、数据结构复杂等特点，导致数据价值密度低。在数据处理过程中，大数据并不是采取我们常见的抽样法，对事物的某些特点进行抽样、处理、存储等，而是对收集事物的所有数据进行处理。非结构化、半结构化数据产生是随机、多样的，他们之间的联系也是随机，不受控制。对于单纯数据而言，它们没有对错之分，但如果将这些半结构化、非结构化数据互相联系、自由组合时，所产生的信息就会有对错之分。同时在收集到的大量数据中有效的也许只是那其中的万分之一，甚至亿分之一，数据的价值比例非常低。结合上述两种情况，所以大数据虽然数据量大，但数据的价值密度低。

数据速度化，用户获取、传播信息的方式越来越快捷，用户也越来越体验分享信息的快乐，使得数据量呈爆炸式增长。同时网络信息不是静止不动而是实时更新的，数据一直处于不断更新、增长速度快的状态。在这样的状态下，要保证信息具有更高的价值率，就需要数据传输和存储的速度要快，如果处理不及时，很多时效性较强的数据就会失去价值。总之，大数据不但数据增长速度快，它处理数据的速度同样很快。

（三）大数据的处理流程

在维克托·迈尔一舍恩伯格及肯尼斯·库克耶编写的《大数据时代》中，指出在数据的处理上原有的理念已发生转变：从以前的抽样转变为全体，从要数据绝对精确转变为提高效率，从以前获得因果为目的转变为得出相关联系。）。当然学术不是绝对的，这只是部分学者的观点，也有一些学者存在异议。虽然处理数据的理念有所变化，但数据处理的基本过程没变，大数据在处理数据过程中主要分为：数据获取、数据导入与预处理、数据分析、数据输出和挖掘。

数据获取。大数据处理的前提就是拥有大量的数据资源，其获取的方式主要是借助现代先进的技术设备，在数据采集端会部署很多数据库。面对获取的大量数据，要想得到更多有用的价值信息，面临的第一个挑战就是找到合适的优化方式来存储这些数据，首先对全部数据源进行统一处理，分别进行抽取和集成，然后根据关联、聚合提取数据的关系和实体。为对数据进行有效处理获取高质量信息，需要在处理的过程中对数据进行清洗。数据集成和抽取技术在传统静态的数据库中研究已基本成熟，而大数据的处理模式是建立在数据之上的，且处理的模式是不断更新，处于动态变化的。常见的数据抽取与集成方式种类较多，从数据集成模型的角度来看，大致有4种类型：基于物化或方法的引擎、基于联邦数据库或中间件方法的引擎、基于数据流方法的引擎及基于搜索引擎的方法。在数据获取阶段存在的挑战主要是并发数高，可能在同一时间会有成千上万的用户分享和操作，如何在数据库之间处理好分片和负载均衡还需要我们进一步思考，同时这里的数据库要大量部署，这样才能支撑起高流量数据。

数据导入与预处理，获取的数据需要导入分析软件中进行信息挖掘，需要将这些来自前端的数据导入到一个集中的大型分布式数据库，或者分布式存储集群，为提高分析有效性，要对导入数据进行简单的清洗和预处理工作。在数据导入阶段其主要挑战是导入的数据量大，每秒钟的导入量经常会达到百兆，甚至千兆级别，需要一定的软硬件技术支持。

数据分析，对数据进行导入和预处理后，重要的就是数据分析，这是大数据处理的重点步骤，也是大数据价值得以显现的过程。数据分析主要利用分布式数据库，借助很多分析技术完成。此阶段主要面对的挑战是分析的数据资源量大、数据价值密度低；而且传统的数据分析算法再也不适应大数据分析，所以单纯的准确率已不是主要目标。由于大数据具有不断更新，时效性强等特点，所以还应将时效性纳为权衡标准；再者就是如何看待分析得到的结果，如何评价结果也是我们接受的重要挑战。

数据输出和挖掘，大数据由于其特点，如果要求其最后输出一具体结果或是文本文件几乎不太现实，一般借助可视化算法、技术来显示。数据挖掘没有预先设定的结果，主要是在现有数据上面进行基于各种算法的计算，从而起到预测的效果，实现一些高级别数据分析的需求。比较典型算法有用于分类的 Naive Bayes、用于聚类的 K-Means 和用于统计学习的 SVM，主要使用的工具有 Hadoop 的 Mahout 等。该过程的特点和挑战主要是用于挖掘的算法很复杂，计算涉及的数据量和计算量都很大，常用数据挖掘算法都以单线程为主等。

二、高校图书馆的大数据

随着现代网络技术、移动终端设备、传感技术、社交网络等的发展，每时每刻都有大量数字信息产生，高校图书馆用户对数字资源的要求越来越高，信息需求个性化日益突出，图书馆顺应时代发展要求，借助已有的大数据环境来发展个性化信息服务。

高校图书馆馆藏资源丰富，除包括图书、光盘、期刊等资源外，还有大量的网络资源，例如借助自动数据库系统通过用户行为产生大量信息，这些数据结构类型多样，不仅有书目信息等结构化数据，还包括用户信息、用户留言、评价等一些半结构化和非结构化数据，随着用户数量增多，图书馆每天产生的信息量较大，长此以往会生成一个巨大的数据集。目前用户的信息需求越来越个性化，传统图书馆服务已满足不了用户的个性化信息需求，而图书馆无法对未处理的非结构化数据进行分析，无法更好地为用户提供智能化服务。

大数据时代要发展好个性化信息服务，就要对用户产生的信息进行挖掘，得出用户信息模型，使图书馆从传统单一的信息查询转变为数据挖掘和分析，可以将网络社交中产生的一些非结构化和半结构化隐性知识转变为显性知识，从而发现有用信息，转变服务模式。大数据的数据处理方面已经有一定成就，高校图书馆的馆藏数字资源与大数据处理的数据存在很多相同之处，例如数据结构都比较复杂，数据类型多样、数据量大，大量数据中有用信息较少等，故高校图书馆要想从大量资源和用户信息中获得知识，就要借助大数据分析技术来实现。

综上可知，大数据时代图书馆想与时俱进，就要清醒认识当前的形势，利用大数据技术创新图书馆服务。结合两者之间的相同之处，根据大数据的数据分析过程与高校图书馆的资源，笔者建立基于高校图书馆的大数据架构图。

三、个性化信息服务概述

个性化信息服务需求随着社会信息化进程的加快日益突出，当今服务的主导潮流是服务个性化，其目标就是满足特定用户在特定时间所需要的特定信息和服务。大数据时代，日益增长的信息与用户信息需求个性化之间的矛盾越来越突出，传统面向所有用户提供共同信息的服务模式已满足不了当前用户的需求，所以个性化信息服务的发展成为历史的必然选择。

四、个性化信息服务概念

由于国内外研究者学科不同、侧重点不同，对个性化信息服务的理解和概念就会各有不同。有的侧重于信息服务内容和质量的要求，还有些侧重于培养用户个性化的满足度和发掘，但本质都是为用户提供高质量信息服务。IBM从个性化信息服务的过程定义：个性化信息服务是收集、储存并分析用户信息，基于用户信息分析结果为用户在正确时间传递正确信息的过程。也有学者认为个性化信息服务指的就是根据用户的基本信息、学历背景、需求层次、行为习惯和内心想法，有针对性地构建以用户为中心的模型，主动匹配、剔选用户所需的信息资源，通过个性化服务系统传递到用户的终端。

综上所述，个性化信息服务从根本上来讲就是用户通过注册、在线行为等静态和动态方式定制馆藏资源，图书馆服务系统根据用户行为信息等构建用户模型，个性化服务系统总结用户信息、分析用户行为，为每一个用户推送个性化的信息资源。

（一）个性化信息服务基本特征

从个性化信息服务概念得出个性化信息具有的五个基本特点：以用户为中心、重视与用户交互、服务方式灵活多样、服务具有主动性、实时安全信息。

以用户为中心，个性化信息服务过程体现"以人为本"的服务理念。个性化信息服务最终目的是针对不同的用户，通过不同的方式，满足用户不同的信息需求，为用户提供有针对性的主动服务，这是个性化信息服务与传统的信息服务最本质的区别。个性化信息服务改变了传统的服务模式，以用户的需求为导向，"用户需要什么，我就提供什么"，并且根据用户的行为、习惯、爱好等为用户提供主动的、潜在的信息服务。

重视与用户交互，这是个性化信息服务与传统信息服务的主要区别。在服务的过程中主要是建立在用户和信息提供者之间互动基础上完成的，用户和信息提供者之间进行即时的互动交流，并及时更新分享用户的反馈信息。为实现用户与信息提供者之间的交互，首先为用户提供快捷友好的服务界面，同时提供可以即时反馈用户信息的平台，在保护好用户隐私的前提下最大限度地为用户定制个化信息空间。

服务方式灵活多样，现代网络技术的发展，人们获取信息已不再受地域和时间的限制，用户可以自己动态定制要求服务的类型，例如根据个人科研信息需求定制特色信息资源，也可以根据自己习惯来定制服务方式、种类等，使个性化信息服务成为用户自己"量身打造"来满足自己个性化需求的信息服务。

服务具有主动性，如今我们处于信息爆炸的时代，我们缺少的不是信息量而是寻找自己需要信息的方式。个性化信息服务改被动为主动将用户所需信息提供给用户，将"人找信息"变为"信息找人"。针对用户的个性化信息可以通过用户的注册、用户行为、研究方向等来获取，同时借助现在的网络技术及时为用户主动推送准确、潜在、最新的信息。

实时、安全的信息服务，信息已经成为当今社会重要的竞争资源，谁能掌握最新发展方向的信息谁就能获得主动权，所以在第一时间为用户提供最新的信息是个性化服务的根本要求。个性化的信息毫无疑问会涉及用户的隐私，如果这些信息一旦泄露，图书馆将失去用户的信任，所以需要制定完善的制度，安全便捷的工具和防止泄露的保护技术等。

五、高校图书馆个性化信息服务理论

（一）高校图书馆个性化信息服务概念

图书馆担当文化传承的重责，是用户获取信息服务的重要途径之一。高校图书馆的服务对象范围相对单纯，主要是校内教师和学生，高校教师肩负教学、科研项目等重要任务，为其顺利完成需要教师实时了解该项目以及相关学科的理论研究和最新动态等。图书馆为教师和学生的科研、学习、教学提供有力保障，图书馆对于学生来说更是寻求知识的殿堂，大学阶段教师对学生起到引路、讲解的作用，大部分需要学生通过自己查找阅读来学习，所以图书馆为学生提供大量参考资料，扩大知识面来提高学术和自身的修养。

高校图书馆个性化信息服务，一种是随时随地满足用户个性化信息需求的服务，另一种是通过对读者信息分析主动为用户提供信息服务。目的就是满足教师和学生科研、教学、学习的信息需求，主要有三方面内容：服务方式个性化、服务内容个性化、服务时间和地点个性化。

高校图书馆个性化信息服务方式特点是"用户需要什么，图书馆就提供什么"，为用户提供更准确、针对性强的个性化信息；服务内容在提供传统共性信息服务基础上，还利用个性化系统、智能软件等满足用户的个性信息需求；移动智能终端设备的发展，使得图书馆的服务时间和地点不再受限制，用户可以随时随地查阅馆藏资源、个人信息等。

（二）高校图书馆个性化信息服务基本特征

1. 服务目的准确，针对性强

高校图书馆的服务用户相对比较单纯，主要是在校的广大教师和学生，目的为了本校师生的项目研究与教育教学，相较于公共图书馆而言服务目的比较准确，针对性强。同时学生与教师的信息需求根据专业、年级以及科研方向出现明显的层次性，使得图书馆易于把握用户的需求动向，为用户提供个性化的信息服务。

2. 服务专业性强

高校图书馆提供的服务受本校的专业特点影响很大，由于其服务的对象相对稳定，用户利用图书馆主要是研究本专业和相关专业知识，获得专业权威的知识理论，并在第一时间获得相关研究最新动态的信息，所以高校图书馆为用户提供的信息服务内容相对专业。

3. 服务方式多种多样

互联网的发展，纸质资源不再是图书馆主要馆藏资源，越来越多的数字资源被引进。为适应环境，为用户提供更便捷的服务，高校图书馆的服务方式也不再是单纯的用户到馆，而是用户借助网络随时随地访问图书馆资源。同时为满足用户的个性化信息需求，图书馆还提供在线互动，用户可以通过多种在线互动方式向图书馆提出申请服务，从而获得自己需要的信息，为提高个性化信息服务的效率，高校图书馆还建立"我的图书馆"、"移动图书馆"等服务系统平台。

（三）高校图书馆个性化信息服务基本实现方式

1. 个性化定制服务

个性化定制服务可分为个性化界面定制服务、个性化信息检索定制服务、个性化内容定制服务等。所谓个性化内容定制服务，主要是用户根据自己的爱好、信息需求来定制信息，可以通过高校图书馆网站提供的内容模块选择，也可以自己向图书馆提出相应申请。个性化信息检索定制服务，用户可以根据自己的检索习惯和要求选择相应个性定制，例如检索历史分析、个人检索模板、个人词表定制、检索工具、检索式表示方式、检索结果处理定制等。个性化界面定制服务，用户根据个人喜好选择网站界面的风格，可以直接选择网站提供的模板，也可以进行个性化的模块选择，例如界面的颜色、内容排列的方式、界面的整体结构等。个性化定制服务的实现方式需要注意的是用户安全和隐私保护，如果用户个人信息一旦泄露，用户就会失去对图书馆的信任，所以图书馆要提供保证隐私安全的相关技术。

2. 个性化信息资源管理服务

当今社会信息资源已经成为重要的竞争资源，谁拥有巨大的信息资源谁就会称雄一方，图书馆属于信息资源管理中的一员，由于各高校之间学科专业与科研方向存在差异，所以高校图书馆要结合本校的专业特点与教研方向来对信息资源进行分类、组织。在保证信息资源丰富的前提下，为用户建立个人定制的私人信息数据库，用户可以根据自己需要和兴趣爱好来完全自主地定制编辑私人数据库，用户可以依据自己的理解对信息进行分类、归纳、整理，为用户管理信息提供个性化帮助。

高校图书馆可以建立特色数据库、专业学科库等特色资源馆藏为用户提供个性化信息服务，还可以通过引进信息资源整合系统，该技术使得图书馆的各个馆藏数据库之间实现统一检索方式，实现无缝连接。各高校图书馆还可以建立图书馆联盟，通过信息资源整合技术使得各图书馆之间的信息资源实现共享，避免馆与馆之间资源浪费，该服务模式的发展还受图书馆经济、政策等条件限制。

3. 个性化信息推送服务

个性化信息推送服务是利用推动技术以计算机网络技术为支撑，根据用户信息需求，与图书馆网站建立契约关系，使得个性化信息服务系统主动将有用信息推送给用户，减少用户盲目搜索，提高信息检索获取效率，为用户节约时间和带宽等网络资源。

信息推送服务分为几个步骤，首先用户通过图书馆提供的个性化系统，输入或选择自己的基本信息、爱好兴趣等。然后个性化信息系统自动或人工对信息进行分析、筛选、整理，得出用户的信息需求模型。再者，根据用户的信息需求关键词在信息库或其他资源库找到与用户需求相关的信息，对信息按照用户的定制要求进行分类、整理，最后将信息按时、主动地推送给用户。

4. 个性化互动式服务

互联网发展使得图书馆与用户之间的互动越来越重要、便捷，图书馆由传统的被动服务方式转变为动态的服务方式。目前高校图书馆网站的互动服务类型主要有三种，一是实时互动，图书馆馆员与用户借助即时聊天工具进行互动，例如QQ聊天、微信、在线咨询等；二是延时互动，用户可以将遇到的问题或者需求以留言、邮箱等方式进行互动；三是合作互动，常见图书馆对用户的调查，例如调查问卷等。用户在与图书馆互动过程中不但获得所需信息，同时图书馆还根据用户的行为分析出用户的信息模式，该模式在服务过程中经过反馈不断进行修改，从而为用户提供个性化信息服务。

5. 个性化信息素养教育服务

图书馆是传承信息的重要场所，高校图书馆更是肩负着学生信息素养教育的重任，信息素养较高可以快速获取所需信息，提高信息意识和搜索能力。高校图书馆对象出现明显的层次性，不同年级、专业的学生对图书馆了解、利用程度不同，这就使得图书馆在普及信息素养教育的基础上，还要开展具有针对性的用户信息素养教育。教育过程中可以采用嵌入式教学，在专业课的学习中渗入信息素养育教学，可以采用网络视频，将使用步骤、技巧录制成微课，实现个别学习，还可以进行小部分教育，将更专业更深入的知识进行小部分培训方式进行个性化信息素养教育。

6. 其他服务

高校图书馆个性化信息服务除上述讲述的实现方式外，用户还可以利用个性化信息服务系统享受其他个性化服务，例如网上预约、文献传递、借阅历史查询、新书推荐等。高校图书馆网站建设的可以借助自己的账户"我的图书馆""移动图书馆"等都是个性化信息服务的表现，用号、密码登录个人空间，定制管理自己的个性化信息。第3章高校图书馆网站个性化信息服务现状调查研究

高校图书馆在为高校师生提供信息服务方面起着举足轻重的作用。由于所处地域、经济状况、人文风情等不同，加上各高校的专业以及学校老师们科研重点不同，使得不同高校图书馆所提供的个性化信息服务存在差异，本文调研对象选取综合类、师范类、理工类等教育部直属、省属高等院校。本文主要针对选取的高校图书馆网站进行调研分析，考查图书馆网站提供的个性化信息服务，并分析高校图书馆个性化信息服务的基本现状以及存在的不足。

第二节 高校图书馆网站个性化信息服务现状调查研究

一、调查对象的选取

本文选取国内15所高校图书馆网站作为调查对象。

二、高校图书馆网站个性化信息服务现状调查

（一）中国农业大学图书馆网站

中国农业大学图书馆采取先进的自动化和全开架管理模式，藏阅结合，最大限度地方便读者。图书馆建设重点是文献资源建设、个性化信息服务、数字化建设以及文献资源共享。

中国农业大学个性化信息服务较多，例如RSS信息定制，图书馆提供短信、邮箱等方式为用户提供及时的最新消息、借阅情况等。同时"我的图书馆"中，用户还可以根据自己的需要，自己定制个性化服务，添加用户需要的模块，更好地为用户提供个性化服务。可视化分析，在资源检索模块中，图书馆提供的可视化分析可以以读者类型或者读者所在系别归类，然后以年度热门借阅数据为起点，帮助用户可以更深入地分析，发现文献之间存在的借阅关系，从而发现更全面准确的相关信息联系，帮助用户更好的了解资源。

（二）浙江大学图书馆网站

浙江大学图书馆的服务宗旨时为师生服务，"人为本、和为贵、变则通"是图书馆始终传承的理念，图书馆应用国际先进的自动化管理系统ALEPH500，建立新型的信息服务体系。图书馆首页"我的图书馆"，用户可以用借书证号和登录密码进入，也可用校园卡统一身份进行认证后登录。

浙江大学图书馆馆藏资源丰富，其提供的信息服务个性化，除"我的图书馆"外还有信息共享空间、情报信息服务、学科资源导航等。信息共享空间，在共享空间里有丰富的资源、活泼多元的学习格局、完善的硬件设备、合作共享的学习理念。不同

兴趣课题不同分区空间，用户可以就感兴趣的小组空间进行预约，然后与老师、同学一起讨论学习，同时可以提供视听教育、信息素养、学科导航、参考咨询等服务。

情报信息服务，随着大数据时代的到来，每天都有大量的数据产生。在这些海量的信息中包含丰富的重要"情报"，为满足用户个性化信息需求，情报信息服务应运而生，它是指通过对可获得的公开信息收集、跟踪、挖掘、整理和分析，最后以用户要求的形式将得出的满足用户需求的信息服务产品呈交于用户。浙江大学图书馆在多种需求下，凭借自己丰裕的馆藏和人才优势，借助先进专业的信息分析与挖掘工具，为各类服务对象提供基于事实数据、科技信息、文献资料等的高度定制化的情报信息挖掘与分析服务，包括决策咨询、专利信息、学科情报、云中课堂、信息推送、信息调研等个性化的信息服务。

（三）厦门大学图书馆网站

厦门大学将图书馆称为知识资源港，图书馆历史悠久有多个分馆，"一切为了读者"是厦门大学图书馆的宗旨，图书馆秉持"节约读者的时间"为诉求，最大限度地为用户提供即时准确的信息服务。

座位管理，用户进入图书馆可以持校园卡系统终端刷卡、选号、并对号入座，为节省时间用户还可以使用"预约系统"或"Juneberry在线"系统，提前一天预约座位位置，同时为了用户便捷该系统还有手机版本，用户在离开座位后，要到终端去刷卡退出座位信息，如果用户中途离开，须在终端刷卡并选择"暂时离开"状态，时间长于30分钟后座位自动释放，该座位管理充分节约了用户时间，为每一位用户提供了便捷。

自助文印，厦门大学使用联创打印管理系统实现无人化打印管理，用户可以在该系统的云打印或者终端上提交需要打印的文件，然后在校园内任意一台装有联创助打印的客户端上进行打印，并在任意一台自助打印复印一体机上，使用校园卡进行自助刷卡缴费。提交后的文件仍可以进行修改、删除，即能打印黑白还可以打印彩色的。

（四）同济大学图书馆网站

同济大学图书馆订购了各种知名的大型综合性数据库、各类权威的专业学会出版物全文数据库。同济大学图书馆坚持"读者第一，服务至上"办馆宗旨，全方位服务师生，为教学和科研服务。

同济大学图书馆为用户提供了较多的个性化信息服务，例如在学科服务中的双伙伴计划、知识信息服务、多种咨询方式等。高校读者在现代信息环境下日益专业化和个性化的文献信息需求，同济大学图书馆正在全力打造"学科化服务"这一全新服务模式，用优质服务，节省用户的宝贵时间。"双伙伴"指的是知识伙伴和科研伙伴，信息素养较高的用户与专业知识较强的用户相互帮助、团队合作，从而为用户提供更准确更个性化的学科信息服务。

（五）南开大学图书馆网站

南开大学图书馆引进了汇文软件公司的LIBSYS图书管理系统，计算机集成化管理优化了全馆各工作环节，为创建基于文献资源共建的服务平台提供保障。为加强用户教育，图书馆还通过开设面向本科生的公共选修课"信息素养与信息资源检索"，以及多种形式的用户培训，不断提高用户的信息素质和应用技能。

南开大学图书馆为方便用户校外访问，开通 IP 远程访问，用户向图书馆提出申请，图书馆认证后分配账号、密码，实现用户不受地域限制使用图书馆馆藏资源和服务。同时南开大学图书馆还新开通了移动图书馆服务，用户下载客户端，输入借书证号和密码登录，可是随时查询馆藏资源、图书预约、借〕虬情况，及时提醒到期时间或者续借等服务，同时还可以参入微博分享，对图书进行评论，在移动图书馆中提供了阅读视听空间，提供图书、报纸、视频、公开课等多元化的阅读形式。

（六）华东师范大学图书馆网站

华东师范大学图书馆为教学与科研提供了较为完备的文献信息保障，逐渐形成综合性、研究型馆藏特色，同时构建新型的图书馆信息服务环境，使图书馆成为学校的文献信息服务中心和知识交流中心，图书馆还通过自动化集成管理系统的用户认证和校园 VPN 方式，实现本校读者远程访问图书馆数字资源功能。

华东师范大学图书馆建立创意学习空间，读者根据自己的兴趣、需求，向每个不同的研究空间提出预约，然后图书馆组织相同研究空间的用户集体讨论、交流，充分体现个性化信息服务的一种创意型学习空间。同时该图书馆还成立"真人图书馆"，用户成为一本"真人书"，在"真人图书馆"里用户与用户之间互相"借阅"双向交流，在用户的提问、反馈中得到更多启示，做到以"书"辅友，以友辅仁，让交流回归其最本真的意义，让用户得到书本中没有的更有价值的信息。

（七）中南大学图书馆网站

中南大学图书馆采用 ILASIII 图书馆自动化管理集成系统，建立统一文献信息服务平台，促进全校文献信息资源共建共享。图书馆以智能化、网络化、个性化、多功能及绿色环保为主基调，集现代化、信息化、开放性和网络化的多种功能为一体，为用户提供了多种现代化的个性化信息服务。

中南大学图书馆提供的读者服务较多，例如科技查新咨询主要用来为委托人避免科研课题重复，同时客观正确地判别科技成果的新颖性、先进性。不仅为委托人提供个性化信息服务还有效地杜绝学术剽窃。另外，图书馆还提供多种自助服务，自助打印、复印、扫描、超期罚款等，用户可以在校园内任意一台装有打印客户端的机器上进行打印，方便地使用校园卡进行自助刷卡缴费。

（八）江南大学图书馆网站

江南大学图书馆网站江南大学图书馆提供的信息服务主要有文献服务、信息咨询服务、用户教育、特色服务等。

江南大学图书馆重视用户图书馆的使用效率，为更全面了解图书馆，定期举办用户培训工作，为了用户熟悉图书馆各类信息资源、满足用户信息需求图书馆还开设大量学术资源利用和获取专题讲座，提供用户馆藏数据库检索自学课程，开设针对信息素养、信息意识、信息道德等一系列活动专题。图书馆还设置了答疑教室，用户可以采用留言的方式向馆员提出疑问和信息帮助，馆员及时对所提问题提供解答服务。）。

图书馆开设定题跟踪服务，用户向图书馆提供自己所研究跟踪的科研方向，图书馆根据用户需求，定期不断地将符合用户需求的研究领域最新发展动态传送给用户，节省用户查询、检索文献信息时间，提高用户的信息检索效率和利用价值。

（九）曲阜师范大学图书馆网站

曲阜师范大学图书馆网站为用户提供丰富的个性化信息服务，用户可以通过验证登录"我的图书馆"，图书馆在2013年开设校外访问，用户通过"易瑞授权访问"系统，向图书馆申请注册账号和密码，在校外同样可以进入图书馆数据库，搜索下载所需信息，不受地域IP限制享受校内一样的个性化信息服务。

曲阜师范大学"我的图书馆"系统是由北京邮电大学控股的北创软件开发的公共检索系统，用户登录后可以进行个性化读者设置，享受图书馆提供的个性化信息服务，系统提供的主要功能有：

读者设置：设置用户的基本情况、密码、研究学科等信息。

借书信息：记录用户在图书馆借阅的历史信息，包括以往借阅图书、当前借阅情况，还可以进行续借等。

预约通知：用户查询当前预约书目情况。

催还通知：记录用户借阅情况，等所借阅数目快到还书期限时，提醒用户归还图书或者续借。

购书推荐：用户需要的数目如果在图书馆馆藏中没有，可以借助购书推荐提交书目，写清所荐书目的名称、作者、标准号，图书馆系统自动将该书与馆藏比对查重，如果该馆没有此书，那将信息提交给馆员，如果有自动提醒退出。

虚拟书架：用户在书刊检索时，将自己需求书进行收藏，该书自动存入用户的虚拟书架，便于用户管理记录需求书目。

借阅历史：记录用户的以往借书信息。

个人书评：记录用户对所读书的评论。

个人留言：记录用户留言，同时将留言提交图书馆员，馆员给予回复。

曲阜师范大学图书馆所拥有的数据库资源非常丰富，同时还根据所处地域文化底蕴为用户提供特色馆藏资源，包括孔儒文献、孔子在线等数据库，为用户提供全面、准确的个性化信息资源。"我的图书馆"公共检索平台检索速度快、检索方式多样，用户可以根据需要将不同检索方式进行匹配，还可以将自己所需书籍推荐给馆员，馆员通过审查认证后直接订购，最大程度为用户提供针对性强的个性化信息服务。

（十）上海理工大学图书馆网站

上海理工大学图书馆具有特色馆藏、人性化服务和现代化设施，在重点学科建设与发展为核心的原则指导下，图书馆已形成了以工为主、兼及人文社科的综合性藏书体系。上海理工大学图书馆发展成为建设教学研究型、数字化、开放文明的现代化复合型高校图书馆，以最有效率的管理、最优质的服务，为用户提供最优化的信息服务。

上海理工大学图书馆为发展学科服务，每月以不同学科分别从"本月图书阅读导引""图书借阅分布及排行""热门图书推荐"等板块向读者传递相关学科的图书信息情报。图书馆还为方便用户资源查询，用户向图书馆申请，经认证后分配账号和密码，用户可以在校外登录图书馆下载馆内电子资源，更方便用户的信息服务，遗憾的是上海理工大学图书馆网站还没有开设"我的图书馆"服务系统平台。

（十一）山东师范大学图书馆网站

山东师范大学图书馆采用江苏实现自动化、标准化、规范化管理"汇文文献信息服务系统"，借助馆内计算机网络发展。图书馆馆藏丰富、管理理念先进，鲜明的特色数据库并设有特藏研究部，为用户提供便捷的信息检索。同时馆内建设较为山东师范大学图书。

山东师范大学图书馆为用户提供了丰富的个性化信息服务，用户可以登录"我的图书馆"，同时还可以在校外进行远程登录访问图书馆资源。为提高用户对图书馆利用率，定期对用户进行培训，开设专题讲座，上传自学课程视频，还使用了图书馆在线自测系统，当用户因为其他原因无法参入培训时，用户可以登录在线自测系统，仔细阅读学习《读者指南》，然后进行测试，当成绩90分以上图书馆给用户办理借书证。

（十二）辽宁师范大学图书馆网站

辽宁师范大学图书馆网络资源丰富，在管理上积极为教学、科研服务，突出科学化、人性化的服务理念，开辟多种途径为读者服务，建立与读者沟通与交流的机制，实行藏、借、阅合一的开放式服务，极大方便读者利用文献资源。

（十三）北京印刷学院图书馆网站

北京印刷学院始终坚持特色发展，以特色学科建设提升核心竞争力。学校图书馆根据学校特点、教学、科研方向的发展需求，建设成为一座馆藏资源丰富，具有印书出版行业和学科专业特色、设备现代化、服务水平较高的高校图书馆。

北京印刷学院图书馆为学校提供较权威全面的学科信息服务，2014年10月开通了移动图书馆服务，方便用户查询和续借个人所借图书、查询馆藏书目，及时了解图书馆最新通知公告等。通过移动图书馆用户还可以申请免费文献传递，通过个人邮箱获得，图书馆网站自动将登录用户分为过客和在校用户，只有在校学生才可以享受图书馆提供的个性化信息服务，该图书馆没有校外访问系统。

（十四）湖南工业大学图书馆网站

湖南工业大学是以包装教育为特色，也是我国第一个被国际包装协会（IAPRI）接纳的会员单位。图书馆馆藏文献资源种类多样、内容丰富，围绕学校建设"教学研究型大学"的总体发展目标，已初步建成了反映学校专业特色的藏书体系，为学校的教学科研工作提供了全面的、多样化的文献信息资源保障。

随着网络化的发展，湖南工业大学图书馆提供一系列现代化信息服务，例如为方便读者查询、复印、打印和电子阅览服务，图书馆引进先进的复印机和激光打印。"我的图书馆"系统使用的是易瑞授权访问系统v5.1，受IP地址限制，非本校用户校外网络无法登录，图书馆首页为用户提供天气预报信息，提供更优的信息服务。

（十五）浙江理工大学图书馆网站

浙江理工大学图书馆服务理念"以人为本，服务至上"，为支持教学和科研，推动知识创新、共享、保存及文化传承，图书馆在管理上采用了大平面、大开放、柔性化的管理模式，实行开架式服务。

浙江理工大学图书馆为提高用户图书馆的利用率，定期举行各种培训讲座、系列专题讲座、开展读者活动月等一系列服务，同时在馆内已实现无线网覆盖，配有免费上网检索电脑，设有自助复印机和电子寄包柜，为读者提供借阅、查询、复制、寄存的"一站式"服务，为提高图书馆服务质量和馆内环境，图书馆为用户提供书吧、沙发和背景音乐为用户提供温馨、宽松的学习环境。

三、高校图书馆网站个性化信息服务现状分析

（一）高校图书馆网站个性化信息服务功能比较

通过上述15所高校图书馆网站提供的个性化信息服务进行统计，得出由于学校学科特点、教学、科研等不同，高校图书馆为用户提供的服务也存在差异。图书馆除提供基本信息服务外，随着经济和信息技术的不断发展，越来越重视个性化信息服务，例如个人图书馆等。

笔者选取十五所高校图书馆网站作为调研对象，其中9所属于"985""211"高等院校，其余6所为普通高校。调研得知高校图书馆都已经为用户提供基本个性化信息服务，例如学位论文提交、馆藏目录检索、馆际互借、网站资源导航、图书荐购、用户培训、在线咨询以及特色相关链接等，这些服务在调研的15所图书馆中都已开设，并与图书馆的自动化集成系统进行接口，用户可以直接查阅馆藏目录，以及用户个人借阅信息等。另外新书推荐、科技查新、交流互动等信息服务同样随着用户个性化信息需求而日益成熟，调研对象中有13所为用户提供"我的图书馆"服务，在"我的图书馆"中有证件信息、书刊借阅及历史、预约信息、委托信息、我的书架、定题服务、我的荐购、新书通报、RSS信息服务、读者挂失及违章缴款、我的定制、外借排行、借阅走势图等个性化服务，说明图书馆已经重视用户的个性化服务，并且已经进入发展状态。其中12所还建立了学科服务、自建数据库、RSS短信服务、校外访问等个性化服务。图书馆不但为用户提供个性化的信息服务，同时自身发展也保持个性化，图书馆根据学校的学科特点、科研方向等因素为用户提供个性化的馆藏资源，图书馆为方便用户，开通校外访问服务，使用户不受地域限制使用图书馆电子资源。随着网络和智能移动设备的发展，有9所高校图书馆为用户提供了移动图书馆服务，八所提供了用户自助文印服务，而可视化借阅关系、座位管理系统、真人图书馆等个性化信息服务在调研的高校图书馆中仅有少数图书馆开设。在统计中还发现国家级"211""985"等高等院校图书馆网站个性化信息服务在服务功能方面比普通高校先进，同时高校图书馆个性化的信息服务还受本校经济状况的限制。

总之，目前高校图书馆虽为用户提供的个性化的信息服务内容较多，但实施起来并不顺利，不能达到服务的最终目的和效果。其次高校图书馆不能根据用户的检索历

史、爱好、习惯等主动提供个性服务，即使提供也是用户自己根据需求选择相关类型，图书馆不能为用户提供智能的个性服务。因此，个性化信息服务在我国高等院校图书馆的发展还需要进一步完善和改进，图书馆工作者要充分结合现有技术深入挖掘用户信息，从而为用户提供更深入的个性化信息服务。

（二）高校图书馆网站个性化信息服务特点分析

1. 信息服务功能类似

调研的高校图书馆基本都为用户提供快速检索、资源导航、学位论文提交、图书荐购、用户培训、读者信息查询、在线咨询等项目。电子资源都趋向于学校教师、学生科研所需的学术资源，同时部分网站由于使用系统相同，网站的界面风格趋于一致。

2. 特有的个性化信息服务

高校图书馆用户比较集中，服务范围也受学校教师和学生的专业、科研影响，所以每个图书馆除提供基本信息服务之外，还发展自己独具特色的个性化信息服务。例如，浙江大学开设真人图书馆，同济大学的双伙伴计划、立体阅读，华东师范大学的创意空间预约等服务，15所高校图书馆中有12所分别建立自己的特色数据库，这些都在满足用户信息需求的基础上，充分体现了服务个性化。

3. 校外访问

调研对象中有12所为用户提供校外访问图书馆资源服务，用户通过专用访问工具和设置代理服务器等方式实现不仅可以在校内访问图书馆电子资源，也可以在校外访问图书馆资源。但本服务的局限性是仅限于本校的用户，用户向学校图书馆申请，图书馆为每个用户分别提供一个账号和密码，然后进入校外访问系统登录后就可以下载所需资源，也有高校图书馆直接为每个校内用户主动开通校外访问服务，实现用户随地享用图书馆资源。

4. 个性化信息服务功能比较简单，深层个性化信息服务没有实现。

从调研对象可以看出个性化信息服务内容和形式都不够丰富，并且智能程度较低。图书馆虽然为用户提供信息推送服务，但是用户主动搜索时智能程度不高，推送的信息也是根据用户注册时填写感兴趣的研究来推荐的，个性化服务程度不高。调研的图书馆没有为用户提供依据自己爱好定制界面风格，也仅有一半的高校为用户提供个人信息内容定制。所以，虽然高校图书馆为用户提供个性化信息服务，但有些服务仅仅拘泥于形式，没有实际行动服务于用户。

5. 重视用户之间互动

经统计高校图书馆在与用户之间的交流，不再局限于传统面对面交流，而是借助一些在线聊天工具进行互动，例如，QQ聊天、微信、BBS论坛、微博等方式，方便快捷地加强图书馆与用户之间沟通，便于了解用户，提高信息服务质量。

6. 个人信息查询便捷、个性化

在调研的15所图书馆中有13所都具有"我的图书馆"系统，其中9所还开设"移动图书馆""掌上图书馆"等。在"我的图书馆"中用户可以根据需求定制个性化模块，用户管理自己的小书架，"移动图书馆"实现了用户实时查询个人借阅信息、历史记录等信息。

7. 版权意识明确

现代高校图书馆除纸质馆藏外，还购买收藏大量数字资源，资源的传播速度和传播形式均发生重大变化，图书馆也意识到版权的重要性，在调研的对象中所有图书馆都对数字资源版权进行声明。

四、高校图书馆个性化信息服务存在的问题

大数据时代，高校图书馆提供的信息服务与用户个性化信息需求之间的矛盾日益突出，经统计分析发现高校图书馆管理与服务存在一些不足和缺陷，怎样与时俱进，巧妙运用大数据技术来改善提高用户服务，是图书馆面临的一大问题。

（一）信息资源建设问题

个性化信息服务建立在丰富馆藏资源基础之上，目前高校图书馆馆藏资源除传统纸质外，还包括有大量电子资源、网络资源。资源类型除结构化数据外，产生越来越多的半结构化和非结构化数据。使得高校图书馆信息资源建设存在以下问题。

1. 信息资源结构不合理

高校图书馆越来越重视资源的建设，每年投入大量资金购买各种数据资源，除纸质图书、杂志、报纸外，还购买大量电子学术期刊、专利、会议论文等数据库，使得图书馆资源包括纸质、电子资源、网络资源3种形式。用户个性化需求日益严重，需要的服务资源也随网络的发展偏向更方便、快捷的网络资源和电子资源，为适应用户需求的转变，图书馆应计划好各信息资源比例，目前大部分图书馆占据比重较多的仍是纸质文献，与用户的需求冲突。因此，为用户提供高质量个性化信息服务，要求图书馆与时俱进，加强电子资源和网络资源的发展，合理配置信息资源结构之间的比重。

2. 信息资源组织不够优化

目前高校图书馆信息资源比较丰富，但用户在检索需求信息时仍存在问题，例如网络资源的特点是多而乱，虽然非常丰富，但信息良莠不齐、关联较少，需要图书馆将这些信息筛选、整理加工之后才能提供给用户。高校图书馆一般服务模式是为用户提供共性信息服务，对相同信息资源的描述也迥然不同，用户在搜索时仅凭关键词之间的组合，很难清楚表达所需要的信息。高校图书馆对资源的管理是从其本身为基点并没有体现个性化要求，从用户角度去优化信息资源的组织模式。信息资源虽然丰富，但是价值密度不高，信息资源之间缺乏联系，使得用户获取准确的个性化需求信息效率较低。

3. 信息资源共享性差

高校图书馆发展受本校专业与科研领域等因素相关，各专业之间具有交叉性和相似性，因此高校图书馆之间可以将部分专业资源共享，实现共同发展。目前高校图书馆的信息资源建设仍是以本校为主，各信息资源重复配置、建设，浪费大量财力和物力，提供的信息资源也仅局限于本校馆藏资源，无法为用户提供更全面的个性化信息服务。为提高图书馆服务的高效性，各图书馆之间应资源共享、加强合作，例如目前

的共享服务主要体现在文献传递和馆际互借，虽实现一定意义上资源共享，但并不是真正意义的资源共享，仅仅局限于少数以及单一资源类型，并不能达到为用户提供个性化信息服务的要求标准。

4. 信息服务内容较浅

高校图书馆信息资源内容丰富，但与用户日益见长的个性化信息需求之间仍存在差距，经调研图书馆为用户提供较多的网络资源，但资源内容深度较浅，例如网站的馆藏介绍、书目检索、通知公告等一些浅显、简单的信息，没有为用户提供个性的信息服务。调研得知"我的图书馆"服务系统，虽然可以向用户推荐一定的信息资源，但基本基于用户注册填写的个人信息为依据，图书馆并没有对用户个人需求进行分析，仅依靠系统中已有分类与用户选择类型来匹配信息推送信息，所以服务内容深度不够，信息个性化程度不够，需要进一步提升发展。

（二）管理机制问题

管理机制对图书馆为用户提供服务有重大影响，同时高校图书馆的管理机制不仅受该馆具体现状影响，还要结合本校制度共同管理，目前图书馆出现的管理机制主要存在以下问题。

目前我国图书馆宏观调控欠缺，图书馆管理机制结构性差，虽提供一定的信息服务，但没有做到真正意义个性化服务。图书馆在资源共享管理上，出现明显地域性与合作性，没有大范围的开展共享平台服务，难以实现理想的个性化信息服务。

当今高校图书馆管理机制相对固定，活力不够，由于图书馆属于公益性事业单位大部分为用户提供无偿服务，没有经济作用推动下图书馆发展动力不足。再者当今评价图书馆标准仍是馆藏资源量、硬件设施等，没有体现以用户为中心，所以在这样的管理机制中高校图书馆若想为用户提供个性化信息服务难度较大。

高校图书馆没有正确的管理和激励体制，管理观念不足，馆员为用户提供主动服务意识不强，用户对信息服务反馈没有得到及时正确的处理，对信息服务质量的评价也没有统一衡量标准，图书馆管理机制结构性差、灵活性不强，导致难以为用户提供较理想的个性化信息服务。

（三）服务问题

1. 信息服务观念不足

对图书馆实施评价其馆藏资源丰富度所占比重较大，导致历来高校图书馆重视资源建，忽略用户服务。大数据时代，用户个性化信息需求使图书馆提高信息服务意识迫在眉。

随着时代发展，图书馆意识到服务的重要性，开展参考咨询、我的图书馆、移动图书馆、科技查新、查收查引等服务，受传统服务意识影响、加上服务时间较短，导致目前服务深度不够、质量相对不高，没有真正体现服务至上的理念，所以要想提供个性化信息服务，需求加强革新信息服务的观念。

个性化信息服务重点强调服务的个性化，当前个性化服务特征不够明显，高校图书馆所提供仅是表面上单纯的信息推送，服务程度较低。图书馆将用户视为一个群体，提供共性服务，忽视用户信息需求的个性差别，用户搜集的信息不能直接利用，还要进行自己的二次加工，才能获得正确的信息。所以高校图书馆为提供高效个性化信息需求，需要收集分析用户的信息需求，加强主动服务意识。

2. 信息服务人员专业素养有待提高

大数据时代，用户对个性化信息服务需求越来越高，需要图书馆为用户提供高质量、高知识量的信息服务，帮助用户解决深层次的专业信息问题。需要图书馆工作人员有渊博的学识，了解学科专业知识，同时要具备较高的信息素养、信息分析能力，掌握图书馆信息资源的多种检索方法，熟悉信息处理的一般过程，能够方便、快捷获得用户需要的个性化信息。

目前高校图书馆馆员中专业人员比重不高，一般由高职人员担任，馆员专业层次差异较大专业素质也各有千秋，缺少为用户提供个性化信息服务的专业人员。馆员专业知识单一，其他相关学科知识欠缺，部分人员计算机技术相对较差，上述种种使得馆员很难为用户提供高质量的个性化信息服务，人员缺乏更导致个性化信息服务在维护与更新中遇到困难，一定程度上制约图书馆个性化信息服务的开展。

3. 用户信息服务反馈问题

高校图书馆为用户提供个性化信息服务水平的高低，主要依据用户对服务的评价反馈，同时也是图书馆服务质量的一个重要衡量标准。在对部分高校图书馆网站的调查中发现，目前图书馆重视与用户互动，对用户反馈信息也越来越重视，例如网站设立的馆长信箱、留言板、微博、电子邮箱等一些信息反馈工具，还设立咨询访问、帮助等部门都是用户信息反馈的渠道。但图书馆在处理这些反馈信息时仍存在一些弊端，当用户反馈内容讲述不详细时，可能存在误解而导致服务效率低，工作人员缺乏没有多余人力来及时处理用户反馈信息，或者在解决时出现差错等弊端，使得用户对图书馆失去耐心、信任，不再积极投入到反馈工作中，导致图书馆失去改善的重要依据之一，一定程度上阻碍了个性化信息服务的发展进程。

（四）系统建设问题

国内高校图书馆个性化信息服务系统发展较晚，而且大部分系统参照国外相对稳定成熟服务系统建设而来，系统界面风格、服务功能等相近、格式统一，并没有根据本校地域特色、专业学科、用户个性化信息需求进行二次加工。并且该系统独立于图书馆其他资源，没有实现与馆内网络资源、电子资源联系起来，用户在系统中进行信息检索时仅检索到馆内的图书资料，检索不到相关的数据库等电子资源。高校图书馆提供的馆际互借与文献传递服务，即使各馆之间建立联系，但也因各馆使用系统存在差异，导致兼容性与包容性较低，无法真正实现不受任何限制的个性化文献传递等服务，而使服务仍局限于本馆内。

目前大部分高校图书馆都建设个性化信息服务系统，例如"我的图书馆"，统计其中的服务功能发现，各高校提供的服务基本相似，服务深度不够，服务类型较少。一般服务内容包括新书荐购、用户信息、用户账号、借阅历史查询等基本信息服务，其个性化特点并不突出。而相对深入的服务包括个性化信息内容定制、参考咨询服务、信息推送服务等，这些服务也仅是图书馆根据用户注册填写的个人信息，以相同的模式将信息提供给用户，并没有实时跟踪用户了解用户兴趣、研究方向等，忽略用户对服务的反馈信息，不能及时根据用户当前状况为用户提供真正意义的个性化信息服务。

（五）用户问题

个性化信息服务的目的就是满足用户个性化信息需求，而用户的获取信息能力、兴趣爱好、信息需求、信息处理能力存在差异，使得用户对个性化信息需求认识不同，用户对自己的个性化信息需求没有明确的认识，不能正确表达自己的个性化信息要求。在信息海洋中，信息能力较弱的用户难以快速获取需要的信息，因此图书馆应该对用户进行一定的培训和引导，提高信息获取能力，使个性化信息服务顺利开展。

高校图书馆服务对象主要是教师和学生，用户的信息需求受相应学科专业、科研影响，信息范围相对集中，但由于其学术、学历水平高，为保证教育和科研先进性，必须第一时间掌握相关领域的最新信息，所以他们对信息服务要求较高，需要图书馆提供针对性、前沿性、准确性信息。用户之间信息获取能力的差异性，使用户表现出明显层次性，需要图书馆为用户提供新生培训，提高他们获取信息能力，加强相应技巧。目前高校图书馆在新生培训方面做地较好，除了为用户介绍基本的本馆概括、使用流程等，还定期开展各专题培训讲座，部分还将信息检索、信息处理等一些技巧通过讲课、视频等形式直接为用户提供培训，用户可以根据需要查看相应模块专题视频就可以轻松获取所需信息。

总之，只有做到以用户为中心，坚持服务至上的理念，为用户提供个性化培训，提高用户信息获取能力，重视用户信息反馈，积极改进个性化信息服务系统，加强图书馆主动服务意识，才能适应时代要求，为用户提供高效的个性化信息服务，高校图书馆才能屹立不倒，繁荣昌盛。

（六）用户隐私问题

熟悉掌握用户基本信息进而明确用户信息需求是个性化信息服务的前提，信息爆炸时代，人们对个人隐私保护意识越来越强，高校图书馆利用先进技术保障个性化信息服务质量，使用户心理产生一定的隐私保护隐患，这要求图书馆在掌握用户信息前提下加强隐私安全保护技术的提升。使用图书馆个性化系统前，首先需要用户注册填写基本个人信息，例如姓名、年龄、工作单位、家庭住址、爱好兴趣等，同时网络系统自动记录保存用户网络行为信息、使用习惯等一些网络痕迹数据，比如用户在系统中搜索信息使用的关键词都被一些代理智能软件跟踪随时记录，图书馆设立的多种互动交流形式，用户在对图书馆服务或者某书刊登进行评价时，产生的信息都会被跟踪记录，其中不乏包含用户个人隐私，所以需要图书馆提高保护用户隐私意识，做好防范隐私泄露工作。

隐私保护是图书馆个性化信息服务发展的重要内容，要求图书馆在为用户提供个性化服务过程中，时刻注意信息安全，防止出现漏洞泄露用户隐私，以免用户对图书馆失去信任，保证个性化信息服务系统网络隐私安全可靠性，是个性化信息服务顺利进行的加速剂。

总之，目前高校图书馆个性化信息服务仍在发展中，存在问题也是不可避免的，需要图书馆在分析清形势基础上，重视用户信息需求与服务反馈，建立隐私保护措施，发现问题找到问题，提出解决问题的有效策略，改善现有个性化信息服务系统，为用户提供积极有效的个性化信息服务，让我们拭目以待。

五、强化信息资源建设

（一）加强探索信息资源内容

目前高校图书馆除纸质馆藏、购买数据库等资源外，还有一种用户自身产生的资源。大数据时代，馆藏资源不再是图书馆评价的重要标准，多种数据资源之间分析挖掘、应用的水平技术才是关键因素。大数据时代信息资源建设的主要任务和挑战是加强各信息资源的收集和存储。

图书馆提供个性化信息服务前提是充分了解用户，主要通过跟踪分析用户信息行为。用户信息行为主要分为用户信息需求和行为信息，用户的行为信息可以通过用户注册、用户调查、在线交流等方式获得，包括用户姓名、兴趣爱好、家庭住址等基本信息，注意保护用户个人隐私安全。用户信息需求可以通过用户数据挖掘和分析、元数据存储、大数据决策等三种方式获得。传统获得用户信息行为方式多是通过系统日志等技术，该技术虽可获得用户信息行为但局限于用户检索数据库中的活动信息，数据库以外的用户信息行为无法获得。大数据的优势就是可以实时记录用户的信息活动，图书馆采用大数据挖掘和分析技术来获得用户的信息需求模式，还可以通过大数据技术提供学术评价和知识关联服务。经过大数据技术对上述两种用户信息行为的挖掘分析，得出信息资源与用户信息行为之间的隐性关系，可以更好地分析出用户信息需求模式，更好地为用户提供个性化信息服务，进一步发现新的信息资源，促进高校图书馆加强网络资源建设，权衡各资源之间结构的平衡。

（二）建立专业导航库和特色数据库

信息资源分类导航可以提高用户信息检索效率，针对高校图书馆服务对象多为本校师生，所以图书馆可以对信息资源按专业、年级、科研领域等分类建立专业信息资源导航。也可以按照学校所设专业或院校对信息整合、归类，按照学科为用户提供专业导航，发展学科资源知识服务。为讲求特色发展，图书馆还应结合本校学科、专业、地域风情、人文历史等特色建立自己独特的数据库，为用户提供基本信息服务外，为用户提供系统、专业的特色数据库资源，帮助用户快速、全面、准确获得信息。通过大数据技术可以建设更健全的信息服务导航机制，例如根据用户需求挖掘用户信息需求预测导航，多结构类型资源的整合和分析导航、学术资源检索导航、智能用户行为分析导航、数据智能推送服务导航等。

（三）共建共享，凝聚优势

高校图书馆信息资源建设受本校专业学科、科研领域等影响较大，由于各高校的专业、课程等存在一定的相似性，所以图书馆资源建设存在严重的交叉、重复现象，导致人力、物力、财力的巨大浪费。用户个性化需求日益突出，大量信息资源是个性化信息服务的支撑，所以加快各馆资源共建共享是高校图书馆信息资源进一步建设的重点，有效避免资源重复建设，为用户提供更丰富的信息资源。图书馆还要根据用户信息需求，开发界面友好、内容全面、功能齐全的专业导航数据库，实现资源共享，克服各数据库兼容性，这也为大数据进入图书馆提供强有力的保障。

（四）加强建设信息资源组织与整合

大数据时代，高校图书馆数据资源结构类型多样，包括结构化、半结构化、非机构化数据，繁杂无序的数据通过一定信息处理方式，例如流处理、批处理等使数据按一定规律分类，方便用户使用。）伴随互联网与社交网络发展，高校图书馆掌握大量的网络信息资源，用户每天产生大量信息，使得图书馆信息资源数据以几何形式增长，出现明显大数据特征。要将这些海量信息资源合理组织、整合，需要借助大数据的信息资源组织，再利用大数据挖掘分析技术，得出相关联信息资源，从而更好为用户提供服务。

六、加强用户需求研究和培训

个性化信息服务的目的就是满足用户的信息需求，首先明确用户信息需求，通过社交网络获得用户信息行为，利用大数据技术分析出用户需求信息之间的关联，在分析中还获得用户的潜在信息需求、信息处理能力等，从而建立用户个人数据库，然后从大量信息中找到更符合用户需求的信息，将其主动推送给用户。通过对用户的分析，找到用户对图书馆的使用效率，发现图书馆工作的重点，利用大数据技术对用户需求分析，可以发现用户流失的原因，深入挖掘用户的预测信息需求，从而开展针对性强的个性化信息服务，帮助图书馆进一步更好地发展。目前存在的瓶颈是大数据分析需要海量数据，图书馆暂时还无法达到要求，需要相应软硬件技术的支持才能实现。

图书馆要定期开展用户培训、专题讲座等活动，帮助用户了解图书馆，提高信息获取能力，提升检索技能，解决用户存在的问题。为提高服务效率图书馆须重视用户反馈信息，只有在反馈中发现问题，解决问题，才能提高服务质量，信息服务才能更个性化。

七、改变服务观念，提高服务人员综合素质

图书馆馆员要明确数据分析的科学性，不再是凭借个人工作经验和感性认识提供服务，而是依据大数据分析得到的决策开展，这需要提高工作人员的信息素养，提高主动监管用户隐私安全的意识。服务顺利开展除系统支撑外，还要提高馆员服务的综合能力，馆员要具有渊博的知识、良好的理解沟通能力，同时还具有较强的信息获取、整理能力。馆员要定期学习，加强图书馆理论知识，学习先进大数据挖掘分析技术，定期到先进图书馆考察实践经验，了解馆内各种数据资源的检索技巧和语法检索语言，只有这样才能解决用户提出的个性化要求。

很多现实原因导致馆员知识面相对单一，图书馆开设"学科馆员"服务，在现有水平上最大限度满足用户个性需求。具有渊博知识、较强计算机能力、沟通能力的理

想馆员时间较长，所以在各馆员掌握知识领域不同，各取所长，结合馆员共同力量为用户提供服务，满足高校师生对本专业、研究方向的信息需求和指导，加强全面馆员的培养。

八、利用大数据技术改善信息检索

大数据时代，信息呈几何形式增长，高校图书馆信息资源越来越多，信息类型也越来越复杂，导致用户在信息检索时遇到更多问题，从而导致图书馆服务水平较低，需要图书馆合理利用大数据技术改善信息检索搜索引擎，使用户得到针对性强、准确率高的个性化信息。

个性化搜索是个性化信息服务重要工具之一，大数据环境下搜索引擎不仅拥有智能人机对话功能，还具有语义分析能力，用户在进行信息检索时，大数据挖掘技术根据用户信息行为数据，分析得出用户实时信息需求和潜在信息需求，然后搜索引擎在保证信息全面前提下提高信息准确率，将用户搜索相关信息按相关度主动推送给用户。图书馆除满足用户智能化搜索，还要满足用户个性化移动搜索需求，需要搜索引擎具有实时自动更新能力，搜索引擎根据用户当前的信息行为得出用户信息需求的变化动态，及时修正用户信息需求模式，从而提高个性化信息服务质量。

第三节　基于大数据的高校图书馆个性化信息服务系统模型构建研究

社会各行各业都在追求个性化，个性化的信息服务是当今图书馆发展的一种新型服务模式，其服务针对性强、效率高等特点，注定成为未来高校图书馆重要发展内容。轰动当世的大数据技术可以解决目前高校图书馆个性化信息服务中存在的一些问题，但目前受经济、政策以及信息资源的影响，国内高校图书馆对大数据的研究仍仅局限于初级理论阶段，还没有投入到实践中。理论上图书馆利用大数据技术可以从大量复杂用户信息数据中挖掘潜在价值，可以建立图书馆各服务与业务发展的风险模型预测，还可以根据用户行为信息得出用户价值取向，或者用户流失等原因分析，帮助图书馆建立用户需求资源库，智能化搜索引擎等。技术的应用前提是首先图书馆要收集大量数据资源，在安全可靠环境下对信息进行深度挖掘处理，借助个性化信息服务系统来实现，笔者在高校图书馆个性化信息服务研究基础上，结合当前大数据数据处理流程特点，构建高校图书馆个性化信息服务系统模型，并分别介绍系统的主要功能模块以及应用瓶颈。

一、大数据环境下高校图书馆个性化信息服务系统可行性

（一）丰富数据来源

大数据挖掘分析技术应用前提是拥有一定量级的数据资源才能得出理想结果，随着网络技术和社交网络的发展，图书馆利用微博、微信、论坛等形式加强用户之间信息交流产生大量记录数据，同时用户对图书馆网站浏览产生海量数据，用户借阅信息、资源检索下载，甚至用户浏览网站时间长短等数据都被跟踪记录，因此图书馆除

大量纸质文献外，拥有丰富的电子资源和网络资源，因此将大数据挖掘分析技术引入图书馆个性化信息服务存在一定可行性。

（二）实时了解用户信息需求

提供个性化信息服务关键是了解用户信息需求，只有对用户产生的大量信息行为进行分析，才能得出用户正确实时信息需求。高校图书馆服务对象大部分是在校师生，用户个性化信息需求根据其研究课程等要求，一段时间内变化相对较快，怎样及时掌握用户变动的信息需求，为用户提供实时需求信息，是个性化信息服务面临的挑战。图书馆通过跟踪用户上网行为信息，例如检索关键词、浏览记录等，可以记录其实时信息行为，借助大数据挖掘分析技术，从用户信息行为中得出用户实时信息需求与潜在信息需求，为用户提供针对性强信息，提高个性化信息服务质量。

（三）明确用户身份

理论上我们可以通过网络数据挖掘发现用户的信息行为，得出用户信息需求模型，为用户提供个性化信息服务。忽略了个性化信息服务是针对具体用户提供的，所以首先要明确服务用户身份，保证服务针对性。高校图书馆用户多是本校师生，由于版权保护、经费等原因，用户登录个性化信息服务系统时首先要在图书馆进行注册，使用唯一识别的学号、工号为账号避免重复，这样每位用户身份识别可以通过账号来定位，网络挖掘的数据信息也由账号作为关键字段，这样挖掘分析得到的用户需求模型可以轻易地确定用户身份，从而明确为用户提供个性化信息服务。

二、基于大数据的高校图书馆个性化信息服务系统模型构建

在已有高校图书馆个性化信息服务系统研究基础上，结合大数据特点，分析在其环境下高校图书馆个性化信息服务的可行性，最终在相关理论分析前提下，尝试构建大数据环境下个性化信息服务系统模型，期望对该研究主题的发展起到理论支持。

（一）大数据环境下高校图书馆个性化信息服务系统建设目的

高校图书馆为用户提供个性化信息服务，除从馆藏资源中搜索出用户检索信息外，还要结合用户实时信息需求，主动将符合用户需求信息推送给用户。用户信息行为一般包括用户检索历史、资源下载、评价留言、信息收藏、借阅历史、参考咨询记录等，利用大数据挖掘技术对用户信息行为进行挖掘，得到用户实时信息需求，通过挖掘可以得出用户当前信息情境，掌握用户多变的信息需求，从而为用户提供更优的个性化信息服务。

大数据环境下高校图书馆个性化信息服务系统构建是以目前图书馆的信息服务模式、信息服务平台为基础，然后结合不同数据仓库收集的各种用户相关信息记录为数据资源，利用大数据挖掘分析技术，总结出用户信息需求的实时变化，再根据结果找出符合用户需求信息，利用智能推送技术主动将信息呈送给用户，为用户提供真正意义的个性化信息服务。

（二）大数据环境下高校图书馆个性化信息服务系统功能模型

笔者根据高校图书馆已有数据资源和服务平台，结合高校图书馆个性化信息服务系统以及大数据特点、信息处理流程等因素，总结出大数据环境下个性化信息服务系统主要包括十大模块，用户接口模块、信息检索模块、信息过滤模块、数据集成模块、数据规范化模块、数据分析模块、数据匹配模块、信息推送模块、用户使用评价模块、用户信息库模块。

（三）大数据环境下高校图书馆个性化信息服务系统功能

1. 用户接口模块

该模块连接用户客户端与个性化信息服务系统，主要是通过服务器网页体现，用户登录个性化信息服务系统，需要在接口模块输入账号、密码，进行身份认证，然后系统将用户基本信息添加到用户信息库中，建立用户个性化信息数据库。同时通过用户接口检索系统数据资源，输入检索要求，系统根据信息需求进行检索，系统将所获得的资源通过用户接口模块推送给用户，用户还可以对提供服务的质量进行反馈，评价信息经过该模块反馈给系统，实现个性化信息服务系统与用户之间信息交流的桥梁。

2. 用户信息库模块

用户通过用户接口模块进行注册，输入用户学号（工号）、姓名、性别、年级专业、兴趣爱好等基本个人信息，然后系统将这些格式规整的结构化数据自动存储到用户信息库中，同时用户对个性化信息服务的使用反馈评价也可以作为备注存储到用户信息库中。这样可以充分了解用户，从而在提供个性化信息服务时可以结合用户信息库，共同寻找用户需求的信息，主动为用户推送针对性更强的个性化信息服务。

3. 信息检索模块

用户通过用户接口模块网页输入检索信息关键词，然后系统自动将用户检索需求通过智能检索代理技术，在图书馆本地资源进行寻找，检索到与用户要求相关的信息反馈给该模块，如果没有找到匹配资源就从互联网资源中检索，然后将找到的匹配信息加入到本地信息库中，再反馈给该模块，同时馆员可以直接审查两资源来源进行搜索信息，信息检索模块将收到的信息整合起来，推送给系统其他模块进行处理。

4. 信息过滤模块

信息检索模块将检索到的信息传递给信息过滤模块，该模块只要是对检索到的相关信息进行初步筛选，通过与用户信息需求相关度依次排除，得到相关度高的信息，同时还要结合用户长期信息检索行为得到的用户模型为参考标准来筛选检索到的相关信息。首先该模块要对信息的特征概述进行抽取，得到信息向量模型，然后与用户信息需求模型匹配比较，得出满足用户个性化信息需求的信息，去除相关度低的信息资源，提高信息服务质量。

5. 数据集成模块

高校图书馆服务对象多是本校师生，用户信息行为数据分散存储在图书馆不同的自动化系统中，加上图书馆信息资源系统较多，例如图书馆用户相关记录、电子资源使用记录、学科服务平台信息、网络日志等，这些数据源都通过其中的相关数据进行连接，为使用户得到全面信息，首先将这些无论来源哪里、格式如何、数据记录结构怎样、数据含义特点不同的数据资源在逻辑上进行有机集成，这样才能为用户提供范围广、内容准的信息内容，也为下步数据规范化处理做好准备工作。

6. 数据规范化模块

利用大数据技术对用户信息行为等数据进行挖掘分析，首先保证数据的统一，在数据集成模块提到数据来源广泛，其各种属性描述必然存在差异，要对其进行挖掘首先要对数据进行规范化处理，使数据达到数据挖掘算法要求的标准。数据规范化处理经过四个程序。

数据合成。图书馆拥有多种来源于不同公司机构的自动化系统，各系统之间相对独立，系统中对用户行为记录的数据字段意义和格式也各不相同，若要对系统中记录的用户信息行为数据进行合成，必须找到各系统数据库之间的字段联系，建立唯一识别关键字段，通过这个关键字段将不同系统的数据记录联系起来，只有这样才能利用大数据挖掘分析技术，对用户全部的信息行为进行挖掘，发现用户真实信息需求。高校图书馆用户主要是教师和学生，区分每个用户身份的字段可以是身份证号、学号、工号等，为方便、快捷、安全前提下，使用学号、工号比较容易实现，因为图书馆将学生学号，教师工号作为用户唯一身份信息，因此使用学号（工号）作为连接标识符可以将不同系统中数据连接起来。

数据规约。由于高校图书馆自动化系统标准不统一，跟踪记录的用户信息行为存储到不同数据库中，不同数据库对字段标识的定义存在差异，相同的信息记录在不同数据库中可能不同，例如在用户信息库中，标记性别可能是"男""女"形式，而在借书记录数据库中，标记性别可能是"male""female"，显然这两种形式都是记录用户性别信息，只是存储在不同数据库中其含义不变，为提高数据分析准确率，避免数据歧义，所以要对合成的数据进行规约。

数据优化。数据优化主要是对数据合成、规约后的数据进行处理，目前得到的用户记录信息，虽然通过唯一识别字段连接起来但是也出现很多问题，例如各系统数据库中重复的字段属性，连接后重复属性应该剔除；而有些字段属性信息仅部分数据库拥有，连接后其他数据库本字段信息值欠缺，需要补充；还要对错误信息进行改正，有的甚至需要进行离散化处理，最终将错误数据、污染数据、噪声数据及不一致数据清除掉。

数据转换。数据转换主要目的是将处理后的数据进行变换，使其满足大数据挖掘算法对数据形式要求，常用的方式主要是数据概化、平滑聚集等方式。

7. 数据分析模块

该模块主要对信息规范化模块传来的数据进行处理，由于图书馆自动系统跟踪记录用户大量行为信息数据，这些数据结构类型除结构化数据外还包括半结构化和非结构化数据，所有数据共同存入系统日志中。根据用户获取信息方式将数据分析模块分为三种，一种是通过本馆资源获得结构化数据方式，采用结构化数据分析模块；另一种是来自网络资源的数据，采用系统日志分析模块；第三种，则是用户通过一些社交移动网络等从其他用户获得资源，采用特殊信息分析模块，该模块最后将符合信息进一步精确找出，同时形成用户信息需求模型，为信息匹配模块提供参考依据，共同为用户提供个性化信息服务。

结构化数据分析模块，该模块数据格式规范，可以利用数据挖掘技术直接进行操作，对数据挖掘后的相关数据进行聚类与分类处理，根据用户信息行为，将用户细分为不同的数据粒度，用来以识别不同用户之间相似的信息行为及相同用户在不同时间段差异性的信息需求行为。

系统日志分析模块，主要是对用户网络浏览行为信息进行分析，得出用户实时信息需求或者预测用户潜在需求，主要内容为数据处理、补充路径、访问记录。数据处理是对储存的用户记录进行筛选，识别用户身份，将记录中冗余、错误信息清除，提高系统响应速率。用户在浏览网络时，有些历史记录不完全，用户没有直接通过链接进入，而是利用后退等缓存记录访问网页，使得记录网页来源链接有误，所以需要对访问路径进行补充。通过浏览记录可以得到用户基本信息需求模式，但并不能获得准确需求信息，用户访问页面逗留时间长短与访问频率也是很重要的信息资源，访问频率高说明这方面信息需求高，停留时间越长说明用户越需要此类信息，所以要及时记录用户访问频率与停留时间，结合其他信息资源，为得出用户正确信息需求提供有力保障。

8. 信息匹配模块

数据经过数据分析模块后，得到用户实时信息需求模型，并对检索的数据资源进行规范化，该模块主要是将用户需求模型与整理得到的数据信息进行全面匹配，二次挑选出相关度高的信息传送给推送模块，馆员选出符合用户实时需求模型信息，同时为满足用户个性化信息需求，馆员根据用户需求模型，与本地资源、互联网资源进行匹配，将符合信息推送给用户。

9. 信息推送模块

信息推送模块主要利用智能代理技术，根据用户个性化信息需求，将适当信息通过用户接口模块主动推送给用户。例如根据图书馆自动化系统对用户跟踪挖掘，当用户下次进行搜索时，系统主动为用户推荐搜索相关内容或者用户未意识到的潜在信息需求；还可以对用户社交网络等跟踪分析，挖掘用户实时信息需求，主动向用户推荐提示；或者根据用户信息定制，不定期地向用户推送内容，这些都是信息推送模块的任务。

10. 用户使用评价模块

通过信息推送模块，将结合用户信息行为模型的个性化信息推送给用户，用户接收后，可以通过用户使用评价模块对信息服务满意度作出评价，系统会自动将评价信息存入到系统的个性化信息库和用户信息库中。通过对个性化信息库的用户评价挖掘分析，可以为改善数据挖掘算法提供依据，用户信息库中的评价可以为建立更符合用户信息需求模型提供参考。该模块得到的用户评价信息，可以作为提高个性化信息服务针对性、准确性依据，实现真正意义的个性化信息服务。

三、大数据环境下高校图书馆个性化信息服务系统应用瓶颈

（一）数据来源的限制

利用大数据技术对用户信息行为数据进行深度挖掘分析，得出用户实时信息需求模型。为保证挖掘结果可靠性，需要分析的数据量在保证数据量大的前提下，还要符合挖掘技术的要求，数据之间要有一定耦合度，这样挖掘分析的结果才是权威科学的用户真实信息需求模型。目前高校图书馆获得的用户信息记录大部分只是校内行为数据，而校外用户信息行为记录，还需要与移动、电信等运营商进行协调方能得到，使得收集用户全面的信息行为数据存在障碍，数据来源的局限性，使得用户信息行为数据收集不全，从而用户信息需求模型一定程度上准确度降低。

（二）软硬件设备水平差异大

大数据处理技术首先要实现大量数据存储、分析的要求，这需要高容量、高速率软硬件设备支撑。高校图书馆由于受学校经济、政策等影响其软硬件设备水平差异较大，目前部分图书馆的水平还不能满足大数据应用的要求，需要购买先进设备才能更好地引进大数据技术，实现数据挖掘。软硬件设备的建设需要学校对图书馆工作的重视，加大资金投入，以服务好用户为目的共同努力。

（三）用户隐私安全

个性化信息服务是在充分了解用户前提下开展的，需要对用户信息行为进行实时跟踪记录，然后对数据进行筛选、分析、聚类、整理等步骤，利用大数据技术进行深度挖掘来获得用户实时或潜在的信息需求，从而为用户提供更优的服务。这个过程中对用户行为跟踪，无意识威胁用户隐私安全，因此为保护用户隐私安全，图书馆首先与用户达成协议，征得用户同意前提下才可系统监控，同时在对用户信息行为处理前要剔除涉及用户隐私信息，图书馆也要加强系统的安全系数，防止漏洞泄露用户隐私，最大程度上保护用户隐私安全，建立图书馆与用户之间的信任机制，利于服务工作的开展。

第四节　大数据环境下高校图书馆个性化信息服务发展对策

一、用户信息问题解决方案的发展

在当今社会，由于网络信息时代的发展，信息资源的获取不再受地域分布不均衡的影响，这样信息检索方式变得更加自由化，用户所关心的问题不是怎样才能获取信息，而是要求怎样从海量的信息中查询出自己所需要的信息的解决方案。大数据技术的重点信息就是告诉用户"这是什么"，而不是"这是为什么"。大数据技术能从复杂的数据集中找到新的思路，从而找出事物与事物之间的关系，提出问题的解决方案。大数据技术通过对信息的反复查找、分析和处理，最终实现用户的信息服务要求，这便是图书馆信息服务所要达到的目标。除此之外，这项技术为了更好地服务于用户，

图书馆信息服务要根据用户信息需求的变化不断地进行技术调整和信息重组，始终保证能满足用户解决问题的信息需求。

二、信息服务智能化

在这个日益更新的网络时代，图书馆只有采取一定的智能化服务才能满足大多数用户的信息需求。在图书馆信息服务中用户有举足轻重的作用，始终是占主导地位，如何利用大数据技术进行自动化的数据收集与处理成为了图书馆智能化发展的重心。首先，图书馆可以采取自动化分析和智能抓取数据，去分析用户的信息需求倾向，然后，掌握信息需求动向，发现其中的规律，总结和归纳出用户所需要的有用信息，最终，需要主动去帮助用户从分散的信息中获取有价值的信息，从而提高信息服务的时效性和针对性。智能化的信息服务不仅可以实现用户潜在信息需求向现实信息需求的转化，也可以实现隐性知识显性化的转变，同时也可以帮助用户对知识的发现和挖掘，以及更好的吸收和理解。这就是图书馆采用智能化所能达到的效果以及将来发展的趋势。

三、个性化服务的发展

有些用户在上网查询商品时经常会遇到这样的情况：打开一个链接以后下面会出现与所购商品有关的其他商品的信息，例如经常会提示用户"您可能还喜欢""该商品已浏览""大家都在看"等等。出现这种情况的主要原因就是各大网站分析了用户的行为轨迹路线，从而总结出来的用户的共性习惯，从而对新的用户进行个性化的信息服务推荐。这种方式同样地也给图书馆带来了启示，图书管理员可以根据用户的借阅记录、检索日志等事务型数据进行数据挖掘分析，然后发现其中的规律，利用互联网为用户提供动态页面的推送服务，把用户感兴趣的主题实时地发送给用户，主要为用户节约了大量剩余时间，这样就提高了信息服务的效率。

在这个大数据时代，用户对图书馆的数据需求不仅仅局限于简单的信息查询和反馈，而是将关注点集中在了信息来源上，同时用户对信息的需求增大，要求图书馆不断地提高信息综合度和价值高的信息。图书馆想要实现用户的信息需求不仅需要提供图书馆现有数据库和书目数据库等结构性的数据，还要提供互联网上的半结构化数据和非结构化数据。在大数据这个背景下，为了更好地利用这些数据，图书馆就应该要做出调整，必须掌握一些大数据处理技术和工具，根据用户利用信息资源的历史记录，了解他们的专业背景、学术研究方向以及阅读兴趣，从而将这些大数据进行关联分析，找出其中存在的规律，最终提供给用户所需要的深层次的信息。图书馆应该根据自身馆藏条件主动地定制书目数据和文献资料等专题信息，定期地推送给用户，真正实现个性化信息服务。

（一）个性化引擎的建立

目前被大家最为熟悉的搜索引擎有 Google、百度，他们强大的搜索功能受到了大家的青睐，以至于其他搜索引擎无法超越。那么针对图书馆而言，也需要建立一个个性化的发现机制，以便对不同数据进行表征、分类和评价等等。建立的个性化推荐系统应该能够提供用户信息需求时所需要的准确推荐，并且能够完成信息的全面收集，扩大信息范围。所得到的推荐结果应该满足时效性、准确性、可用性等特点，也能够及时地对推送给用户的信息作出反馈。我们建立个性化服务推荐机制肯定各有不同，但是针对图书馆而言，一般要基于图书馆网站内容，充分地利用用户信息行为和信息源来为用户进行个性信息推荐。这种推荐行为是根据用户行为数据和浏览历史记录信息需求来进行的，具有一定的实用价值。

（二）大数据时代云搜索服务的发展

所谓的云搜索是指可定制的、智能的站内搜索，它的核心价值就是要保证所有的资源利用者能够根据自己的信息数据需求找到合适的信息，从来提高用户实用满意度。一般的站内搜索都支持所有的论坛、手机终端应用和 CMS。这样做的目的就是为服务器节约资源，搜索不受限制，也能提高搜索的速度。同时站内搜索的优点还有搜索结果更精准、搜索效益更高、筛选方式更多样等等。利用站内云搜索能够根据网站不同的数据类型定义搜索条件，为用户打造各种专门的定制需求。最后通过精确的内容推荐可以提高网站的流量和增加用户黏性以及强化搜索范围等等。

目前在云搜索服务过程中包含的主要功能有：拥有站内搜索功能、帖子页推荐、划词搜索、弹窗推荐、refer 推荐、首页热词分析等等。站内搜索则是云搜索服务中最基本的功能，可以根据用户信息需求的变化来定制结构化数据，并进行定时定点的数据更新，为云搜索服务带了极大的好处。另外常用的还有首页热词分析，首页热词是云搜索服务的运营助手，可以根据信息流量动态的伸缩信息资源，能及时的对用户信息作出反馈，是云搜索服务中重要的一项功能。

（三）大数据时代云推荐与推送服务的进行

各个商业网站或信息专业网站常用 Refer 进行云推荐服务。Refer 推荐服务需要与搜索引擎关键字匹配，并从所有的搜索引擎（百度、Google、云搜索）到达的页面（可能是帖子页、可能是首页、板块页等），当其搜索关键词被激活时，页面弹出具有更多相关内容的弹出框，从而使外部搜索引擎到达站点的用户看到站内更多相关内容，对站点产生信任感。云推送服务的优点在于，云推送服务支持推送给一个人、一群人和所有人，单一终端多个应用共享一个服务进程和一条 TCP 长连接，从而有效降低手机的耗电量和数据流量，使用云推送服务用户可使用"无账户登录"。这样，一是增强用户黏性，通过云端之间的长连接，可以实时地推送消息到达用户端。保持与用户的沟通，大大提升用户活跃度和留存率；二是节约成本，在省电省流量方面远超行业水平，基础的消息推送服务永久免费，大大节省开发者推送的成本；三是稳定安全的推送，强大的分布式集群长期为百度各大产品线提供推送服务，保证消息推送服务的稳定、可靠。

（四）大数据时代图书馆个性化服务系统

以资源为核心的数字化图书馆建设到以读者为核心的大数据图书馆，最重要的就是针对不同读者全面解决用户个性化信息需求。而大数据的应用就在于加强用户研究与交互数据的利用，并基于对用户数据的分析，提升个性化服务的水平，开展定题跟踪服务、精准提供服务、定制知识关联服务和信息推送服务。图书馆面对快速增长的大数据，从中提取有价值信息，建立个性化用户分析模型，针对不同用户快速提供全面、准确的信息资源，满足其个性化服务需要，提高信息服务层次与服务质量。为满足大数据对图书馆的要求，需要在以下几个方面进行突破。

第一，数据挖掘技术是大数据应用的核心。数据挖掘就是从大量的、不完全的、有噪声的、模糊的、随机的数据中，提取隐含在其中的、人们事先不知道的但又是潜在有用的信息和知识的过程，该过程也被称为数据考古、数据模式分析或功能相依分析。个性化图书馆首先要求文献资源的个性化，使有限的经费、宝贵的空间添置读者真正需要的文献，提高文献资源的利用效率，并根据学校的专业设置及教学科研情况分配文献购置费，使各种文献载体形式之间达到平衡。图书馆每天产生大量可以对采购工作产生指导作用的数据，如自动化系统的流通数据、图书馆的历史采购数据、查询系统的各种查询数据等。利用模糊聚类分析技术，通过对图书馆业务系统的借阅、流通状况、检索请求及馆藏书目库进行分析挖掘，以此分析出文献的利用率，及时补充短缺的文献，剔除过时的文献或减少部分文献的采购复本量。运用关联分析技术，对用户每次借阅的文献进行关联分析，发现各类文献间的关联规则或比例关系，可为各学科文献的采购工作提供分析报告和预测报告，优化馆藏结构。

第二，用户行为分析系统，用户在借阅过程中，产生大量的借阅数据，图书馆一方面通过对用户的学科、专业背景以及其相关领域科研动向进行宏观分析，洞察用户最新的科研走向，结合用户相关历史借阅数据，推断其借阅习惯与借阅趋势，利用数据挖掘技术，定制与其借阅相关联的文献资源，并通过推送技术，把相关联的文献资源推荐给用户，提升了图书馆在科研领域中的作用，为科研工作者提供了更多有价值的信息，提高服务的针对性、有效性和质量。另一方面根据用户借阅数据分析，判断用户图书借阅的总体趋势、各类借阅图书分布、近期借阅热门图书，对图书馆馆藏图书进行有效评估，预测出读者关注的热点，并根据图书资源评价意见，有效评估图书馆已有文献的质量以及读者对未购买文献的需求，合理采购文献资源和电子资源，让购买的资源更好地满足读者的需要，提高图书馆信息资源的利用率。

第三，定题跟踪服务系统，大学图书馆的一个重点工作是对重点学科开展定题跟踪。定题跟踪服务是指高校图书情报部门针对某一特定课题的研究需要由图书情报人员主动地、及时地、连续地为科研人员提供文献资料，搜集情报信息和数据，最大限度地满足科研人员文献信息需求的全程式服务。定题跟踪服务采用Web挖掘技术，对文档进行分类、自动摘要、页面过滤、网页聚类以及趋势预测等。目前研究者从不同角度已经提出了很多行之有效的文本分类方法，这些方法大多是基于机器学习方法的，根据其分类原理的不同分为线性分类器、统计学习分类器、基于实例的分类器、决策树方法、神经网络方法、支持向量机方法等。

第四，信息推送服务系统，信息推送服务是基于推送技术发展而出现的一种新型服务，它运用推送技术来实现个性化的主动信息服务，信息推送服务不仅能够做到了针对用户的需求快速查找信息，而且保证了所提供信息对用户的有用性，做到了信息服务的个性化，是近年来图书馆信息服务重要发展方向。随着无线通信技术的发展，手机作为信息终端已经成为现实，在信息推送技术中，除了传统的WWW，E-mail推送服务，手机信息推送APP已经成为目前研究的热点。

四、大数据时代对图书情报工作的创新

现在主要受大数据环境的影响，图书馆文献情报机构的信息服务同样也发生了转变，即一般情报研究服务转变为知识服务和战略决策咨询。在这个背景下，需要我们大力发展和提供知识产品和知识服务，尽量地从"面向数据"的情报分析转变成"面向问题"的情报分析。这样，图书馆情报工作者的任务就是根据不同的学科领域，开展持续跟踪服务，并且通过长期地积累和深层次地研究，最终可以提供有价值的情报服务。

图书馆情报工作的内容主要以下几个方面：1.科技基础数据监测；2.学科领域发展势态分析；3.科技发展动态监测报道；4.重大科技问题深度分析与咨询、5.科研机构竞争发展势态分析；6.创新体系各单元发展势态分析；7.科技体制机制政策分析等等。在大数据背景下，图书馆情报工作的服务模式有所发展改变，同以往的服务模式相比有新的突出转变，这也是大数据时代图书情报工作的发展方向。图书馆情报工作原有的服务模式主要有2个模式：结构化参考服务模式和专业化信息服务模式，前者主要是通过建立层次化的咨询服务机制，然后为用户提供最简单的信息服务，例如咨询台。后者主要是通过按照专业领域来组织图书情报工作，这样可以更有针对性地完成用户的需求。然而在大数据时代的今天，图书情报工作信息服务需求应该有新的发展方向，个性化信息服务模式就是其未来发展的方向，它的主要特点就是以用户的目标和环境为主，进行知识的搜集、传播、整理和应用，实现隐性知识和显性知识的搜集，通过专门的分析软件和决策系统，为信息用户提供服务。这种服务机制能更好地对知识进行管理和共享，也使得图书情报工作更加人性化。这便是图书情报工作的未来发展方向。

五、大数据时代用户信息服务的保障

（一）以大数据为中心的服务

大数据时代，图书馆信息服务包含四个特点：1.科学性；2.可用性；3.可控性；4.经济性。信息服务是图书馆学科建设与制定服务战略理论的基础保障，也是用户服务模式转变的基础。图书馆服务模式的构建主要有三个步骤：构建战略理论、制订方案、落实服务和实践。

在大数据时代，只有把各个环节有机地结合起来才能体现出大数据时代图书馆信息服务的不同。如何体现以大数据为中心，这是保证图书馆信息服务的基础，因此图书馆服务应该做到第一，提高云服务平台的数据采集、加工、存储和分析能力，保证大数据管理平台能够对信息系统资源进行合理的资源配置，优化和服务，为图书馆用户提供有价值的数据，不会造成信息污染和资源浪费。第二，针对海量的数据，不仅仅需要一般的处理，在大数据时代要求对海量数据要进行统计学的收集，并进行分类和聚类处理，实现图书馆信息服务价值挖掘，预测读者服务需求，为读者提供个性化

服务。最后就是将大数据作为现代图书馆信息服务的中心，还有通过将海量数据进行价值过滤和效益评估，建立一个满足用户信息需求和提高管理效率的新型服务模式。这就是大数据时代，为保障图书馆信息用户服务得到充分利用所做出的调整。

（二）信息服务的安全保障

由于互联网的影响，图书馆的信息服务模式在不断的发展，图书馆的基础设施建设也在不断的完善，为了更好地保障用户信息的安全，图书馆不得不采取更有效的安全措施，因为网络威胁无处不在。图书馆在利用云计算和大数据技术的同时，黑客也会乘虚而入，他们可能会对图书馆信息用户的安全构成威胁。因此图书馆应该对网络威胁、有一定的预知能力，通过对以往安全因素的分析和实时安全检测系统的评估来增强图书馆信息服务系统的安全性和可靠性是未来图书馆信息服务发展的重点。只有将图书馆信息服务不断地完善才能保障用户的信息安全。

六、大数据时代图书馆信息服务的质量评价标准

大数据时代所谓的图书馆信息服务质量评价就是指对图书馆信息服务的过程和效果的评价。一直以来图书馆都忽略了对图书馆信息服务质量的评价，而是把主要重点放在了图书文献信息的收集、加工和存储上。如今，图书馆信息服务质量评价渐渐被图书馆重视起来，图书馆在评价其硬件设施和图书馆了人员的基础上，对其服务质量也开始做出了评价。正是由于大数据时代的来临，图书馆更应该从新定义和架构图书馆信息服务的质量来作为特定的评价标准。

大数据时代，评估图书馆大数据系统的重点就从图书数据的可用性和大数据技术的有效性方面来考虑。评估的重点应该包含对大数据的采集、有效数据的过滤、数据的快速处理、云计算以及科学决策能力。对这些项目进行评估就能够及时地发现图书馆信息服务的缺点，以及在读者信息服务方面存在的问题。有了这个评估系统才能更好地保障读者的信息服务质量。同时，图书馆通过大数据平台与技术可以将用户的基本信息、借阅习惯和阅读行为、浏览记录等等数据进行分析，可以更深入地了解用户的需求，为图书馆信息服务评估和信息服务优化提供了数据基础，能够降图书馆信息服务风险，使得用户信息服务有了可靠的数据保障。最后是通过对图书馆的安全性进行评估来保障用户的信息服务。

如何对图书馆信息服务的质量评价标准进行重构，成为了大数据时代图书馆信息服务发展的趋势。要对图书馆信息服务质量进行评价就应该将数据的可用性、有效性、服务模式、安全性作为评估的重点，同时应该将用户作为评价的中心来考虑，通过采用不同的服务方式来满足用户的各种行为。采取多次频繁的评价方式来对图书馆信息服务质量进行评价才能更准确地达到服务的标准。

目前采用的评价方法是 Lib QUAL+TM 评价法，它主要是用来衡量图书馆信息服务质量和效果的一种方法。应用的原理主要是从用户的感知与期望值之间的差异来考虑的。这种评价方法就是以用户为中心，从不同角度出发，采用问卷的形式来了解用户的感受。通过将服务划分成不同的属性区域，再将属性划分成不同的硬性指标来完成信息服务质量的评价。

在大数据的背景下，图书馆信息服务质量评价标准应该有所改变，根据 Lib QUAL+TM评价方法对图书馆信息服务质量评价进行了重构，根据每一个属性让用户根据平时的体验来打出最接近的分数，然后通过 Lib QUAL+TM评价方法的公式：服务质量－用户对服务的感知－用户对服务的期望，从而就可以得出图书馆信息服务质量的好坏。

一直以来图书馆的核心就是以图书馆的信息服务为主，大数据时代的来临为图书馆信息服务的发展带来了新的动力，实践进一步表明，图书馆服务总是能够适应时代的发展，做出相应的服务措施调整来满足用户的信息需求。大数据时代给图书馆带来了机遇和挑战，图书馆只有抓住了大数据带来的机遇，灵活地运用大数据技术为图书馆信息服务系统服务是其能发展的根本所在。同时图书馆也能够面对大数据时代所带来的挑战，在现在网络信息时代，图书馆可以将互联网技术、通信技术等一系列网络终端用在图书馆信息服务发展上，从而可以大大地提高图书馆的信息服务质量。

第四章　高校图书馆学科化服务的管理

学科化服务是高校图书馆以学科为基础，以学科馆员为核心，针对用户专业及学科，采用先进的信息技术和网络技术而开展的一种新型服务模式。学科化服务强调按学科组织的资源开展服务，强调服务的主动性、个性化和专业化。因此，对学科化服务进行有效管理是当前高校图书馆适应用户需求和信息环境变化的必然选择。

第一节　高校图书馆管理与学科化服务

要谈高校图书馆学科服务的管理，首先就要从高校图书馆的管理说起。

一、高校图书馆管理概述

（一）图书馆管理概念

管理是人类最重要的活动之一，是人们组织社会生活和社会实践的纽带。管理是指一定组织中的管理者，通过决策与计划、制度与法规、组织与人事、控制与协调等环节来运用人、财、物等要素，以高效的方式实现组织目标的动态过程。

图书馆管理是指遵循图书馆工作的客观规律，通过组织、协调、指挥等手段，合理配置和有效地利用图书馆资源（包括物质、技术、人力、知识与组织），以达到预期目标，满足用户知识信息需求的一种活动。高校图书馆管理包括微观管理和宏观管理两个部分。微观管理是对图书馆具体事务的管理（主要包括业务管理和行政管理），宏观管理是对高校图书馆整体的管理（主要包括图书馆事业全面规划、图书馆立法、经费筹措、管理体制、人才培养等）。

（二）高校图书馆管理的特点

高校图书馆管理是在总结自身管理经验的基础上，广泛吸收管理学的原理、原则、方法而逐步形成的一套科学体系。高校图书馆的管理对象主要是高校图书馆系统，即组织活动及其参与要素。根据系统论的观点，一个系统内有若干个子系统，只有每个子系统都达到最佳效果，整个系统的管理才处于最佳状态。高校图书馆系统是由人员、信息资源、建筑、设备、经费、技术方法等要素构成的。这些构成图书馆系统的要素就是高校图书馆管理的具体对象。高校图书馆管理的目的就是根据高校图书馆的既定目标，合理地组织这些要素，实现最优的组合，使其成为一个互相联系、互相制约、互相促进的有机整体，从而最大限度地提高图书馆系统的功能，满足读者需求。在高校图书馆实践中，其管理主要具有以下6个特点。

1. 系统性

系统性就是运用系统思想和系统分析方法来指导管理的实践活动，解决和处理管理的实际问题。任何图书馆管理都是对一定组织（即特定的图书馆）的管理，这种管理活动将分散的资源，如人力、物力、财力、信息等资源组合起来，形成一个稳定的、能够不断根据客观环境的变化而进行相互依存调整的过程，从而使各种离散的、无序的事物结合成一个相互联系、相互制约的管理组织系统。同时，这一系统又能不断地根据变化着的外部和内部情况，对管理活动的各要素之间的关系进行调整，以寻求相适应的最佳匹配关系，使高校图书馆系统朝着管理的目标运行。

2. 协调性

协调性是指按照事物自身固有的规律调节和改善各种管理对象之间的关系，使它们能相互适应，从而使管理对象在整体上达到最佳的功能状态。从活动的对象来看，高校图书馆管理是以图书馆系统的各种业务活动为对象，对这些业务活动之间的关系及这些业务活动内部的各种要素之间的关系进行协调的活动。从活动的任务来看，高校图书馆管理是协调人们之间的关系和利益，协调人们活动的状态和过程，使图书馆各种业务活动的要素形成某种有序的优化结构。因此，高校图书馆管理主要是通过协调各种业务活动的内外关系，特别是馆员之间的关系及馆员和读者之间的关系，使各种要素、各个环节在共同目标——最有效地满足读者的信息需求的指引下，消除彼此在方法上、时间上、力量上和利益上存在的分歧和冲突，使高校图书馆的各种业务活动实现和谐、有效的运转。

3. 科学性

要实现对高校图书馆的真正有效管理，协调活动是使图书馆系统内外因素的配合在变动中趋向合理，并不断通过信息反馈实现对图书馆的动态控制，但图书馆管理的动态性并不意味着图书馆管理没有规律可循。高校图书馆管理是一种主观见之于客观的活动，它不仅要反映图书馆现时的变化，还要反映图书馆变化的趋势及其趋势的改变，这一切只有通过科学预测、设立目标、制订计划、完善组织、实施控制等一系列管理活动才能实现。高校图书馆活动可分为两类：一是程序性活动，二是非程序性活动。所谓程序性活动，就是指有章可循、照章运作便可取得预想效果的管理活动，如制订读者服务工作中的各种规章制度，制订人员管理工作中的录用、奖惩、培训等方面的条例，制订行政管理的各种规章制度等。所谓非程序性活动，是指无章可循，需要边运作边探讨的管理活动，如建造新馆、建设图书馆自动化系统、图书馆组织机构的调整、复合图书馆的设计等。这两类活动常常是可以转化的，这种转化的过程是人们对这两类活动与管理对象规律性的科学总结，而这本身也体现了高校图书馆管理的科学性。

4. 创新性

管理在本质上是一种创新活动。从表面上看，高校图书馆管理要维持图书馆系统一定程度的稳定，要用一定的原则、规章制度约束图书馆的成员。但是，稳定是运动的一种特殊状态，图书馆系统中的人、财、物、信息等要素是不断变化发展的，图书馆系统外部的经济、政治、文化、科技等环境也是在不断变化的。管理者要积极促变，不断创新，保持高校图书馆的生机与活力，从而不断适应外部社会环境的变化。

5. 经济性

高校图书馆要充分发挥它的各项社会功能，并使有限的购书经费在进行选购和组合馆藏资源时发挥最大的效益，就必须对图书馆的人力、物力、财力、信息等资源进行合理配置。首先，高校图书馆管理的经济性反映在图书馆资源配置的机会成本上，管理者选择一种资源配置方式是以放弃另一种资源配置方式为代价的。其次，高校图书馆管理的经济性还反映在管理方式选择的成本比较上，因为众多可帮助进行资源配置的方式所花费的成本不同。最后，图书馆管理的经济性也反映在图书馆管理对资源有效整合的过程中，因为选择不同的资源供给和配比，所花费的成本也不同。

6. 前沿性

高校图书馆管理是一种实践活动。如果没有先进的理论作指导，这一管理活动必然是盲目的。现代图书馆管理，既然是一门科学，其理论性就一定要得到重视。因此，现代图书馆管理要想发展，就必须密切关注现代管理理论的发展，并加以研究，将新的理论和方法应用到图书馆管理中，以切实提高图书馆管理水平，如引进知识管理新手段。但需要注意的是，借鉴新理论，必须深入其中，将理论弄清弄懂，使之具有可操作性。否则，这种现代管理理论在高校图书馆管理实践活动中就没有生命力。

（三）高校图书馆管理的基本要素

高校图书馆管理的要素是指构成高校图书馆管理活动的必要因素，其基本要素主要包括以下几个方面。

1. 管理观念

管理观念是指图书馆管理者实施管理的指导思想，也可称作图书馆管理哲学，是对图书馆管理的总看法，主要包括五个方面：①价值观念，关于图书馆存在的理由和依据的认识，如办馆效益、社会责任、社会服务等。②经营观念，关于图书馆如何发展的看法，如发展战略、用人策略等。③人性观念，关于图书馆内成员之间的关系的看法及对个人的基本认识。④资源观念，关于图书馆资源建设开发在图书馆服务中所占地位的认识。⑤服务观念，关于图书馆服务是图书馆一切工作开展的目的和评判标准的认识。

2. 管理目标

目标主要是指组织目标和管理目标。两者既统一又有区别，组织目标是指一个图书馆要实现或完成的最终任务，是图书馆中每个员工的努力方向。管理目标则是管理者实现组织目标的努力方向，是管理活动要达成的效果。管理目标是实现组织目标的重要保证。管理观念与环境、管理对象相互作用的结果促使目标的形成。管理活动以目标为终点，目标是管理的基本因素，是决定任何行动的先决条件，也是衡量各种行动是否合理的标志和尺度。

3.管理机构

对机构的分析与理解是有效管理的基础，是管理的核心要素。图书馆部门设置除取决于业务内容的需要外，还受到员工情况、馆舍条件、资源状况、地理环境等诸多因素的制约，因此不同高校图书馆在机构设置上呈现出一定的差异，不同的图书馆应采取不同的管理手段与管理方法。不同图书馆之间的差异，主要通过机构设置体现出来：一方面，观念、条件、目标决定了机构的设置；另一方面，机构的设置又决定了员工、技术设备、信息资源等一系列管理资源要素的构成特点。

4.高校图书馆员工

员工指图书馆所有的管理者与被管理者，员工是管理中最重要的资源，是图书馆管理的核心，也是对管理活动影响最大的可变要素，它对各种管理要素都具有能动作用。高校图书馆在员工管理中应尽可能做到"人尽其才，才尽其用"，有计划地配备、培训人才，最大限度地调动和发挥人的积极因素和主观能动性，以形成高校图书馆结构合理的人才队伍。

5.文献信息资源

文献信息资源（包括印刷型文献、非书资料及网上信息资源）是图书馆赖以生存的直接原因和物质基础，是实现图书馆保存人类文化、开发智力资源、传递科学情报、开展社会教育四项基本职能的先决条件。对文献信息资源的管理就是要使文献信息得到最大的序化和优化，充分发挥它们在生产建设、科学研究、社会生活等方面的作用。

6.资金

资金是图书馆财产和物资的货币表现，是进行管理的基本条件，也是取得管理效益的重要因素，它是管理运转的润滑剂。资金管理主要包括预算控制、成本分析、财产管理等。高校图书馆应尽可能开源节流、降低消耗，提高有限资金的使用效率。在政府投入不可能有太大增量的条件下，要开辟各种渠道，力争社会多方的支持。

7.时间

时间是反映图书馆工作效率的重要指标，同样的管理结果或问题处理，在不同时间就会表现出不同的效率，因此，要充分利用时间以最大限度地提高读者利用图书馆的效率。例如，高校图书馆开放时间应充分考虑到所服务群体的生活习惯、工作特点，以及不同对象利用图书馆的时间分布及变化周期，合理地安排不同部室和电子资源（图书馆）的开放时间等。

8.设施设备

设施设备虽然在管理中不是能动的要素，而是受其他各种要素，如员工、信息、技术等影响的被动要素，但如果缺乏设施设备，许多管理要素将无从发挥作用，整个图书馆的运作将停留在较低水平上；如没有足够的空间，图书馆服务的方式、规模等都会大受限制；没有计算机技术在高校图书馆普遍的应用，那么采编、流通、业务管理不仅劳动强度大，而且效率低。

9.管理信息

管理信息是指能够反映管理内容的、可以传递和加工处理的各种文字、数据和信号。信息是管理的载体，对实现管理的基本职能——决策、计划、组织、控制、创新等有重大作用。管理信息是决策和计划的基础，是组织、控制和创新管理过程的依据，是使图书馆各部门、各岗位、各工作环节能互相沟通，形成有机网络的纽带。

10. 环境

环境是指图书馆的内外环境，既要求有安静、整洁、优美的自然环境，又要求有和谐、融洽、温馨的人文环境。内部环境要适应图书馆工作人员和读者脑力劳动的需要，外部环境要使图书馆与社会形成有效的物资、资金、信息、人才的交流与平衡，以保障高校图书馆事业发展有良好的政治、经济、文化空间。

二、高校图书馆管理与学科化服务

学科化服务背景下，高校图书馆各业务部门的工作流程和管理模式都发生了根本性的变化，其主要表现如下。

（一）采编流程重组——按学科需求配置资源

按需采访，即根据读者需求采购文献，把文献采购、情报调研任务分解到读者服务一线，争取实现"每位读者有其书，每本书有其读者"的宏伟目标。

1. 依据学科背景、选聘采访馆员

按学科划分，细化采访工作，实行学科专家选书制度，即由高级馆员组成的委员会负责书刊的圈选。由于他们不仅熟悉图书馆知识，对某些学科也有较深的了解，堪称复合型人才，有进行选书决策的能力。同时，在学科发展和交叉学科及新学科预测方面也能很好地体现出图书馆独有的超前意识。此外，由于每位采访馆员所负责的学科范围大大缩小，有利于他们储备扎实的专业知识，使之有能力跟进各自负责学科的进展，以化解馆员专业知识不足的困境。

推行学科专家选书制，在学科专业性采访的基础上，利于构成文献信息采访的完整性，因此，是一个很值得推荐的采访机制。但是，鉴于长期以来图书馆高层次复合型人才都很匮乏的现状，可考虑暂由学科馆员兼任采访馆员，一方面为过渡，另一方面将文献采选深入学科对口服务中，更方便了解、跟踪骨干教师、学科带头人的文献需求信息，进而通过他们了解和掌握本学科教学、科研情况及其发展的动态和趋势，将情报调研工作真正落到实处。

2. 借助网络信息系统，满足动态需求

基于读者的动态需求，采购状态应公开透明。为方便读者可以随时随地提供采购建议，图书馆可以及时修订采购计划，使用网上馆藏管理系统，采用自动化办公模式；将采购图书的数据、目录存放于本馆服务器上，并将这些数据作为本馆的馆藏之一来对待、建设，然后再利用这个特殊的馆藏来开展服务，具体做到以下几点。

（1）把本馆的新书采购政策、采购书目及与其相匹配的具体书目及每本书在数据库中的状态都展示在网上，让读者了解本馆的藏书建设，并根据学科发展提出修改的建议。

（2）及时进行网上新书信息发布，读者按照本馆制订的报道周期，按时上网查看新书报道，浏览详细的图书信息。

（3）制订详细的采购信息。例如，"该书即将出版""已经出版""另有不同版本供选择""新书订单已经寄出""贵馆有读者请求订购此书""此请求已被接受或拒绝""本公司正在处理订单""新书已经寄出"等。这样，采访人员可以据此进行操作，读者也可以跟踪订单，推算到书日期。

（4）实现与电子图书馆的链接。如今，网上已有3500种电子版图书可以免费阅览和全文下载，有2700种电子图书可以订购。链接后，可以方便读者在网上馆藏系统里阅读和下载本馆订购的电子图书和期刊。

借助这样的馆藏管理系统，既可以使读者了解到采选的全过程，也加速了读者与图书馆的信息交流和反馈，使读者的文献信息需求不断得到满足。反过来，又增加了读者参与文献资源建设的积极性。于是，满足、参与、再参与、再满足就形成了一种良性循环。

（二）按学科主题提供服务

摒弃藏、借、阅、咨各自为政的流通模式，按学科专题设立阅览室，为读者提供一站式服务，真正做到"方便读者，节约读者时间"。具体应做到：

1. 馆藏组织规范化

按学科专题设立阅览室，把同专题的所有载体文献都集中在同一阅览室，实行藏、借、阅、咨合一，即在一个既定的空间内，设置参考咨询处、图书借阅处、报刊阅览处、视听资料管理处、网络信息检索处、打印复印处等服务分区。既提供开架借阅书刊和解答读者咨询服务平台，又提供文献信息检索、学科信息导航和网络参考咨询等集成服务，以满足读者在该室获取多媒体学科信息的需求，实现综合化的服务效益，满足读者一站式的服务需求。更重要的是以学科组织馆藏，将散于各处的读者群相对集中，便于读者与图书馆"面对面"对话，准确有效地反馈该学科的需求动态，有效地解决交流的瓶颈问题。

2. 人员配备科学化

按照学科建设统筹规划，组织相应的借书、阅览、咨询、检索、网络导航等集成化的学科服务团队，使之与各项信息服务融为一体。其一，学科馆员到相应的学科专题服务室提供深层次服务，兼作学科采访馆员，成为本室当之无愧的"学科带头人"。其二，选择既受过图书馆专业培训，又有学科知识背景的复合型馆员做专题阅览室的业务骨干，按照不同的分工、提供分门别类的服务，并使之享受与工作性质相对应的待遇。制订服务细节，既给高待遇者以压力，又给低待遇者以动力，激发全员学习热情，形成长效激励机制，促进一线服务的深入发展。

同时，面向全员开展学科知识的专业培训。其一，创造条件，鼓励年轻馆员继续深造，学成归来为相应的学科建设服务；其二，对具有图书馆管理经验但无专业背景者，与院系联合搞专业培训。这样，在该学科专题服务室内，实现每个馆员既具备丰富的图书馆学理论知识及信息服务能力，又具有一定的相关学科专业知识；既是参考咨询员，又是学科领航员；既是信息服务的直接提供者，又是信息资源的建设者。将各种服务集中在某学科服务室内，第一时间全面掌握馆藏资源、学科动态，既可以面对面地交流，又可以虚拟咨询，提供更好的信息获取途径，扩大图书馆的宣传力度，提高馆藏资源的利用率。

（三）学科馆员的考评机制

1. 馆员考核标准

鉴于学科知识用户的知识需求状况、利用水平、满意程度，乃至各种反馈意见、评价等，对高校图书馆学科知识服务系统的建立和持续发展起着重要作用。对馆员要按德、能、勤、绩四个标准考核，实行图书馆本身的业务考核为主和对口服务单位的考核为辅的双向考核标准，对口服务单位的满意度是评估的一个依据。因为在学科知识服务系统中，知识服务用户不仅仅是知识的接收者和知识产品的消费者，还是知识服务的促进者和激励者，并可能成为未来知识的创造者和知识产品的提供者。特别是高校聚集了各学科领域的专家和学者，他们是知识创新的主力军，是高校成为知识创新最活跃的中坚力量。

其中，德包括政治态度、工作态度、思想表现、职业道德等；能包括业务技能、信息捕捉、加工整理能力、服务创新能力、管理能力、协调能力、计算机能力、外语水平、知识结构、营销公关意识等；勤包括出勤率、工作数量、敬业精神、团结协作、顾全大局精神等；绩包括工作质量、学术成就等。例如，年试用，评价相关电子资源数量与对口专业用户联系的人数和频率，年收集读者对图书馆的意见和建议的次数，对馆藏献言献策的次数，年接受教育的读者的人数，开展学术活动的次数，解答读者咨询问题的次数及数量，年编写新书通报、数据库介绍等推介图书馆最新资源的次数，办宣传栏的次数，年定题服务，专题服务，重点研究项目，跟踪服务项目数量，年印发或网上发布的二次文献的加工条数或期数，年发放读者调查问卷的次数、数量，年发表学术论文的篇数和级别等。绩效考核所占的比重最大。

2. 相应的机制

激励机制是学科馆员工作定位、考核、总结中的一个必要环节，也是至关重要的一个环节。对于服务能力强、服务水平高的馆员予以物质和精神上的奖励，且奖金报酬也应超出普通图书馆员。对于不能胜任学科馆员工作的，则安排其他工作。通过考核评价和奖惩，增强学科馆员的竞争意识和敬业精神，促使其不断完善知识结构、专业结构、能力结构，使其在图书馆的文献信息、资源建设和服务中发挥更大的作用。这样，既保证了学科馆员的高素质，又促进了图书馆全体馆员整体素质的提高；既有利于学科馆员人才的培养和更新，又有利于图书馆自身的发展。

第二节 高校图书馆学科化服务管理的主要内容

从上节分析可以看出，较之传统的图书馆管理模式，高校图书馆学科化服务管理是一种创新性的管理行为，其内容主要涉及学科馆员、学科资源和学科用户三大方面。

一、学科馆员

高校图书馆学科化服务是以用户为导向，以学科馆员服务为基本模式的新型服务。对学科馆员进行有效管理是高校图书馆学科化服务可持续发展的关键。其主要包括学科馆员的选拔培训、学科馆员的考评、学科馆员的激励机制、学科馆员团队管理等方面。

（一）学科馆员的选拔培训

在人力资源管理模式中，使用人是最为核心的一环，是学科馆员资源管理的关键。在实际方面，一个图书馆只有用人标准是不够的，还必须做到"人尽其才，才尽其用"。对于图书馆来说，一个富有效率的适合知识经济时代要求的学科馆员资源管理，其用人的核心是学科馆员的工作质量。我们知道，行为质量是由学科馆员对工作所持的态度以及相关的知识和技能的匹配程度所决定的。一个好的学科馆员资源管理机制在衡量人、选拔人时不靠所谓的裙带关系，而凭真才实学，这样选中的学科馆员才能对自己的工作承担责任。

学科馆员的选拔和培养是学科馆员管理评价的关键所在，传统的人事管理与现代人力资源管理有着很大的不同。前者重事，强调因事择人；后者重人，以人为本，注重开发人的潜能，这就把人力资源由潜能转变为财富。只有加快实现从传统的人事管理到现代人力资源管理的转变，才能满足高校各院系对图书馆学科馆员的需求，从而使图书馆的直接服务和特色服务落到实处。人才学的基本原理表明，人才是指通过创造性的劳动来做出比较大贡献的贡献者，一旦把创新精神和实践能力确定为学科馆员的内涵，那么学科馆员的培养就有了具体目标。

学科馆员的培养包括人才引进和现有人力资源开发两个方面。前者是对学科馆员数量和结构的完善，具有长期性；后者则立足本馆既有人才，提升图书馆工作质量与效益。因此，建立行之有效的人员选拔和培训制度是学科馆员制度得以顺利实施的关键。人才引进是学科馆员制度能够深入发展的保障，科学的人才激励、竞争机制是实现学科馆员制度的重要手段。在人员的选拔上，首先应根据学校的学科设置情况，划分大学科的工作范围，圈定学科馆员的重点服务对象。在此基础上，根据学科馆员岗位设置要求，在全馆范围内进行公开考核并结合工作业绩，选拔出优秀人才进行脱产或不脱产培训，建立培训制度。图书馆对学科馆员要有系统的培训计划，并组织安排他们参加各种培训班的学习，鼓励学科馆员特别是中青年人才自觉结合学校的学科专业设置及自己的专业兴趣，利用业余时间，通过多种形式学习相关专业知识，努力使自己成为适应时代要求的优秀学科馆员，要进一步提高他们的业务水平和工作技能，使之形成人才梯队，以保持学科服务的连续性和稳定性。只有这样，学科馆员这一人力资源管理和开发的措施才能落到实处。在学科馆员培训方面，根据培训的层次和内容可采取以下三种方式。

1. 馆内培训。培训内容可根据学科馆员的工作内容进行设置。针对学科馆员面向院系进行数字资源利用的培训职责，可邀请本校教学名师培训教学技能，组织本馆学科馆员试讲和评课等，激励学科馆员逐步提高教学能力。而针对文献资源建设方面的职责，则开展有关中外文图书馆出版现状、采访原则、采购流程和注意事项等内容的培训。对于学科馆员的整体工作，或邀请其他图书馆的学科馆员介绍经验，或由馆领导亲自讲解。所有这些培训，因具体及针对性强，故可取得较好的效果。

2. 国内培训。除了馆内培训之外，图书馆还应大力支持学科馆员参加市内及国内相关会议，如向学校争取到培训专项经费的支持，以保证馆里学科馆员及其他人员参加培训的覆盖率。通过这些培训活动，学科馆员不仅可开阔眼界，提高技能，而且还可对自己的本职工作和学科馆员工作都起到积极的促进作用。

3. 出国培训。除了参加馆内、市内和国内各层次培训外，有条件的图书馆还可派学科馆员出国培训。国内的学科馆员工作可效仿国外同行的做法，近距离尝试了解国外学科馆员对这项工作的认识、具体做法和体会等，可以激起他们对这项工作深入全面的思考，积极探索适应我国国情的学科馆员服务模式。同时，这种培训对于学科馆员主要业务工作的提升，也是一个契机。

（二）学科馆员的考评

1. 健全公正的考评组织机构

设立学校和学院两级学科馆员评价组织机构，即学科馆员考评委员会。两极学科馆员评价机构都可以建立专家库，其成员要求学术威望高，在各自研究领域有较深学术造诣，并且有较好的学科专业代表性，专家可由图书馆馆长、分管学科分馆的领导、参考咨询部主任、读者服务部主任等组成，还可根据需要聘请校外专家入库。委员会对科学馆员的相关工作在服务质量、服务效果等给予公正客观的评价，并制订考评周期一年、三年或五年。

2. 建立科学合理的评价指标体系

素质方面。学科馆员作为大学图书馆的形象是图书馆的知识使者，他应与各院系用户保持着经常的联系和往来，为用户提供及时的、深入的服务。这就要求学科馆员必须要具备良好的业务素质和思想素质因此，学科馆员必须有高度的事业心和责任感，要有读者至上的服务意识，始终把为读者提供优质高效的信息服务放在第一位，通过国家外语水平考试（四级或六级）和国家计算机水平考试，具有良好的职业道德和人际交流能力，全心全意为读者服务，只有具备了这些条件，才能招聘上岗。

量化指标方面。学科馆员工作的好坏取决于服务读者的满意程度，根据工作职责可具体量化指标为：a.可提供给读者的资源数量，包括图书、期刊、光盘、专业数据库等。b.直接服务的相关学科读者的数量和频率。c.办培训讲座和与读者座谈的次数。d.解答读者咨询问题的次数及数量。e.编写数据库介绍，开展学术活动的次数。f.针对对口院（系），尤其是学校重点学科的研究课题建立专门服务档案，提供长期跟踪信息服务的数量。g.印发或网上发布的编、译的文摘、索引、综述第二次文献加工的条数。h.各人发表专业论文数量。i.征求读者意见和对馆藏献计献策的次数等。量化指标要坚持定性与定量相结合，以能力业绩为核心，由品德、知识、能力等要素来构成学科馆员量化评价指标体系。各高校图书馆可根据具体的评价内容给予量化赋值并进行打分。

3. 采取多元评价结构的方法

在评价实践中，要充分考虑不同学科馆员主体的角色、地位、能力、经验等方面的差异，尽可能采取学科馆员自评、读者测评、同行评议、校院专家评价、校外专家评价等多元评价，综合各方面的意见，全面衡量学科馆员的工作业绩。

4.建立评价结果公示反馈机制

二级学院和学校两级专家评价后的结论，要及时向全校进行公示，接受大家的监督，增加评价的透明度和公正性。最后的评价结论，由二级学院领导向受评学科馆员正式反馈，进行一次工作谈话。

5.加强对学科馆员评价后的制度化管理

管理机构要定期进行检查考核学科馆员与相应岗位的要求是否相符。学校和二级学院应为学科馆员的业务发展计划实现提供支持和保障，满足学科馆员自我实现的需要，真正发挥学科馆员的作用。

高校图书馆在学科化服务中要制订明确、科学、合理的学科馆员岗位职责，并进行经常性的考核与评价，考评制度尽量做到科学、全面、规范、公正。考核内容可以包括参与课题研究情况，培训、讲座、咨询等活动的数量，网络导航与网页的建立与维护，用户反馈意见等。图书馆应该与学科馆员签订目标责任书，将服务质量作为考核和激励的主要依据。对学科馆员应实行双向考核，既接受图书馆的考核，又接受对口院系的考核，其中以用户评价为主。

也就是说学科馆员工作业绩的评价取决于用户的满意程度，主要指标有与用户联络的频率、提供图书馆指导（各种资源）的培训情况、用户对学科馆员业务能力以及提供帮助的能力的综合评价等。考评后实施必要的奖惩制度，业绩突出者给予物质与精神的奖励，不合格人员重新评聘。通过竞争和不断完善学科馆员评价制度，使学科馆员在高校图书馆文献信息资源建设和服务中发挥更大的作用。坚持"以人为本"的基本理念，时刻顺应时代发展潮流，就可以逐步在实践中发展和建立起科学而规范的评价体系，以推动新时期高校图书馆事业的稳步前进和长远发展。

（三）学科馆员的激励机制

任何一种人员管理机制，都以调动人的积极性，提高工作效率为最终目标。目前，多数高校图书馆的学科馆员工作还属于初步探索阶段，学科馆员也多为兼职。在这种状况下，过于强调考核和评价为时尚早，淡化考评、注重激励更有利于推动学科馆员工作深入开展。

哈佛大学教授威廉·詹姆士研究发现，在缺乏激励的环境中，人员只发挥出20%~30%的能力，在良好的激励环境中，同样的人员却可发挥出80%~90%的能力。激励就是激发人的内在潜力，调动人的积极性和创造性。激励方式从大的方面包括物质激励、精神激励、目标激励，每一种激励方式的实质都是满足人的生理和心理需求的问题。

1.物质激励

学科馆员的业绩表现可以考评为优秀、良好、称职、不称职四个档次，每一个档次享受的津贴要有明显的差别，以便建立起激励约束机制。对于连续两次考评为不称职的，应该取消任职资格。对连续三次考评为优秀的，给予特殊奖励D这样才能更积极地促进学科馆员工作的积极性与能动性，激励工作进展较快的学科馆员继续积极工作，同时鞭策工作进展较慢的学科馆员找出不足，进一步完善工作，发扬爱岗敬业精神，不断提高工作效率，促使其在高校图书馆文献信息服务中发挥更大的作用。

2. 精神激励

精神是人行为的先导。高校图书馆可以通过评选先进工作者、出宣传榜等手段，树立学科馆员的模范形象，大力宣传优秀学科馆员的事迹，并在精神上给予激励。

3. 目标激励

对学科馆员的工作成绩实行定期的目标考核和评价，是促进学科馆员制度有效运行的重要措施。高校图书馆应根据学科馆员的某项实际工作内容、完成情况、工作的复杂性、不可替代性，在岗位待遇和学习进修方面给予学科馆员以优先待遇。例如，检索设备的配置更新、办公环境的改善、工作时间的弹性化、岗位津贴的提高、超工作量的额外奖励及培训优先、职称晋升优先等。

激励是行为的动力，因而每个人都需要自我激励，需要得到来自同事、团体、组织方面的激励和相互间的激励。作为一个管理者，为了实现既定目标，就更加需要激励全体成员，激发每个学科馆员的主观能动性，使得组织目标变为个人目标。

传统学科馆员的工作是相对独立的，一个学科馆员独自负责一个学科或几个学科的需求联络与信息服务，这种工作模式在过去一段时间内比较好地适应了用户的需求，收到了较好的效果。在新的信息环境下，为实现信息的开放存取、文化遗产、科研服务、信息永久性保存等目标，需要建立学科馆员团队，即将学科馆员的工作划分为多种岗位，不同的岗位完成不同类型的工作，通过建立学科馆员之间的分工合作机制，为读者提供系统、全面、高效的信息服务，这便是学科馆员团队。学科馆员的团队协作不能只限于学科馆员之间，还要实现学科馆员与学科专家、技术专家等群体之间的合作，以便共同构成一个完整的信息服务体系。

（四）学科馆员团队管理

以学科划分组织机构进行管理，是学科馆员制度最好的管理模式，但完全依赖于组织机构的重大调整有很大制约性，在现实条件下难以实现。从管理学的观点来看，由重视组织机构的重组转向内涵式管理是一种趋势。在目前图书馆界的称谓里，学科馆员是赋予个人的称号，学科馆员制度是一种对学科馆员群体的管理方法，因此，由学科馆员组成的群体应该称为学科服务团队。

对于团队，有许多不同的定义与解释。斯蒂芬·罗宾斯认为："团队是指一种为了实现某一目标而由相互协作的个体所组成的正式群体。"学科服务团队应该是以高校大学科专业用户为服务对象，由为数不多的、专业互补的、愿意为共同目标而相互协作的图书馆专业人员所组成的群体。虽然由学科馆员构成的学科服务团队，成员间相互依赖水平较低，但却具有团队的一些其他特征，如共享性、学习型、自我管理、授权等。因此，可以将学科馆员群体视为团队进行管理，探索一种不依赖于整个图书馆业务流程重组的符合知识团队的管理机制，实现高校图书馆管理理念的创新。具体如下。

1. 建立公开、透明、动态的竞争机制

实行资格认定，竞聘上岗，优胜劣汰的公平、公开、透明的动态竞争机制，构建高校图书馆人力资源利用的开放体系。将学科馆员的条件向全馆公布，包括具有本科以上学历以及一定的外语水平和计算机操作能力，具有浓厚的图书情报知识与学科专

业知识，具有较强的信息组织与处理能力，具有强烈的服务意识与高度敬业精神，具有善于学习、勇于创新的素质，具有较高的语言、文字表达能力和公共关系素质等。

国外某些国家的专业图书馆员必须获得一定学历专业证书，才能在图书馆专业岗位上任职。有的国家以法的形式规定图书馆员的任职条件，这些持证上岗的制度对保证图书馆从业人员的素质起到了积极作用。目前，国内图书馆虽与这个要求相差很远，但也在积极努力，因此当学科馆员制度运行到一定时期，具有一定影响力后，应出台学科馆员资格认证制度，对学科馆员的学历、专业能力、综合素质等要求进行规范，从政策与制度上保证学科馆员的基本素质。

学科馆员不是终身制，要建立能上能下的用人机制，可以两年为一聘任周期，根据两年以来的综合考评结果，优胜劣汰，以保证学科服务团队的整体素质与水平，创造可持续发展的学科知识服务优势。

2. 创造和谐发展的管理环境

高校图书馆要积极创造条件，为学科馆员提供开展活动所需要的资源，创造和谐发展的管理环境，包括充分的授权、畅通的信息渠道、平等的团队氛围等。

授权是团队的重要特征之一。高校图书馆要根据学科化服务的目标和任务，对学科馆员给予充分的授权：a. 工作初期，使学科馆员充分参与工作目标的讨论、工作内容的制订，培养成员的决策意识，增强团队的凝聚力。b. 由于学科化服务的创新特征，应该允许学科馆员用他们自己认为好的工作方法安排自己的工作，根据用户的实际需求实行弹性工作内容，包括弹性工作时间、弹性工作地点等。

畅通的信息渠道。信息不对称是金字塔结构组织中的通病，是学科服务团队的重要特征之一。重视员工之间的知识分享与交流，通过正式交流与非正式交流渠道，倡导团队中的每一个成员将自己的有用信息放进团队的知识管理系统中，最大地实现知识和信息共享。同时，学科化服务团队要加强外部延伸工作，及时与组织中的各职能部门进行沟通，加强团队对外部的影响力，从而改善团队外部环境，提高学科知识服务水平。

平等自由的团队环境。学科馆员需要一个充满平等、关心与信任的团队氛围，而依靠强制性权力来领导知识团队只能是低水平的、无效的。其一，要尊重学科馆员的个性，对每个人的文化背景、技能、行为等接受、认可，尊重每个人的工作风格，强调个人负责，让学科馆员全身心地投入自己的工作之中。其二，建立良好的团队环境，提供较为优越的硬件条件，提倡共知共享的学术氛围与和谐发展的团队文化，鼓励每位学科馆员自由地发表意见，为每位学科馆员提供各种交流、学习与培训的机会，组织跨地域的学术交流活动等。

3. 实施多元化激励措施

柔性化管理的理念之一是更多地通过激励而不是运用行政处罚手段来管理员工，对于具有高素质、高自尊心的学科馆员，尤其要采取全方位的激励措施来激发员工的积极性，包括较高的薪酬、帮助学科馆员进行职业生涯规划、提供培训机会、鼓励创新、允许失败等。

高校图书馆学科化服务中要引入学科馆员岗位的吸引力，就必须改革目前的分配制度，按照工作人员对图书馆贡献的大小，以实际工作内容的复杂和不可替代性为分配依据，使学科馆员的报酬高于非专业人员。除此之外，要注重对学科馆员进行知识或能力资本的投资，为他们提供更多的培训与学习机会。充分了解学科馆员的个人需求和职业发展意愿，创造学科馆员个体的发展空间，激励其对事业有更高层次的追求，以满足学科馆员高成就动机的需要。

学科化服务是一项创新的工作，在近距离与高层次用户的接触中会出现许多前所未有的问题，需要不断交流、不断创新工作方法。因此，应鼓励学科馆员以新的思路思考问题，解决问题，允许其失败，从而激发他们的创造热情，不断提高他们的学科服务水平。

4.建立以用户为主导的、团队与个人双重的考核机制

对学科馆员工作成效进行考核和评价，是促进学科馆员制度有效运行的重要措施，也是检验学科馆员制度运作情况的一项重要内容。学科服务团队的形成就是以用户为中心来定位的，因此，应建立以用户满意为中心的绩效考评机制。同时，为保障学科知识服务团队的整体优势，应突破传统的以个人为导向的评价和奖酬体系，建立团队与个人相结合的双重考核与评价指标体系。

学科知识服务团队应定期接受考核，包括图书馆与用户评价，而以用户满意度为主要评价指标。个体考核指标包括：与用户联络的频率、提供图书馆指导（各种资源）的培训情况、用户对学科馆员业务能力的综合评价、学科馆员的工作与用户信息利用能力提高的相关性、学科馆员内部工作的质与量等。团队的评价指标有：学科知识服务的整体质量、用户对学科服务团队的综合评价、团队的精神面貌、沟通情况，成员间相互协作的水平和效率等。通过对团队与个人的考核，实施针对团队与个人的双重奖惩机制，促进个体与团队的协同发展。

二、学科资源

（一）学科资源建设

学科资源是高校图书馆开展学科化服务的重要基础，资源建设学科化服务保障体系是高校图书馆创新体系的重要组成部分，是满足各创新系统间资源流动的重要保证。它担负着为创新体系各要素及子系统间提供资源保障与支撑的重要任务，对于提高高校图书馆创新体系的整体功能起着至关重要的作用。

高校图书馆通过深入调研读者的需求，重新认识和探讨学科馆员制度在高校图书馆的深入和发展，进行相对统一的制度。在资源建设项目上，重点改革服务机制，并从体制创新、团队建设、服务机制、角色定位等方面进行学科化服务体系保障，进而优化资源建设服务模式。

1.体制创新

随着学科服务的深化，高校图书馆将资源建设列为学科馆员的重点工作之一，并实行企业客户经理式的经营服务机制，即采取承包系院、融入一体、服务一线，为师生提供随时随地的服务。通过责任绑定、服务绑定、创新绑定、考核绑定，使学科馆员成为服务学科的第一责任人。首先，学科馆员必须履行全责，要为服务的过程和效

果负责。其次，努力树立学科馆员参与资源建设的品牌，利用多种形式推销自己、推销资源。宣传推广学科化资源建设服务的新理念，逐步让各个院系的资源荐购教授都形成"一切信息问学科馆员"的共识。宣传自己作为学科馆员对资源荐购教授群体的作用，一旦资源荐购教授知道学科馆员越多，学科馆员服务的对象就越多，利用学科馆员的机会也就越多。在广泛地知道学科馆员的前提下，资源荐购教授有需求，才会首先想到学科馆员，将利用学科馆员的帮助作为一种习惯和常态。再次，资源建设作为学科馆员的重要职责之一，细化了学科馆员的资源建设工作内容，职责变得更加明确。最后，学科馆员制度代表了图书馆由"资源主导型"转向"服务主导型"的发展方向，从学科馆员的职责内容上体现变被动服务为主动服务的特点。

2. 团队建设

学科馆员的队伍建设，是保障学科资源建设可持续发展的关键。由于学科馆员这一职位的特殊性，要求学科馆员必须全面掌握图书馆的各种知识和规定，熟练掌握对口学科的信息资源状况。教学能力、公关能力、语言表达能力和信息技术能力是学科馆员不可缺少的基本技能。学科馆员的协调工作对学科化服务的成效至关重要。学科馆员之间应密切配合，相互支持，协同工作，共同为一线的用户服务，为一线用户服务的效果负责。

在学科馆员的团队建设方面，应进行创造性的探索。要求学科馆员团队具备：①完整的知识结构，丰富的资源建设经验。②敏锐的信息意识、较强的信息获取及组织能力。③熟悉馆藏模式结构和资源利用手段。④满足用户深层次需求，能充分发挥本身的特长优势。⑤创立自身的服务品牌。⑥加强与资源荐购教授面对面的交流。⑦定期对资源荐购教授进行资源建设项目的集中培训，以不断提高其资源建设的专业能力和工作效率。从用户层面上，要求资源荐购教授有足够的资源需求意识。⑧资源荐购教授队伍也作为学科馆员团队建设的条件之一。要求学科馆员与资源荐购教授建立个人友谊，以其所建立的个人联系数量作为业绩指标之一，并建立专门资源荐购教授档案库，以作为资源建设合作的基础资料。学科馆员制度应作为图书馆协调资源荐购教授参与资源建设工作的长效机制。

3. 服务机制

学科馆员制度是一种服务方式的变革，是对用户需求和找寻服务的积极反映，是高校图书馆根据馆员的专业知识背景和实际能力，主动为对口院系开展全方位资源服务的一种学科化服务模式。学科馆员制度在过去的几年里已经发生了深刻的变化，高校图书馆应在变化着的环境及用户需求中不断深化和拓展服务机制，提升服务能力，从学科馆员制度本身进行建设、实践与优化。

学科馆员面向一线的服务机制，使图书馆与各院系间在资源建设中的沟通与交流变得经常性和无障碍性。这种一对一、面对面的交流与互动，增强了资源建设信息传递的精确性，保证了资源荐购教授兼做资源建设工作的时间和精力，提升了图书馆文献资源建设与管理的境界，实现了馆藏发展的最优控制，优化了资源建设的内容。

学科馆员的服务机制创新表现为：学科馆员的服务领域进一步深入和拓宽；服务层次进一步提高；服务形式由普遍性服务走向个性化服务；服务范围由全学科服务转

变为单学科专题服务；服务地点是用户的一切空间；服务逻辑是用户需要什么，馆员就提供什么；服务理念是"融入一线，嵌入过程"，面向用户问题的解决提供方案和对策，深入用户的知识需求的解决过程中，与用户互动协作，进行知识捕获、分析、重组和应用；服务内容是图书馆与院系各学科的沟通联络，协调解决本学科所有相关的资源服务问题。

4. 角色定位

学科馆员在资源建设服务中的角色：一是充当资源荐购教授的整体信息环境的战略顾问。二是将资源建设服务纳入自己的服务范畴，融入用户之中为用户提供周到、及时、全方位的服务。三是对资源与服务进行策划、协调与创新管理，以便综合利用。四是学科馆员具有多重身份和角色，在参与多项业务中是一个多面手。随着学科化服务的不断深入，学科馆员的角色必将从单纯的提供通用资源服务转为全面介入图书馆的资源建设；从单纯的知识提供者转为学科化资源建设的服务者与研究者；从单纯的传统服务向新型学科化服务的转型。学科馆员的角色转变是其服务空间的拓展。

由于资源荐购教授在协作交流中扮演着教学者、研究者、作者、读者等多重角色，并分别隶属于不同组织，学科馆员应从以下角度与之协作：研究资源荐购教授在不同环境与文化、不同知识背景，甚至是不同性格下的信息需求特性和习惯以及诉求信息，并在理解各专业教学目标和方向的基础上使资源建设服务深入下去，形成与资源荐购教授沟通渠道的多样性和合作交流的网络性。实践证明，基于对资源建设工作目标的贡献，不管是资源荐购教授还是学科馆员都对自己在资源建设中的角色，产生了积极的期望和认同感，营造了良好的资源建设协作氛围。

（二）学科资源建设与学科化服务发展管理方式

1. 集中统筹协调与部门分散管理相结合

实行学科馆员协调小组集中统筹与职能部门分散管理相结合的管理模式。学科馆员协调小组成员主要由分管资源建设、参考咨询、学科分馆的馆长，以及由学科馆员兼任的负责馆藏发展、参考咨询、教学培训、系统技术等项目协调的协调员组成，总体规划学科馆员的工作内容、业务进度、服务拓展与创新，协调促进全馆学科服务支撑队伍协同运作。协调小组明确不同学科馆员担负学科资源建设与服务工作的内容和职责范围，并协助职能部门落实每个学科馆员的工作岗位职责及其投入学科化服务工作的时间比例，确保权责一致和足够的时间精力投入，以达到预期的学科化服务效果。职能部门负责日常管理、评价，并结合协调小组的评价意见，对学科馆员进行综合考核。协调小组与学科馆员联席会议是学科服务举措和资源建设等重要事项的议事机构，该机构形成的决策建议报经相关专业委员会最终审核批准。

2. 采取行为目标导向管理和综合绩效评价激励机制

行为目标导向管理旨在建立以对学科馆员行为引导为目的的机制，该机制强调管理的总体目标导向，重视学科馆员的参与和自我控制，依靠团队合作完成学科服务任务。高校图书馆鼓励学科馆员积极参与探讨和制订学科化服务目标及其实现途径，并通过比较实际绩效和预期目标的差距来进行自我改善；鼓励学科馆员积极将创新思想转化为创新行为，将各种经验、技术和成果保存并内化于组织的智库中。然而，要把鼓励转化为实际成效，首先要面对学科馆员的知识性工作投入与工作业绩如何评价、测量和激励的管理难题。一种可行的方法是建立完善的学科服务工作统计系统，由学科馆员详细记录自己从事的主要知识性工作，如院系访谈、信息推送、资源采选、学科服务平台内容维护、授课与备课、讲座开展、专题咨询和学科情报分析等，按实际投入小时数转为量化测评，并结合实际成效进行评价。职能部门在全面收集学科馆员绩效信息和协调小组评价意见的基础上，根据学科馆员承担的学科化职责和部门业务职责的双重绩效进行综合考核和激励。绩效评价还要充分考虑来自院系用户的满意度评议。在图书馆层面上，还应根据学科馆员工作团队的表现，建立项目完成奖励制度，以激励学科馆员团队积极接受新任务，从而把组织目标的实现与个人成就感的满足结合在一起。

3. 强化团队协作，深化知识交流和信息共享

学科化服务是个协同性很强的全局性工作。一体化管理机制通过强化学科馆员团队及其与学科服务支撑队伍的协同运作，统筹、协调和合理解决学科馆员的精力、动力和能力三大问题，切实发挥其学科化服务主体作用。通过合理的团队分工，保障学科馆员的时间、精力安排，使角色定位客观可行，而不是一味过高过多的要求；通过团队的高效合作、目标共识和有效激励，激活学科馆员的创新动力，并使之保持积极主动的工作热情；通过团队成员优势互补、智力激荡和培训学习进行能力互补和能力培养。要增强学科馆员的自我管理和自我引导服务能力，还必须使学科馆员群体能共同分享更多的信息或"完全信息"，建立畅通的信息交流渠道，通过定期或不定期的团队会议与横向交流，使之相互学习和达成共识；通过构建功能完善的网络交流与信息集成平台，使团队成员能够方便地获取信息、分享知识与创新思想，逐步形成创新、合作、共赢的组织文化，不断提升学科馆员团队的服务质量和水平。

三、学科用户

用户作为服务的对象，在学科化服务中具有极其重要的作用。而在学科化服务管理中，加强学科用户研究与沟通则是实现学科用户管理的重要前提。

（一）学科用户研究

从目前学科用户研究来看，总体较为薄弱，必须从以下几方面加强。

1. 建立学科用户档案

建立学科用户档案是强化用户研究的基础。用户的基本信息、工作轨迹、科研成果包含了用户的潜在信息需求。例如，通过用户的基本信息可以使学科馆员对所服务的高端用户有一个大概的了解。学科馆员了解了用户专业领域的新知识或新信息后，就可以及时地把它传递给用户；而了解用户的工作经历与科研成果，能够进一步了解每个用户所需信息的差别，以便有针对性地提供优质信息服务。此外，建立用户档案还是强化用户群体研究、开展用户信息需求行为研究，以及对用户进行持续性跟踪研究的前提。

2. 加强学科用户群体研究

就某一学科而言，用户在其信息需求上有许多共同点，这就是针对学科开展专业

服务而又有别于个性化服务的逻辑起点。因此，加强学科用户群体方面的研究，是保障学科化服务能够高效运行的措施之一。其具体研究内容主要包括用户数量规模、用户研究方向、信息需求类型、需求量、获取信息的能力与方式等，并据此对学科化服务的人员、技术与设备等相关资源加以合理配置。

3. 深化学科用户信息需求行为研究

高校图书馆学科化服务的完善与创新，必须建立在对学科用户信息需求行为正确认识的前提下，否则其服务功能就难以发挥。用户的信息需求是动态的，有些需求的改变速度相对较慢，如用户学科类型。有些需求改变速度相对较快，如某项课题研究在立项阶段需要了解课题的研究背景、研究综述、研究进展；课题进行中需要跟踪国内外研究进展与动态信息、实施方案、数据分析；结题阶段需要对科研成果进行集中整理、科技查新；论文投稿阶段需要了解期刊信息等。因此，学科馆员在服务过程中必须通过对用户信息需求的研究，才能准确分析不同用户的兴趣、阅读目的、阅读习惯、需求偏好等相关信息，以推出用户重要的信息服务，从而推进学科化服务的深入发展。

4. 开展持续性跟踪研究

信息服务的发展随着信息环境的演化而发展，从面向信息源到面向信息交流过程，再到今天的面向信息用户，服务的重点也实现了由信息资源建设到信息资源的传递与利用，再到主动适时地为用户提供信息（知识）的转变，而学科化服务的出现正是这样一种标志性的产物。为了适时、主动地为用户提供信息（知识）服务，就必须对用户进行持续性跟踪研究，以为用户提供所需信息知识。持续性跟踪研究既包括对用户在同一个科研项目中不同阶段的信息（知识）需求、信息类型、获取行为方式等进行研究，也包括对同一用户在不同的科研项目、教学或会议交流等学术活动中所需的信息（知识）量、信息类型或获取渠道等进行研究。

（二）用户沟通问题

1. 学科用户沟通及其作用

学科用户沟通，是指学科馆员与用户之间采用面谈、电话、网络等交流方式，进行学科资源及其服务、信息需求、服务反馈、思想情感等多方面的交流，增进互信，促进双方达成共识，自觉协调各自行为，形成良好人际关系的过程。用户沟通在学科服务中起着至关重要的作用，通过沟通，学科馆员可以有意识地、有针对性地向学科用户推荐资源与服务，学科馆员也可以方便地获取学科用户信息的第一手资料，整体把握学科用户的信息需求及其变化，适时调整学科服务策略。有效的用户沟通能推动学科馆员与学科用户之间建立起良好的人际互动关系，提高学科服务的效果和效率等，具体表现如下。

用户沟通是学科馆员面向各学科用户推介资源、开展推送服务的主要渠道。学科馆员在沟通中有意识、有侧重地向学科用户传递图书馆的新资源、新服务、新活动信息，以增强用户需求的针对性。

通过直接的信息沟通，学科馆员可以方便获取关于学科用户信息的第一手资料，这既是学科馆员对重点学科用户实施个性化服务的前提，也是学科馆员整体把握用户信息需求及其变化，适时调整学科服务策略的必要条件。

用户沟通是协调人际关系的关键。学科馆员工作的目标在于创新图书馆服务，提升图书馆形象，而实现这一目标的重要推动力在于学科馆员与学科用户之间良好的人际互动关系。有效而及时地沟通信息，热情饱满地推介资源与服务，主动了解用户信息并提供个性化服务，学科馆员的这些实际工作成效容易获得用户的情感认同，容易推动双方的深入沟通，同时也有利于消除用户对图书馆的误会，化解矛盾，减少冲突，促进学科馆员与用户之间的深度融合。

学科用户沟通对话的效果和效率，直接决定着图书馆学科馆员服务机制整体的效果与效率。从图书馆角度分析学科馆员服务机制，可以发现该机制是图书馆向学科用户提供主动的学科指导性服务机制。而从系统角度展开分析可以看出，学科馆员和学科用户是图书馆学科服务系统中不可分割的互动的两个方面，机制在这个意义上是一种强调"用户中心"的双向对话机制。学科馆员在机制中居于主动地位，是直接推动者。它在主动沟通中，获取用户信息，并据之而主动响应、给予满足，同时这也将持续调动学科用户的对话积极性，推动双向互动。

2.学科化服务中用户沟通保障及改善策略

从目前学科化服务实践来看，主要存在编码与解码的差异性，存在着人际交往、学科和沟通环境等方面的障碍，针对上述障碍，可采取以下改善措施。

增强学科馆员的沟通能力。即加强沟通技能和心理学方面的培训，可通过实例剖析、实战演练等多种方式开展沟通能力培训，提高学科馆员在恰当准备沟通资料、营造良好沟通氛围、适时引导沟通话题、准确把握沟通进程等多方面的能力，做到"沟通表达简单明了、信息传递及时准确、及时回应用户反馈、乐于倾听善于自控、感情交流真情自然"。心理学培训则可提升学科馆员的"悟人"能力。在学科化服务中，每个学科馆员面对的学科用户众多，若要与用户顺畅沟通，高效服务，就需要学科馆员拥有一定的心理学知识，多观察、多积累，学会从用户的谈吐打扮、借阅书籍中判断对方的身份、性格、兴趣爱好等，从用户的表情、语言和体语中分析其信息倾向、表达隐喻等，从而发现沟通中的最佳方式，实现良性互动，提高沟通质量。

建立良好的宏观沟通环境。一方面，高校图书馆应针对学科化服务工作的四个不同阶段：宣传推广资源与服务、资源保障与需求分析、个性化信息服务和学科情报研究等阶段，认真分析阶段性特点，建立"围绕学科化服务各项工作"的局面，与各学科建制机构（院、系、所）加强互动、宣传，借助机构行政力量推动学科化服务工作；建立学习制度，提升学科馆员沟通素质，如以演讲、论文、讨论、讲评等多种形式定期或不定期地交流学科工作业绩和有关学科化服务、用户沟通的方法技能以及经验教训等；或者建立学科馆员交流在线平台、博客圈，以增强学科馆员的实践能力。另一方面，应大力支持学科馆员，要利用好网络的资源价值、工作价值，即要充分利用 Internet 搜集、整序、集成、发布学科信息来服务于学科用户，也要利用网络建设学科专业服务平台来深化学科服务。

提高学科馆员的专业素养。学科知识障碍是目前国内外开展学科化服务普遍存在的问题，而多方面提高学科馆员的专业素养是其行之有效的解决之道。目前，主要有以下三种观点：一是，张沙丽认为，并非每个学科馆员都有其所负责学科方面的本科、硕士或博士学位。多年的学科工作经验，经常参加各种继续教育课程和短期培训，自学有关文献，与其他学科馆员同行交流，也可成为一个称职的学科馆员。二是，朱天慧提出，吸纳相关专业学科不低于本科学历的毕业生，经过岗位培训充实学科馆员队伍。同时，可以提请国内图书情报院系重视上述模式，加强与其他专业学科院系的联系和协作，探索适应学科馆员制度发展的图书馆员培养模式。三是，沈艳红认为，可以借助电脑，在目前国内聘任图情教授的基础上，聘请相应学科合适的研究生做学科馆员小组兼职成员，或者聘请热心学科工作的退休老教授担任学科馆员小组的指导教师，以协助开展学科服务工作。

注重与用户面对面沟通交流。面对面沟通有利于学科馆员及时、充分、直接地掌握第一手资料和获得反馈信息，以增进双方感情。也就是说，学科馆员通过与用户面对面的沟通交流，可以及时准确地了解他们的信息需求，共同探讨他们在信息获取中遇到的障碍，以调整服务方案，及时提供服务成果，收集反馈意见，引导和激发用户新的信息需求。通过沟通交流增进双方情感，拉近双方距离，激发学科用户对学科服务工作的关注和配合，从而真正保障和满足用户的需求。通过面对面的交流沟通，学科馆员充分地了解用户，为用户提供个性化文献信息服务，不断提高服务质量水平，在双方互信与互动的氛围中合作，从而开拓学科服务新局面。

第三节　基于知识管理的高校图书馆学科化服务

随着数字信息资源的海量增加，高校师生对图书馆服务的需求也产生了巨大变化，高校图书馆作为高校信息资源的管理中心，需要不断更新管理理念，适应用户需求变化，推动服务由单一的文献服务向知识服务迈进。将知识管理应用于图书馆学科化服务，可以合理配置和使用高校图书馆的各种信息资源，充分满足学科建设中用户不断变化的信息知识需求。

一、知识管理的内涵及特点

（一）知识管理的内涵

知识管理源于波普尔的"世界三"理论。它强调以人为中心，以信息为基础，以知识创新为目标，将知识看作一种可开发的资源。美国管理学家David J. Skyme博士认为，知识管理是对知识及其创造、组织、收集、传播、利用与宣传等相关过程的系统管理，它要求将个人知识转变为某个组织可以广泛共享、适当利用的团体知识。Daniel. Leary认为，知识管理是利用先进技术对知识进行的有效管理，以便促进知识的创造、存取与再利用。目前，国内对知识管理普遍接受的定义是：知识管理是将知识或知识资源（以下一般只用"知识"）作为管理对象进行管理，是对知识的整个运动过程包括生成创新、识别获取、分类整理、记录储存、传播交流、开发利用等有关方面进行管理，它将捕获的知识与技能传播给需要的组织或个人，以便使他们能够作出最好的决策，实现知识的最大产出。

尽管国内外学者对知识管理的表述各不相同，但他们揭示的概念实质是相同的。知识管理的实质是对组织中所有员工的经验、知识、能力等因素的管理，实现知识共享并有效实现知识价值的转化，以促使组织知识化和不断成熟壮大。因此，知识管理就是获取、利用并创新知识，提高组织创新的能力，以保障组织生存发展的一种活动。它包括知识的获取、整理、保存、更新、应用、测评、传递、分享和创新等基本环节，并通过知识的生成、积累、交流和应用管理，以实现知识的资本化和产品化。知识管理的出发点是把知识看作最重要的资源，把最大限度地获取和利用知识作为提高组织竞争力的关键。它包含四层含义：对记录有知识的载体管理；对知识信息或与知识相关的信息管理；知识实践活动及对知识实践活动的管理。

（二）知识管理的特点

1. 智力性

知识管理是以知识为核心的管理，它具有智力优势。一是对知识本身进行管理，二是对知识有关的要素的管理，在组织的知识管理中，无论是对知识本身的生产、交流、内化等的管理，还是对与知识有关的资本、资源的管理，都是以知识为核心的管理，知识是知识管理的基础和管理对象。

2. 以人为本

知识管理应以人为本，这是知识管理的显著特点。在组织中，拥有知识的是人，人是组织中最活跃的因素。要有效地进行知识管理，必须大量吸收和培养新型知识人才。人才是极其重要的，必须加强对人力资本的投资和管理，充分开发员工的智力，培养其知识创新的能力，从而发挥集体的智慧和创造力。全面提高员工素质和充分肯定人的价值成为知识管理的重要标志。

3. 共享性

知识管理以知识共享为目标。提高组织的应变和创新能力，增强组织的竞争力都要求组织内部的知识共享。知识是组织最重要的战略资源，最大限度地掌握和利用知识是提高组织竞争力的关键。这就要求所有员工共同分享他们所拥有的知识，这对组织和员工来讲是一种挑战。如果不能实现知识共享，企业和员工都可能遭受巨大的损失。

4. 高要求性

知识管理是利用知识管理知识，对管理者提出较高的要求。组织知识管理要求管理者制订知识管理战略，构建知识创新激励机制、制度和政策，确立知识管理的方针和目标；建立核心能力的动态联盟，提高企业核心竞争能力；塑造知识型组织的文化，提高员工素质；建立新的资源分配机制和原则；主持知识管理体系的评估，实施组织再造，建立知识型的组织机构。

5. 全面性

知识管理既对组织内部知识进行管理，也对外部知识进行管理。它包括对知识、技术、资本、资源、产品等市场因素进行分析，对知识、技术和产品的发展进行预测，对产品的市场占有率和竞争力进行分析，在对顾客需求进行调查的基础上，还要对顾客现在及未来的需求加以分析和预测。

二、知识管理对高校图书馆学科化服务的影响

知识管理是对传统管理模式的改进，传统信息管理工作程序要求的是文献知识的收集、整序、加工、保存和流通，知识管理的要求则侧重于注入创新机制，它不但依赖于知识的积累、扩散和利用，而且更加强调知识的创新。把知识管理的理念和方法引入到当前高校图书馆学科化服务，将对高校图书馆服务的内容、方式、手段和效益产生巨大的影响，具体表现在以下几方面。

（一）将以知识为基础进行信息资源整合

根据专业课程提纲建立学科知识资源库，是更加深层次的、更具有专业针对性的知识资源开发，也是主动性的知识提供服务。即对显性知识进行组织和管理，根据每门课程的教学纲要去获取和划分有关的知识群，产生适用性更强的知识单元。教师和学生在某门课程的教与学过程中，能从图书馆的数据库获取大量针对性突出的知识单元用于教学参考，以迅速获得自己需要的参考知识。知识单元细分，既可消除师生读者从知识海洋中查找有关知识或通过阅读整本书、整篇文章去寻获有用资料等劳作之苦，减少读者的检索时间，又可使读者得到更适用的参考知识资源，以便在教学活动中得以充分利用。

以知识为基础建立学科信息资源整合平台，整合多种渠道、多种媒体的数字信息，不仅包括文字，还包括图像、音频和视频等不同载体、不同介质的数字信息，实现不同类型、不同级次资源间的链接。建立图书、期刊、会议论文、机构和学者等研究所需的核心资源和相关资源间的整合与链接关系，保持知识体系的整体性和关联性，通过知识关联的网状化，使相关学科成为相互渗透、相互作用的有机体，发挥科学知识整体功能。针对用户个人的学科背景、问题、环境等特征来设计与开发资源系统功能，建立个人的知识库，为不同学科的用户提供不同的资源组合。在学科知识门户中，读者能够了解到与本学科相关知识单元的主要信息，通过这些信息能很快进入相关信息网站或数据库获取与本学科有关的原始信息。

（二）将以馆员为主体进行知识整合与共享

根据野中郁次郎和竹内广孝的著作《创造知识的公司》中的知识转换理论，学科馆员为相关学科用户提供知识服务很大部分依赖于其隐性知识的显性化。也就是说，学科馆员作为某一学科的倾听者、选择者、教授者、分享者、开发者，其进行知识服务的过程也就是隐性知识显性化的过程。隐性知识是指工作诀窍、经验、视点、形象、价值体系等。学科馆员的隐性知识比较复杂，是无法用文字描述的经验式知识和不易于文件化和标准化的知识，学科馆员的隐性知识既是提高图书馆竞争力的核心之一，也是为学科用户提供知识服务的基础。

隐性知识转化为显性知识的前提是对有序化了的知识进行开发和再生，使之转化为更大的生产力、竞争力与新价值的知识。内化阶段是学科馆员形成自向隐形知识的阶段，在此阶段学科馆员最重要的是对学科显性知识的学习和隐性知识的积累。学科馆员通过对嵩校图书馆馆藏的了解，结合自身的学科背景，通过学习、实践获取隐性

知识，并增强隐性知识显性化的能力。知识创新阶段是学科馆员将自己的经验、能力、直觉和想象转化为用语言可以描述和表达的内容，将个人的隐性知识转化为能为相关学科研究人员所共享的显性知识。在此基础上，根据用户的需要进行知识创新的形成外化的显性知识，并把它提交给用户，这样，学科馆员的个人知识才能转化为相关学科研究人员共同的知识，才能成为研究人员所共有的知识，从而为相关研究提供服务。然后，通过用户的反馈形成新一轮的知识创新、整合与共享。

（三）以用户为中心进行学科服务业务流程重组

当前，基于网络的学科用户出现了新的特点，用户的科研习惯、使用资源的类型、对信息的需求层次都在发生改变，图书馆在提供传统服务的同时，必须把现有的服务与新的需求相结合，满足用户的新需要。这需要图书馆在建设和利用资源的过程中注重个性化设计，区分普遍服务与重点服务，满足不同层次的用户需求，并根据不同的流程和新的需求重新组合，组成新的信息服务供应链：整合检索、下载、传递、咨询、组织、个性化等信息服务过程，形成比较可靠的业务流程，使图书馆人力资源、文献资源、信息资源、财力资源、设备与技术资源达到最优化配置，从而满足高校读者不断提高的信息需求。

高校图书馆读者群的学科结构比较明确，文献信息资源体系的学科结构也高度集中，图书馆可以在传统部门的基础上，将职能分工系统与学科服务项目系统相结合，建立学科用户服务小组，引进横向学科服务项目管理模式，发挥图书馆员的整体协同作用，使有限的信息资源形成综合效应。

以用户为中心，要求图书馆在知识服务过程中必须变被动为主动，将有关知识由一般资源变为特定资源，加强对二、三次文献及专题资料的组织开发。同时，通过定向服务、专题服务、跟踪服务等方式，将相关知识主动传送给特定用户，学科馆员在服务于科研显性需求的基础上，必须紧跟学科课题，挖掘课题研究中的隐性需求，提高服务深度和增强增值的能力。

三、高校图书馆学科化服务知识管理的内容

高校图书馆学科化服务知识管理的目标是实现持续知识创新和知识增值，为用户提供深层次个性化的知识服务。它的核心是对知识流的有效控制。

（一）内容管理上

知识社会是一个全面运用知识和拥有知识的社会，它强调全民学习知识、传递知识、利用知识、创造知识和共享知识。知识的社会化使得高校图书馆藏与用的矛盾演变为矛盾的两个突出方面。从社会看，是占有资源优势与信息服务社会化不足的矛盾；从自身情况看，则是资源相对过剩与师生有效需求不足之间的矛盾，它们共同催生了高校图书馆新一轮服务社会化。分布式海量信息是数字化信息时代的特征之一。知识种类的繁多、分布的广泛以及知识点之间的关系错综复杂，再加上人们知识背景的差异，使"信息迷航"成为人们获取信息的障碍。学科馆员的任务之一就是要利用知识采掘、知识组织和知识导航等技术，将无序的知识有序化，从海量的知识中发现

用户需要的有效知识。

（二）形态管理上

学科馆员拥有的显性知识，包括馆藏资源中所有载体的知识以及各种虚拟资源中可获得的知识；有关服务对象的知识，如读者档案、读者需求等；有关组织的知识，如图书馆的各种规划、文件等；学科馆员自身知识，如论文、课题报告等。隐性知识包括学科馆员头脑中的各种知识、技术经验、交流技巧等，也可大致分为有关馆藏及各种资源知识；有关服务对象的知识，如读者的阅读偏好、交流习惯等；有关组织的知识，如图书馆文化、图书馆历史、工作程序等；有关馆员的自身知识，如学科知识、图情知识等。学科馆员在服务中，要根据用户需求特征及知识形态的特点，对各种形态知识加以整合与转化，将有效的知识用最适合的形态传递给知识接收者。

（三）渠道管理上

数字化时代，信息载体和传播方式呈多样化态势。多媒体技术使得各种格式的资源能够得到集成、检索、浏览乃至推送，知识的编码化技术使得知识信息化得以实现，知识传播突破了时间空间的限制。学科馆员连接着知识源和知识用户，是知识信息的中转站，承担着知识传播的任务。如何将知识通过原渠道传递给用户也是学科馆员知识管理工作的内容之一，它包括语言格式的转换、载体形态的转换，乃至不同语种的转换等。

（四）时效管理上

随着信息技术和网络技术的发展，数量大、增长快、时效性强、传播迅速、类型复杂、质量参差不齐等已成为现代知识的重要特征。文献量已经不是知识计量的适用指标，知识的老化和增长需要从知识自身和信息两方面进行测量。以网络资源为代表的新型信息资源的开放性与分布性为学科馆员服务带来了新的挑战和机遇。知识的新颖性稍纵即逝。如何向用户提供该学科领域内最新的科研情报，如何判断新的科研情报是否为用户所需要是学科馆员必须面对的问题。这就要求学科馆员密切关注学科发展动态和服务对象的科研进展，实时更新自身知识库，将最新的知识在用户最需要的时间予以推送。

（五）管理流程上

学科化服务知识管理的基本流程就是从了解读者需求入手，一方面通过将资源中的显性知识同自身隐性知识相结合，对读者需要的有效知识进行提炼和传递，通过读者对知识的应用实现知识的增值。另一方面，通过构建知识库和知识地图，将加工过的知识存入知识库并作为知识节点添加到知识地图中，实现知识的存储和共享。与此同时，建立读者档案，将读者的需求作为知识，存储到读者档案中，以便与其他馆员协作，实现资源建设的升级与个性化推送服务，从而实现知识流的螺旋式增值过程。

四、基于Web2.0技术的高校图书馆学科化服务知识管理的实现

Web2.0给用户提供了一个用于信息的收集、创建、发布、管理、分享、合作、维

护的平台。通过这种"参与架构"创造出超越传统网络页面技术内涵，同时也强调成员个体间信息本身的交流，重视的是个性化信息的相互集成，从而诞生更多新信息的服务。因此，可利用 Web2.0 技术构建高校图书馆学科化服务知识管理平台，以解决现有服务中的不足。

（一）平台优势

构建基于 Web2.0 技术的高校图书馆学科化服务知识管理平台，具有以下优势。

1. 在保留现有的信息检索模式基础上，增强了信息检索功能。

2. 将 Blog 引入平台。博客（Blog）有着个性化强、讨论问题比较系统、查找过去的有用信息比较容易、信息组织比较规范等诸多优点。某种思想在这里经过长时间具有强烈针对性的交流碰撞，思想得到了实践的检验，认识得到了不断地升华。学科馆员和用户通过 Blog 不断地进行自我反思，使隐性知识变为显性知识，成为可以整理和归纳的第一手资料。学科馆员和用户在平台内可进行良好的沟通，彼此分享心得、分享知识、增进理解。

3. 具有强大聚合功能的 RSS 加强平台功能。学科馆员可以将用户定制的多个 RSS 提要，从多个来源搜集并整合到单个数据流中，也可以汇集各 RSS 站点关于某一主题内容的信息统一推送给用户，强化个性化服务功能。

4. 即时通信增强了互动时效性，有效促进了学科馆员与用户之间的沟通与交流。

5. 学科馆员积极主动地参与，赋予了服务平台新的灵魂。学科馆员的知识服务体系必将渗透到知识创新的整个生命周期之中，或成为知识创新的成员之一。

（二）实现途径

知识管理理论在知识共享的基础上强调对知识高性能的学习，使思想（隐性知识）在成员个体间充分交流碰撞实现知识的创新。而以 Blog 和 RSS 等技术为代表的 Web2.0 技术平台，也强调成员个体间信息本身的交流，重视的是个性化信息的相互集成，从而诞生更多新信息的服务。学科馆员在 Web2.0 技术平台环境中与用户进行充分沟通交流，使隐性知识通过这个平台向显性知识转化，促进知识创造。通过 Web2.0 平台的 Blog 与 RSS 为用户提供专业化、个性化和集成化的知识服务。服务实现途径如下。

1. 导读及培训博客（Blog）。主要介绍图书馆的新资源、新服务，更新相关学科的参考资料、主题指南和新资源试用指南；检索工具及检索方法等培训课件的链接与下载。

2. 学科导航博客（Blog）。将有关学科的信息搜集整理，重组后以主题树的形式将资源的分布情况提供给读者。通过学科馆员和其他读者发表在 Blog 上对某一资源的评价，读者加深了对资源的了解。利用 Blog 简单易用的多种文档归类和检索查询功能，读者可方便快捷地查询到所需信息。学科信息导航博客将在此充当信息导航员和知识过滤器，向读者展示各种馆藏数字资源。将系统长期积累的咨询信息按照某种分类法组织成专业知识库，向用户提供基于分类号的 RSS 频道订阅。

3. 知识服务博客（Blog）。每位申请服务的客户都注册自己的个人空间，并添加学科馆员博客（Blog）链接。客户可以与学科馆员建立长期的、个性化的知识服务关系。学科馆员订阅预设RSS频道，通过设置RSS阅读器的更新间隔自动频繁地收取信息，当用户提出咨询问题后，它可以马上收到信息以便快速作出回答。用户也可以通过订阅预设的RSS频道，随时跟踪咨询专家对问题的回答。一旦自己提出的问题得到回答，用户可以通过RSS马上获取这些信息，提高咨询的效率。

4. 专业及学术博客（Blog）。针对学科馆员深层次信息服务的职责建立，进行专业知识的展示，对新形势下图书馆发展的理论与实践问题，以小篇幅文章的形式通过Blog展开讨论或相互交流。例如，《中国数字图书馆标准与规范建设》项目就是利用Blog来进行成员间的沟通和发布最新研究成果。将专家、学者、权威人士的探索方式、研究思路、实验方法、学习经验等在此Blog上发布，与人共享，将零散的隐性知识快速转化为具有使用价值的显性知识。对专家进行分类，并通过RSS频道向用户提供订阅。这样用户可以根据自己的兴趣订阅相关专家的RSS频道。

5. 增设其他相关RSS频道。借助RSS技术为用户提供各种知识的RSS推送服务。

6. 通过即时通信工具，实现在线解惑。

第五章 高校图书馆资源管理的方法

高校图书馆要建立科学的文献资源保障体系，一方面需要源源不断地购买新的文献资源，另一方面需要对已经收藏的文献资源进行科学合理的组织管理。

文献资源的组织管理，是指将所收集、加工的文献，按照一定的要求进行合理的布局、排列、保护和剔除，并进行有效的控制与调节，即科学地处理好藏书保存与使用的关系，尽可能地调节入藏与利用的关系。它是一项技术性和工艺性都很强的工作，是高校图书馆文献资源建设的基本内容之一。

同样的文献资料，不同的组织方法，其利用效果是截然不同的。一个藏书虽少，但组织得当的图书馆，其作用肯定会胜过文献数量庞大而组织混乱的图书馆。为了高效率、高质量地开展文献资源建设工作，高校图书馆必须要在制度的完善、队伍的建设、经费的管理、馆藏布局等方面加强组织管理，充分发挥藏书系统的功能。

第一节 高校图书馆资源的来源与选择

一、高校图书馆文献资源的来源

高校图书馆的文献资源建设工作是根据高校图书馆的性质、任务和读者需求、经费状况，通过选择采集建立起来的，并连续不断地补充新出版物的过程。满足教学、科研与读者需求是高校图书馆文献资源建设工作的宗旨，是建立馆藏资源的最终目标，也是文献采购工作的出发点与归宿。而这个过程的开展与最终完成，必须依靠出版发行信息才能够进行，出版发行信息是文献采购工作的主导因素，因此，重视与开展出版发行信息研究工作，对高校图书馆的馆藏文献资源建设有着十分重要的意义。

出版发行信息一般包括文献出版发行动态、文献发行机构，发行的文献内容、质量、类型、载体，发行时间、发行方式、获取途径等。

（一）我国文献的出版发行

传统图书馆时期，我国的出版发行信息主要是由新华书店和一些出版机构提供的书目、书评、书摘、广告，其功能就是作为图书出版信息介绍宣传和作为图书订购工具，主要是三目，即《社科新书目》《科技新书目》《全国地方版科技新书目》。随着电子化、数字化和网络化的普及与应用，文献采购活动所借助的出版发行信息不再局限于传统的新华书店、出版社、编辑部、邮局和专业图书进出口公司，还有各个专业学会、协会、学术机构、社会团体、电子出版物出版商、各类文献信息、出版机构门户网站、联机数据库服务商、因特网信息服务商等机构。类型也不仅有印刷型，还有电子版、光盘版、网络版等形式信息内容。

1. 我国出版发行事业的基本状况

我国的出版发行事业尽管有着悠久的历史，但真正发展还是在改革开放以后。从20世纪80年代开始到目前，我国的出版业无论是出版单位数量、从业人数，还是图书品种、总印数、总印张数以及销售额等各项指标均有几倍甚至几十倍的增长，产业规模迅速增长，形成了较为完整的产业体系。据《2015年我国出版行业发展概况分析》表明，2014年，新闻出版产业实现中高速增长，产业规模继续扩大。2014年，全国出版、印刷和发行服务实现营业收入19967.1亿元，较2013年增加1720.7亿元，增长9.4%；利润总额1563.7亿元，较2013年增长8.6%；不包括数字出版的资产总额为18726.7亿元，较2013年增长8.8%；所有者权益（净资产）为9543.6亿元，较2013年增长5.8%。上述数据表明新闻出版产业在国民经济"新常态"背景下仍继续保持了较好的可持续发展能力。

我国每年的出版发行量都很高，品种也是复杂多样，可以为高校图书馆的馆藏建设提供充足的文献资源。不同的出版社有不同的出版范围。按照不同的隶属关系、不同的内容范围、不同的文献类型和不同的读者对象，可将出版社做以下类型划分。

按照不同的隶属关系，可分为政府出版社、部门出版社和团体出版社。政府出版社指由中央和各地党务系统领导的出版机构、国家新闻出版署领导的国家级出版机构和由各省、自治区、市新闻出版局领导的各地方出版机构，如人民出版社，生活、读书、新知三联书店，商务印书馆，中华书局等。

部门出版社指由各专业系统及下属单位直接管辖的出版机构和军队系统领导的出版机构，如机械工业出版社、人民交通出版社、解放军文艺出版社等。团体出版社由群众团体领导，如中国青年出版社、工人出版社等。

按照不同的内容范围，可分为专业性出版社、综合性出版社、多学科出版社。如湖北人民出版社、人民出版社等属于综合性出版社，水利水电出版社、机械工业出版社、人民文学出版社等属于专业性出版社，大学出版社、科学出版社、商务印书馆等属于多学科出版社。

按照不同的文献类型，可分为图书出版社、期刊出版社、报纸出版社、音像出版社、电子出版社、特种文献出版社（包括专利文献出版社、标准文献出版社、地图出版社）等。按照不同的读者对象，可分为青年读物出版社、少年儿童读物出版社、农村读物出版社、老年读物出版社、妇女读物出版社等。如中国少年儿童出版社、中国青年出版社、农村读物出版社、中国老年出版社、中国妇女出版社等。

我国的出版社遍布全国各地，但由于北京、上海是我国的政治和经济中心，全国图书出版机构有60%集中在两地，一直是我国的出版中心和出版基地。尽管发行量较大、较有权威的出版物，大多由中央国家级出版机构或各级政府及所属部门出版，但地方出版社不甘落后，经过几年发展，不仅数量大幅增加，而且质量也有很大提高。随着计算机和网络的发展，电子、网络出版业也发展迅速。

2. 出版社简介

高校图书馆文献资源建设需要收集收藏许多出版社出版的文献资料。期刊资料一般通过邮局征订，数字资源一般先试用后购买，它们选择的难度相对较小，唯有图书因为每年的出版发行量较大，选择的难度相对也较大。为便于及时收集收藏到需要且适用的图书，提高高校图书馆的工作效率，下面着重介绍一些知名的出版社。

（1）大学出版社

20世纪70年代末，为了解决学术著作出版难的"瓶颈"障碍，一批作为我国高等教育事业和出版事业重要组成部分的大学出版社相继成立。若从1979年中国人民大学、华东师范大学、北京大学等经批准恢复或组建的大学出版社算起，大学出版事业已历经了30多年时间，目前大学出版社出版量占全国总出版量的15%，大学出版社以为教学和科研服务为办社宗旨，出版了大量高质量的教材和学术著作，基本上形成了一个专业分工较为合理、学科结构较为全面的出版体系，正在逐步成为我国出版学术著作和科学、文化、教育读物的重要基地，成为反映我国高校教学和科研水平、展示国家科学文化发展水平的一个重要窗口。不同的大学出版社有不同的出版特色，高校图书馆一般根据本校的学科专业来选择。如清华大学的计算机实力较强，一般有计算机专业的高校其图书馆都会收藏清华大学出版社出版的相关学术著作。目前，比较有特色的大学出版社主要有清华大学出版社、北京大学出版社、中国人民大学出版社、复旦大学出版社、武汉大学出版社、广西师范大学出版社、浙江大学出版社、厦门大学出版社、天津大学出版社等。

（2）专业出版社

专业出版社是专业图书的主要生产者。高等学校实施的是专业教育，是专业教材、教学参考书、专业科技图书和工具书的重要消费市场，是高校图书馆文献收藏的重点。目前，国内仅一级专业出版社就有40多家，如机械工业出版社、化学工业出版社、电子工业出版社、中国水利水电出版社、中信出版社等。

（3）其他多学科出版社

多学科出版社出版的图书面较广，可以满足不同读者群体的需求。高校图书馆可有针对性地选择多学科出版社，收集收藏与本校相关的学术著作、教学参考书、工具书等。目前，除了大学出版社外，国内多学科出版社还有很多，下面主要介绍高等教育出版社，科学出版社，中国社会科学出版社，生活、读书、新知三联书店，商务印书馆和中华书局等几家比较有名的出版社。

高等教育出版社创立于1954年5月18日，是中华人民共和国教育部所属的出版全国高等教育、职业技术教育和成人教育教材的综合性的大型出版社。1978年至今，累计出版教材3万余种，包括新编教材和国外教材的中译本、影印本等，满足了普通高等教育理、工、文、农、医各科，中等职业技术学校以及成人自学高考等各个层次、各个学科的教学需要。其出版物质量优良，广获好评，众多教材颇具影响。目前，高等教育出版社已成为具备多学科、多类型、多层次、多品种、多媒体形式出版能力，业务涉及图书、期刊、音像制品、电子出版物以及网络、电视等领域的大型综合性出版传媒集团，综合实力和竞争力不断加强，并在教材出版领域引领国内潮流，并产生了一定的国际影响。目前，许多高校图书馆都将高等教育出版社出版的图书作为收藏的首选。

科学出版社：是中国科学出版集团的核心企业和全国最大的综合性科技出版机构，于1954年8月由中国科学院编译局与20世纪30年代创建的有较大影响的龙门书局合并而成。1993年8月恢复使用"龙门书局"副牌。科学出版社以科学（S）、技术（T）、医学（M）、教育（E）为主要出版领域，每年出书7000余种（含重印书），期刊200多种。自1982年以来，先后有200余种图书在国家级、省部级以上的评奖中获奖，在历届优秀科技图书评奖和科技期刊评奖中始终名列前茅。1993年荣获国家首批"全国优秀出版社"称号。2007年荣获"首届中国出版政府奖先进出版单位奖"。科学出版社的竞争力位居全国科技类出版社榜首，在全国出版社中名列第三、四位。作为中国科学出版集团的核心企业，科学出版社正积极推进集团文化体制改革，努力完成中国科学出版集团"一个平台、两个中心"的建设，即建立集团科技内容资源平台，以适应数字化出版和内容产业发展的需要，同时将集团建设成为中国优秀科技成果的发布中心和国外优秀科技成果的引进中心，成为以STME为主要出版领域的高水平、综合性、国际化的科技出版集团，为促进中国科技走向国际做出贡献。

中国社会科学出版社：成立于1978年6月，是由中国社会科学院创办并主管的以出版人文社会科学学术著作为主的国家级出版社。编辑出版中国社会科学院和全国哲学社会科学界、文化界学者的优秀成果，包括专著、资料、教科书、教参书、工具书和普及性读物；出版国外重要人文社会科学著作的中译本。中国社会科学出版社将坚持走"品牌立足、名社发展"之路，在不断提升学术品牌地位的同时，进一步发展壮大，为传播先进文化、繁荣学术、多出精品、提高全民族文化素质做出更大的贡献。

生活、读书、新知三联书店：是一家具有悠久历史和光荣传统的国家级综合出版社，前身是邹韬奋于1932年7月创办的生活书店、1936年成立的读书出版社和1935年成立的新知书店。1948年三家合并，成立生活、读书、新知三联书店。1951年与人民出版社合并。1986年1月恢复独立建制。三联书店以出版社会人文科学的著译图书为主，兼及性质相近的实用书、工具书、电子书，包括用文学艺术形式表现文化、学术理念的图书。在积极打造社科人文图书核心竞争力的同时，三联书店努力推动期刊群的发展，现有《读书》《三联生活周刊》《竞争力》《三联财经》和《爱乐》等刊物。三联书店始终以"竭诚为读者服务"为办社宗旨，以"人文精神、思想智慧"为坚守的文化精神，努力追求特色和品位，不懈追求创新与发展。

商务印书馆：商务印书馆于1897年2月11日创立于上海，1954年迁至北京，是中国近代出版事业中历史最悠久的出版基地，也是我国重要的辞书出版基地，出版的辞书以权威性、科学性、规范性著称。中华人民共和国成立初期，商务印书馆承担了翻译出版国外哲学社会科学和编纂出版中外文辞书等出版任务，逐渐形成了以"汉译世界学术名著""世界名人传记"为代表的翻译作品，和《辞源》《新华字典》《现代汉语词典》《英华大词典》等为代表的中外文辞书为主要支柱的出版格局。除汉译世界学术名著和辞书两大支柱之外，商务印书馆还积极出版国内学者的原创性学术研究，出版传播国内学者的一流研究成果；针对青少年和大众读者，开发素质教育读物和文化普及读物；与哈佛商学院出版公司合作，翻译出版哈佛商学院的畅销经管图书；成立商务印书馆世界汉语教学研究中心，以学术研究带动对外汉语教材研发，把该中心建成世界汉语教学精品图书的研发基地和出版基地。其出版的《现代汉语词典》第6版、《故训汇纂》及"新华"系列汉语辞书，"新时代""精选""牛津""朗文"等几大系列外语辞书，影印文津阁本《四库全书》、商务印书馆文库50种等大型原创学术著作，以及"汉译世界学术名著"10辑400种、《蓝海战略》等哈佛经管图书150种等，都深受海内外亿万读者的欢迎，成为图书市场上商务代表性品牌。至今，有100多种精品书刊相继荣获国家图书奖、国家期刊奖等省部级以上重要奖项。在出版行业一直处于领军地位，始终有较大的影响力。

中华书局：1912年元月，我国近代著名教育思想家和出版家陆费逵（字伯鸿）先生在上海创办中华书局。1958年，中华书局成为整理出版中国古代和近代文学、历史、哲学、语言文字及相关的学术著作、通俗读物的专业出版社，出版了《资治通鉴》《甲骨文合集》《殷周金文集成》《中华大藏经》《王力古汉语字典》等经典图书，特别是"二十四史"及《清史稿》点校本，被公认是新中国最伟大的古籍整理出版工程。中华书局出版的汉语工具书也为广大读者信赖。近年来，中华书局在迈向多元化的企业发展道路上不断探索新路，在弘扬和普及中华优秀文化方面做出了新的努力。

（二）外国文献的出版发行

目前，世界各国共有出版社10万多家，分为综合性出版社、专业性出版社、参考工具书出版社、大学出版社、教科书出版社、政府出版机构、学术团体出版机构等七种类型，主要集中在北美、西欧、日本等发达国家。各种不同类型的出版社都有自己的出版特点，例如：综合性出版社由于建立较早、规模较大、编辑出版力量雄厚，其出书质量高、出版范围广，在世界很多国家设立有分公司、代理机构和经销点，如美国的约翰·威利父子出版公司、英国的培加蒙出版社等；专业性出版社由于规模较小，出版的图书内容比较专业，有的只出版某一学科或几个学科的图书，其出版的图书学术价值较高，如日本东京的化学同人社、美国的数学出版社等；参考工具书出版社专门出版综合性或专业性参考工具书，如英国的麦克米兰出版有限公司和美国的鲍克公司等；大学出版社主要出版反映本校学术水平的教授和学者的学术著作，不以营利为目的，出版的图书学术水平高，如英国的牛津大学出版社、美国的哈佛大学出版社、日本的东京大学出版社等；教科书出版社主要以出版各类学校的教科书为主，同时也出版一些教学参考书，如美国的利顿教育出版公司等；政府出版机构专门出版政府保密性文件，如美国政府出版局、英国皇家出版局等；学术团体出版机构主要出版本学会组织学术活动所产生的文献，此类文献很多是最新的研究成果，有很高的学术水平，如美国的电器与电子工程学会、英国的皇家化学会都设有这样的出版机构。尽管国外出版社数量庞大，但真正出版量大、出书稳定、久负盛名的出版社不多，绝大多数出版社是每年只出几本或几年才出一本的小出版社和"皮包出版商"。下面着重介绍几个国外知名的出版社。

约翰·威立父子出版公司：1807年创建于美国，是全球知名的出版机构，面向专业人士、科研人员、教育工作者、学生、终身学习者提供必需的知识和服务。经过近200多年的发展，威立（Wiley）已经在全球学术出版、高等教育出版和专业及大众图书出版领域建立起了卓越的品牌，成为全球唯一一家业务涵盖这三大领域并处于领先地位的独立出版商。在学术出版领域，威立一直处于世界的前列，出版高质量的学术图书、参考工具书、在线图书、期刊、过刊集、实验室指南、循证医学图书馆、数据库等，是众多的国际权威学会的合作伙伴。2007年2月威立收购布莱克威尔出版控股有限公司，并将其与自己的科学、技术及医学业务（STM）合并组建Wiley-Black-well。Wiley-Blackwell是世界领先的学会出版商，出版大约1350种同行评审学术期刊及涵盖面广泛的具有全球影响力的书籍。涵盖学科领域包括科学、技术、医学、社会科学及人文。威立不断加强学术出版在线平台的建设与提升，更快更好地为广大科研教学人员提供最新的高质量的信息。在高等教育领域，Wiley在会计专业、数学、物理学、人体解剖学、生理学、化学和工科及各种工程学领域保持着重要的市场占有率，并且着力于建立更功能化的网络和远程教学环境、扩大资源共享的伙伴。Wiley提供给Blackboard和Web CT优秀的教程，并且有自己开发的教与学的平台Wiley Plus，在专业出版和店销书领域，Wiley在多项出版物类别中处于绝对领先的地位。根据行业的统计数字，Wiley是全美排名第一的技术类、旅游类、专业的心理学、建筑和烹调类图书出版商，第二大的烹饪和商业类图书出版商，第三大店销书和教育类图书出版商。Wiley的强势学科包括化学化工、生命科学、医学、材料、计算机科学及电子电气通信、统计学、数学、工程学、地理地质、地球与环境科学、建筑、设计、物理和天文学，心理学和教育学、金融管理、农、林、牧、渔、动物、食品和营养、人文、社科类学科等。

泰勒-弗朗西斯出版集团：在英国、欧洲、美国、澳大利亚、中国、印度、马来西亚和新加坡均设有办事处。每年出版超过1100种期刊和2600种新书。目前已出版的专业书籍达到40000余种。出版物拥有高质量美誉，涉及人文科学、社会科学、自然科学、经济、金融、商业管理和法律等专业领域。大约1/4的科研出版物是与学术团体合作出版的，同时泰勒-弗朗西斯出版集团还投入大量精力促进这些团体的发展。

泰勒-弗朗西斯出版集团一直致力于高质量学术出版，为研究人员、专业人士、教师、学生等出版重要的第一手资料，提供高品质的资讯与服务，以满足他们日益增长的研究需求。其格言是Alere Flarmnam——点燃火炬，照耀人群。

此外，泰勒-弗朗西斯亚洲太平洋公司同时在中国代理发行十余家欧洲、美国及新加坡等地区出版社的原版图书，主要涉及人文科学和社会科学。所代理的出版社包括等。

泰勒-弗朗西斯出版集团主要有以下出版品牌：

Routledge在人文科学及社会科学领域拥有150年的出版经验，广泛涉及哲学、宗教、历史、语言学、文学、文化、艺术、经济、金融、商业管理、教育、法律、社会学、政治与国际关系、地区研究、体育与休闲等。每年出版大约1000种新书，已出版书籍总数超过7000种。

Psychology Press专业出版心理学方面的学术书籍，涉及认知心理学、神经心理学、发展心理学、社会心理学、教育心理学、临床心理学等领域。同时出版大量高品质心理学教材和教辅资料，其中包括经典教材《认知心理学》和《认知神经心理学》等。

CRC Press拥有近100年的出版经验，在科技出版界享有盛誉。出版领域广泛涉及工程、数学与统计、物理、化学、生命科学、生物医学、药学、食品科学、环境科学、信息技术、商业及法学等。每年出版新书近600种，目前已出版的学术书籍达到6000余种。其中许多工具书被公认为是各学科中的标准参考著作，例如：《化学与物理手册》不断进行修订，以反映学科中的最新成果和信息。

Taylor&Fmncis以出版科学与参考书著称，在人类工程学、地理信息系统、建筑、土木工程、物理和生物技术等领域尤为突出。

Garland Science是细胞与分子生物学、免疫学、蛋白质科学、基因学、麻醉学、植物科学等领域的领先参考书出版社之一。出版物包括大学教材，供研究生及专业人士使用的实习手册及参考书，以及有关领域杰出专家所著的权威性领先评论。其出版的《细胞分子生物学》，《免疫学》及《蛋白质结构概论》等著作在学术界享有盛誉。

2006年Informal与Taylor&Francis Group将医学品牌合并组成Informal Healthcare。Informal Healthcare涉及广泛的医学领域，尤其在心脏病学、神经学、皮肤病学、肿瘤学、呼吸病学、精神病学、妇产科学及药学领域具有很强的出版实力。每年出版250余种临床医学书籍，出版物包括专论、手册、图谱、百科全书、便携参考指南、光盘及数据库等。

新加坡世界科技出版公司：新加坡世界科技出版公司是国际一流的英文科技学术出版机构，也是亚太地区最大的英文科技出版公司。旗下拥有"世界科技""帝国学院出版社（ICI）"两大知名科技出版品牌。每年出版高质量英文科技图书400余种，涵盖物理、数学、化学、非线性科学、材料学、纳米技术、计算机科学、工程技术、医学、生命科学、商业与管理等重要学科领域。

世界科技一直因其高品质出版物而享有盛誉，尤其在物理和数学领域，世界科技更是成为全球顶尖的专业学术出版社。世界科技拥有一支包括众多诺贝尔奖得主、菲尔兹奖得主等国际知名学者的作者队伍。1991年，世界科技获得诺贝尔基金的授权，在全球独家出版发行1901年以来全部学科诺贝尔奖获奖者的讲座文集（英文）。这不仅仅是一种荣誉，也是对"世界科技"高水平、高质量的出版品质和实力的肯定。

世界科技的书籍因其高学术水准、系统的逻辑性以及完整性而被众多高等教育机构和研究机构采用作为教材或参考书。采用该公司的出版物作为教材的世界顶尖学府包括普林斯顿大学、耶鲁大学、剑桥大学、牛津大学、康奈尔大学、麻省理工学院、哈佛大学、斯坦福大学和加州理工学院等。

剑桥大学出版社：剑桥大学出版社成立于1534年，是剑桥大学的印刷和出版机构，是世界上历史最悠久及规模最大的大学出版社之一。数百年来，一直致力于发展印刷和出版事业，并以"获取、推动、保护和传播科学文化知识"为己任。目前，剑桥大学出版社每年出版将近2500册书籍和200多种刊物；涉及数学、物理、工程、生物、地球环境及大气科学、天文学、医药、经济、法律、语言、文学、历史、政治、哲学、音乐、艺术等学科，包括科学技术、人文社会科学、医学、大学教材、期刊和圣经等。在121个国家拥有超过35542位作者，遍及北美、南美、澳大利亚、非洲、亚洲和伊比利亚半岛。

剑桥大学出版社的物理出版始于1703年牛顿《原理》第2版的问世。先后出版了爱因斯坦、费曼、薛定谔、麦克斯韦、卢瑟福、玻尔、迪拉克、查德威克、莫特、温伯格、萨拉姆、德热纳、钱德拉塞卡等著名学者的著作。他们几乎都是其研究领域的奠基者，也是历年诺贝尔物理学奖的获得者。在光学、光电子学和光子学，凝聚态物理、纳米及介观物理，粒子物理及核物理，理论物理及数学物理，原子物理、分子物理和化学物理，等离子物理和聚变物理，非线性科学和流体动力学，宇宙学、相对论和重力等学科具有明显的优势，并向量子物理、统计物理、生物物理、物理哲学等新兴学科发展。工程技术是剑桥大学出版社重点发展的学科之一，出版物主要集中在电子工程等新兴学科上，如电子、光电子、半导体、无线通信、电磁、微波、热流体学等，尤其是通信的出版具有世界领先水平。代表作品包括《高速模拟及数字通信电路电磁学》《WDM光学网络的健康度和通信管理》《无线网络共存》《时空无线系统》《超大规模集成电路设计中模型降阶高级技巧》《通信网络和系统技术性能分析》《数字信号处理》《信号处理引导技巧》《射频和微波工程计算电磁学》《偏振多普勒气象雷达》《柱形天线与阵列》《WCDMA设计手册》等。剑桥的航空航天系列集理论与实践为一体，在业内享有很高的声誉。近两年的代表作包括《喷气发动机涡轮机组原理》《直升机空气动力学原理》《太空器械设计原理》《飞机稳定与控制》《航空器噪音》《飞船技术》等。

剑桥大学出版社是世界上最大的经济学出版社之一。在经济学的几乎所有出版领域都有积极表现，尤其在计量经济学、国际经济学和经济学史的出版上实力强劲，另外在金融会计和工商管理方面的发展也非常快速。主要出版本科生和研究生教材，也出版学术专著，以及面向普通读者的经济学读本。

二、高校图书馆文献资源的选择与采购

选择与采购是高校图书馆文献资源建设活动中的两个重要环节，它们对馆藏文献的质量起着决定性的作用。为了使入藏文献符合本馆文献资源建设原则和发展规划，避免文献入藏的盲目性，文献采购人员应对本馆的性质任务、用户需求、馆藏文献资

源现状、本地区其他馆的文献资源状况及馆藏文献资源来源等需求信息进行调查研究，从而为文献选择提供标准依据。

（一）需求信息调研

1. 本馆性质、任务调研

作为图书馆的文献采购人员，在购置文献资源前，首先要对本馆的性质、任务、目标和服务重点准确掌握，并在此基础上确定本馆的文献采购范围、重点、特色和结构。例如，要定期了解学校学科建设情况，了解学校专业设置情况、课程安排和教学参考书目，了解本校教师科研情况，及时掌握学校的发展动态及规划，是否新增或停办某些专业，哪些学科上升为国家级、省级和校级重点学科，并以此作为文献订购的参考依据。同时，还要根据本图书馆资源建设与管理研究馆的发展规划，经济实力，读者人数以及完成本馆任务、目标所需的文献保障，确定适当的文献采集规模。

2. 用户需求调研

用户需求调研，主要是指开展对本校读者的文献信息需求的调查研究，这是提高文献收藏质量和效益的重要环节。调查方式可采用书面调查、网上调查、询问调查和座谈讨论等方法。具体措施如下：

（1）文献采购人员通过听取、征询馆内书刊阅览部、用户服务部等读者服务窗口部门的意见，了解本馆馆藏文献的利用情况，定期进行馆藏文献利用状况分析，从而掌握读者的文献需求和特点。

（2）定期召开读者座谈会。这是了解用户需求的最直接有效的调查手段之一，可针对不同的读者群体，如本科生、研究生、普通教师、专家学者等召开不同层次、不同范围的座谈会，从而满足读者的文献需要。

（3）印发文献利用调查表。表格的内容可包括以下一些项目：读者姓名、年龄、职称、学历、专业，经常使用哪些图书、期刊、电子资源及对馆藏文献购置的意见和建议等。通过对收回的调查表进行分析研究，可了解读者利用文献的规律，并直接获得读者的意见和建议。

（4）深入基层调研。每学期深入学院和相关单位征求教师和学生意见，请相关学科的专家学者和广大师生荐购文献。

（5）通过开发文献资源荐购平台，广泛征求读者意见。为建立读者和图书馆之间的桥梁，让读者真正参与图书馆馆藏文献信息资源建设，让图书馆了解读者需求，高校图书馆应开发基于网络的文献资源荐购平台，通过该平台发布馆藏已有的图书、期刊、报纸、电子图书、数据库等资源信息，使读者有针对性地评价已购文献资源，推荐新的文献资源。对于新增和停购的文献资源，应有充分的依据，并多方征询读者和读者服务窗口馆员的意见，避免随意性。

3. 馆藏信息调研

首先，要对本馆馆藏文献的收藏情况有总体了解。例如，本馆图书、期刊的收藏重点，收藏特色，目前共收藏中外文图书种数和册数，中外文期刊种数，馆藏中外文图书和中外文期刊的大致比例，电子图书与印刷型图书、电子期刊与印刷型期刊的大致比例等。

其次，统计馆藏文献的利用率。高校图书馆的文献资源建设应充分考虑满足本校本地区的教学、科研和经济文化的需要，具有相对稳定的学科范围和读者范围。通过对馆藏不同类型的文献利用情况进行统计分析，可以将相关文献利用率指标作为确定该种文献是否订购的一个参考依据。

再次，对馆藏文献资源进行分类、比较、研究和总结。通过对馆藏的全面分析，了解馆藏图书、期刊的特色，本校各个学科、专业是否都有一定数量的图书、期刊作为文献保障，重点学科是否得到倾斜，馆藏图书、期刊是否存在严重的学科分布不均衡现象、可替代资源的数量等。

4. 本地区其他图书馆文献资源状况调研

由于经费的限制，任何一个高校图书馆的馆藏资源都不可能实现"大而全""小而全"，必须通过其他方式进行馆藏补充。目前，较好的补充方式就是资源共享，特别是与本地区其他图书馆的资源共享。对本地区其他图书馆的馆藏资源结构、特色、规模、收藏重点等情况进行全面的了解，将有利于采访人员有针对性地收集、收藏，避免重复浪费。

5. 出版信息调研

中文报刊最主要的征订目录是每年秋季邮局印发的下一年度《报刊简明目录》，各联合征订发行商和自办发行的期刊也会向高校图书馆邮寄征订目录、订单或样刊。高校图书馆在订购时一般参考《中文核心期刊要目总览》《中国报刊大全》《中国期刊年鉴》《中国期刊名录》《中文期刊大词典》等工具书及《中文社会科学引文索引（CSSCI）》《中国科学引文数据库（CSCD）》等期刊数据库，并以此作为选择依据。很多高校图书馆主要以《中文核心期刊要目总览》为参考依据。外文期刊主要是中图公司、教图公司、世界图书出版公司等代理商的《外国报刊目录》（每年出一册）和引进版权报刊目录等，高校图书馆一般在每年夏天可收到。近年来，中图公司、教图公司、刊林、华教快捷等期刊发行商都建立了网站，用户通过网上可了解期刊征订信息。高校图书馆在订购时一般参考《乌利希国际期刊指南》和《乌利希季刊》《国外科学技术核心期刊总览》等工具书，并以此作为选择依据。如我校图书馆主要以《国外科学技术核心期刊总览》为参考依据。中文图书采购主要的征订目录是《全国新书目》《社科新书目》《科技新书目》《全国地方版科技新书目》等，近年来，这些书目都可以通过相关网站了解并下载。随着网络的发展，很多书商为提高到货率，开始自己想办法尽早获得各出版社的准确信息，并制作成更为个性化的新书机读目录，及时提供给图书馆以供批量查重和采选。也有越来越多的出版社，通过自己的网站发布新书信息，并通过更加快捷的电子邮件、QQ、MSN等方式发布新书信息并对书商或图书馆提供机读目录的下载。图书馆采访部门所能获得的出版信息也是越来越准确和迅速。外文图书传统上也是以中国图书进出口（集团）总公司和中国教育图书进出口公司自行编制的《外国社会科学新书目》《外国科学技术新书目》《外国学术团体新目》《外国高科技文献新书目》等为主。近年来，随着网络发展，很多高校图书馆通过中图公司、教图公司、中国国际图书贸易总公司等公司网站获取外文原版图书出版发行信息并下载其数据。由于外文图书价格昂贵，高校图书馆一般以校内用户推荐为主要选择依据。为了更好地服务于用户，中国图书进出口公司开发的"海外图书采选系统"（PSOP），不仅为图书馆采访人员提供更加及时的出版信息，而且改变了传统手工操作的图书馆外文图书采选的工作模式，利用现代信息与网络技术，建立符合本馆发展的个性化工作平台。

声像资源、电子资源、网络资源由于其特殊性，其出版发行信息主要来源于新闻媒体、出版发行商的推广宣传等，而且在选择时一般考虑其价值和影响。如声像资源，很多高校图书馆选择中央电视台《百家讲坛》《世纪大讲堂》等系列光盘。很多高校图书馆根据学校的办学特点和定位，采用集团采购的方式，选购适合本校的重要数据库。

要全面掌握出版信息，应健全图书、期刊供应信息的流通机制，一是要与图书、期刊出版发行部门或经营商建立新型的信息共享关系，确保信息的完整性、准确性、可靠性和信息传递的顺畅性与时效性。二是要运用信息技术和各种媒体，从书刊、网页、广播电视等各种媒体采集与传递图书、期刊供应信息，从而广泛地了解图书、期刊出版发行动态。三是要加强与其他高校图书馆之间的信息交流与协作，共享信息资源。四是要健全图书、期刊需求信息的流通机制，加强采购人员与读者的信息、交流渠道，使图书、期刊需求信息能及时得以传递和掌握，有时读者也会推荐一些采访人员未了解的新书刊。

（二）采购原则

高校图书馆文献采购的基本任务是为教学、科研服务，满足用户文献资料的需求，因此高校图书馆必须结合学校和本馆的发展规划，根据本校学科建设和科研活动，按照本馆文献资源建设原则制定科学的采访原则。科学的采访原则是做好采访工作的基础。在新形势下，高校图书馆采访工作应该遵循以下几方面原则：

1. 实用性原则

文献采购应以本校学科专业的设置及主要科研方向为依据，尽可能使采购的文献符合实际使用需要，满足学生的阅读需求；为教师自身素质的提高和更好地完成教学科研工作提供丰富的专业文献资料，以适应本校多学科、多层次的办学要求。根据专业设置和教育教学内容的变化，不断调整和改变采购重点，最大限度满足本校读者对文献的需求。对于新专业、新课程等，应加大经费投入力度，重点扶持，力争在较短的时间内，购进相关专业课程读者所需要的书刊资料，使新专业、新课程的教学工作顺利进行。对于即将停办的专业或课程，应果断停止或限制相应书刊的购买，以免造成浪费和闲置。原版外文图书的采购可实行"一对一"的采购原则，即为人订书和为书找人，有重点地选择一些有关专业的科研项目及重点专业，由它们选书，书到馆后及时地为书找人，这样的做法使得原版外文图书真正地最大限度地发挥了使用效益。

2. 系统性与完整性原则

系统性要求采购的书刊资料要相互联系、有比例、成体系。完整性要求采购的书刊资料不缺不漏。坚持长期性、及时性，避免乱采乱购、毫无计划、随意中断是保障系统性和完整性的关键。

3. 时效性原则

图书和期刊都具有时效性，这就要求采访人员必须通过各种渠道采购最新的书刊文献，时刻把握保证学术价值和适合专业读者需求的标准。一方面，对时效性强的书刊文献，如年鉴、计算机和英语四、六级考试方面的资料尽快采购最新版本并随时剔旧，尽量用电子文献去代替，以便节省尽可能多的经费。另一方面，对一些学术价值高、时效性差的文献应努力收集齐全。

4. 高质量原则

随着文献出版发行量的剧增，不同的文献其内容价值、印刷质量和服务是参差不齐的。在采访时，一方面要注重出版单位、著作人、主编人等信息，另一方面要选择好的书商，包括它的规模、信誉度、到书率、到书时间、服务质量和组织图书的能力等。目前，各高校图书馆合作书商都是通过招投标方式确定，图书选择以知名出版社和特色出版社为重点，著作人、主编人一般以相关学科的专家学者为选择重点。

5. 满足需求原则

满足读者需求是高校图书馆采访工作的根本所在。高校图书馆在购买文献时，一方面要满足不同层次读者对不同学术价值文献资料的要求，另一方面要满足不同层次读者对不同层次文献数量如图书的种类和复本的要求。在高校，读者人数一般是随着学术水平的提高而减少的，读者对文献资料品种和数量的需求是随着学术水平的提高而提高的。因此，在经费有限的情况下，高校图书馆应合理制定图书复本量，针对不同的读者群体购买不同学术价值的图书、期刊、电子资源等，不能千篇一律一刀切。

（三）采购方式

随着科技、网络、信息的发展，我国的出版发行事业有了迅速发展，图书发行经营方式由原来的国有转为国、集体、个体三者并存，高校图书馆采购书刊从原来较传统的单一预订、邮购发展为订购、函购及网上订购、图书现采等多渠道的采购方式，建立了畅通的、快捷的需求与保障渠道。

目前，各高校图书馆的采购方式主要有预订、现采、网购、函购、受赠、集团购买、交换、呈缴等几种。

1. 预订

预订是高校图书馆长期以来图书采购的主要方式之一。图书馆经常会收到来自出版社或书商的图书征订目录。这些订单提供了广泛、便捷和具有多种用途的书目服务手段，也是图书馆进行采访与了解出版动态不可缺少的工具。预订图书能使图书馆有计划地补充适合需要的图书资料，保证采访图书的品种与数量，但是，由于是"隔山买牛"，看到的信息内容与实际有差距，不能完全保证采购图书的质量，而且，预订图书到书时间比较滞后。

2. 现采

现场采购是高校图书馆近年来图书采访的主要方式之一。高校图书馆根据馆藏需求，选择资质、信誉好的图书经营商，由图书经营商组织采购人员到全国性书市，包括大卖场的书店、出版社样本间、图书经营商的仓库等地方通过手提电脑或采集器进行现场查重和采购。这种方法简单易行，能直接鉴别图书的质量，决定取舍，可以弥补预订方式的不足。尤其是国内各大出版社，逐步重视馆配这一部分，对于样本间的建设也越来越完善，图书馆采访员到出版社样本间采集样书信息，收获通常都很大。由于现采有更好的直观性和及时性，目前许多高校图书馆正在逐步加大图书现采的力度。但是应该看到，由于现采的采购形式对书商提供的现货过于依赖，且差旅费支出较大，高校图书馆需要有选择地参加有特色的或对口的现采活动，并将现采与预订有机结合，互为补充。

3. 网购

网上购买是近年来图书补充采购的主要方式之一。由图书采访人员通过网络这种便捷工具在网上书店进行选书、数据传送、订单传递和付款，它不仅极大地提高了图书订购速度，而且缩短了到书周期。对于本校老师、学生荐购的急需文献及查得本馆缺藏的必藏文献，高校图书馆常常通过网上书店如当当网上书店、京东网上书店、亚马逊网上书店等直接下订单购买，这种方式购买的图书一般在1~3天内就会到货，非常便捷，外文原版图书在亚马逊网上购买通常比在国内进出口公司订购价格上更加优惠、到货速度更加快。

4. 函购

函购是依据书刊广告、消息等以信函方式购买书刊的一种工作方式，它是补充采访的一种较好的辅助性方法。对一些作者自费出书或非文献出版社所编印的内部资料如会议文集等，可采取函购方式，但不宜大量采用。

5. 受赠

对国内外友好单位或个人免费赠阅的图书有选择地收藏。外文原版图书的高昂价格，使众多高校图书馆望而却步，外文图书的馆藏由此成为各高校图书馆的一块心病。一方面是经费紧张，外文图书收藏困难，另一方面是本馆外文读者的求书若渴。为缓解这一压力，让本馆外文读者有书读、有书借，各高校图书馆积极寻找对策，广辟来源。目前，国内高校图书馆主要通过设立在上海外国语大学、上海同济大学、中国海洋大学、大连理工大学的"美国亚洲基金会""美国亚洲之桥基金会"等原版图书赠送点获取外文图书，也有许多高校图书馆直接接受国外的校友或友人的捐赠。

6. 集团购买

集团购买是目前采购电子资源、网络资源特别是外文数据库最重要的方式之一。高校图书馆以参团的方式加入某一个组织，如中国高等教育文献资源保障中心（简称CAUS中心）、各省高校图书馆工作委员会等，再由这个组织以集团的方式与经销商谈判，以相对较低的价格购买使用权。通过集团购买，高校图书馆可以节约经费，以较低的价格享受较高价值的资源。CAUS文理中心以及CALIS区域中心经常组织全国的高校图书馆购买大型外文数据库，各省市（数字）图书馆工作委员会也经常组织本省市高校图书馆购买中文数据库，个别地区高校也进行地区自由组团购买。

7. 交换

交换是获得内部书刊、珍贵资料的主要来源之一。它主要在两个单位之间进行，如图书馆与图书馆之间、图书馆与其他出版单位之间，达到互通有无、调剂余缺、丰富馆藏的目的。目前，期刊特别是高校学报是各高校图书馆利用交换方式获得的主要资源。

8. 呈缴

呈缴是国家为保证出版物收藏的完整性，妥善保存文化科学遗产，以法律或法令的形式规定，相关出版单位凡出版一种新的出版物，必须向指定的图书馆免费缴送一定数量的样本。高校图书馆一般要求本校出版社所出出版物，本校教职工所出专著、教材，本校研究生、博士生学位论文应向本校图书馆缴送一定数量样本。随着电子技术和网络的发展，许多高校图书馆也要求出版者缴送电子文档。

三、高校图书馆文献资源的复选与剔除

任何一个图书馆在建设设计时，都有一个藏书的限度。这个限度如果是在考虑了近期和长期需要的情况下确定的，就是一个图书馆必要藏书的合理限度。如果是设计不合理造成的书库过度饱和，就应该考虑扩建，以适应本馆藏书建设的需要。对于图书馆的空间容量和书库条件而言，上述情况不论属于哪一种，都会因藏书的发展或迟或早地出现书库饱和的问题。因此，从合理使用书库，以及图书馆内部工作的科学管理来考虑，藏书的复选与剔除，是图书馆藏书建设中必不可少的一项重要内容。图书馆藏书的有进有出，才能符合图书馆藏书建设的客观规律。图书馆藏书是一个发展着的、有机的整体，藏书本身不断进行着新陈代谢。图书馆藏书是长期积累起来的，随着社会的发展和新知识的产生，必然导致藏书中出现一些观点有问题，内容陈旧过时，失去现实意义和参考价值的书刊。当图书馆的读者对象，或具体任务发生变化时，藏书中也会出现一些不再符合读者需求的书刊。在采访工作中，由于选书人员不了解本馆读者的实际需要，或者是凭订单选书，不能把握书刊本身的特点，也会造成藏书的不适用或复本太多。上述种种因素都要求图书馆不断进行藏书的复选，将那些不需要的文献剔除出去。

（一）复选的定义

文献复选，旨在解决馆藏存储空间危机、合理调整和优化馆藏结构等问题。一般来说，图书馆根据一定的原则和标准，对馆藏文献进行筛选、调整和剔除的过程就是馆藏复选。"复选是文献资源建设过程的继续，并为馆藏补充提供依据，是文献资源发展的重要内容之一。"藏书复选是实现图书馆藏书自我更新、不断完善、藏书数量低速增长的重要途径。

馆藏复选需要掌握好文献入藏前和入藏后的复选两个工作程序环节。文献入藏前的复选，是指通过文献验收工作程序控制，先通过复选，将初选不当的文献挑出，然后，再将其余的文献整序入藏。文献入藏后的复选，即藏书剔除，是指图书馆根据一定的原则和标准，对已入藏文献进行筛选处理的过程。两者以入藏剔除最为重要。馆

藏体系的形成是一个动态的发展过程，在这个动态的发展过程中，既要不断补充新的馆藏，又要不断通过复选，剔除那些已经失去使用价值的馆藏，这样，才能不断净化和完善馆藏体系，提高馆藏质量。

（二）复选的目的和意义

文献老化是馆藏文献复选的重要依据。图书馆的文献是长期积累起来的，随着时间的推移，新知识、新技术、新工艺的产生取代了旧知识、旧技术和旧工艺，不完善的方法也为较完善的方法所更新，这就必然导致文献内容的老化。文献老化的加快也导致了高校图书馆呆滞书刊的大量产生，这些呆滞书刊留在图书馆，不仅占用了大量空间，还使得有用的文献与无用的文献鱼龙混杂，降低了图书馆的藏书质量，也影响了藏书的有效利用。藏书复选是遵循藏书增长这一现象，又根据文献老化这一规律而进行的。图书馆藏书要遵循"藏书发展稳定状态理论"，也称为零增长理论。该理论认为，图书馆在发展到一定规模时，不应无限制地继续发展其藏书数量，而应控制藏书增长的速度，使藏书整体在一定时间内处于相对稳定状态，在这种状态下，保证较高的藏书入藏率，同时要剔除一定数量的失去价值的藏书，达到文献输出输入的动态平衡，确保馆藏图书的知识常新。图书馆开展藏书复选工作具有以下几方面的意义。

保持藏书活力。剔除对藏书资源来说也是"吐故纳新"的过程。一方面，内容陈旧过时的藏书逐步退出；另一方面，反映新学科、新技术、新知识、新理念的图书不断进入。从而保持了图书馆藏书的活力，使藏书资源始终保持实用性、时效性、新颖性。

消除涨库现象。随着馆藏的不断扩大，当藏书发展超过图书馆的库藏容量时，如不及时进行剔除，必然会产生涨库现象。如果只注重藏书数量的增长，却忽视了藏书的剔旧工作，书库藏书长期只进不出，图书馆面积不能扩大或不能及时扩大，就会导致书库饱和，书架超载，藏书结捆堆放，新书无法及时入藏上架的涨库现象。

优化藏书结构，提高藏书利用率。高校图书馆主要是为教学、科研服务的，它的主要读者是教师和学生，他们对图书资料的需求主要反映在学校的教学和科研活动中，由于课程内容的变化，教学方法的更新和师生的当前需求，要求对藏书进行不断的再评价，并为这些新的发展采购合适的文献资源，这个再评价的过程也意味着以最新的文献资源来取代过时的资源，注销不复使用的资源和替补破损的资源。高校图书馆要适应学校教学、科研和学科建设的发展，必须对馆藏文献资源进行审查，既要不断补充新的馆藏，又要不断通过复选，剔除利用率低甚至已失去了现实意义和使用价值的馆藏，才能优化、活化馆藏，使馆藏结构更趋合理、系统和完善，从而提高馆藏质量。同时由于复选是围绕图书馆的方针任务和读者要求进行的，因而经复选后留下的馆藏质量较高，从而能够形成馆藏特色，缩小馆藏规模，节约了空间，也提高了馆藏利用率。

减少浪费。据有关资料统计，图书馆书库每收藏一册书，其土建费和架位费就需要2元左右，再加上室内装修、照明、维护的费用以及所需人力、时间来管理保藏，费用更大，所以剔旧可以减少人力、物力、财力、时间和空间的耗费。

调节控制图书馆业务工作流程，使馆藏布局和馆藏结构更趋合理、系统与完善。通过藏书的复选与剔除，还可以有的放矢地改进图书馆工作。比如，分析藏书的呆滞究竟是属于选购了不需要的文献，还是分类不恰当、著录不准确或典藏失误等，并及时进行纠正。

调剂余缺，有利于文献资源的整体布局。通过对剔除文献的合理处理，如转移到其他图书情报机构，使之各得其所。特别是通过交换、调拨，不但调剂了余缺，客观上也起到了合理调整馆藏文献资源分布的作用。

（三）复选的原则

藏书复选工作，是图书馆科学管理的重要组成部分，也是一项复杂而细致的工作，应统一思想认识，根据本单位文献的收藏、积累和利用等情况，结合本单位的实际，制订计划。藏书复选是一项理论性、实践性、操作性、经验性很强的工作，务必遵循由近及远、由复本到品种、由一般到重点、由点及面的原则，从整体藏书的针对性、完整性、系统性、先进性和未来发展等方面综合考虑，确定复选原则。高校图书馆的藏书复选工作，应当遵循以下原则：

1. 从本校实际出发的原则

应在了解学校教学科研计划和馆藏发展规划、调查读者需求、评估现有馆藏、广泛征求读者和图书馆工作人员意见和建议的基础上，进行藏书复选工作。藏书复选必须首先考虑本校的层次、特色和经济情况，因校制宜，量力而行。

2. 制订全面的复选计划和切实可行的复选方案

应建立明确的馆藏复选组织机构，加强馆藏复选馆员的培养，吸收教学科研人员和有经验的图书馆工作人员参与馆藏复选工作，充分听取学科专家的意见，应综合考虑图书馆的目标和规划、存储空间状况、馆藏布局、馆藏特点和使用善本状况、读者特点、馆藏资源特性等因素，制定馆藏复选方案。馆藏复选方案应定期修订。

3. 科学性和持续性原则

应加强对馆藏复选标准和复选方法的研究，使馆藏复选工作更具客观性、科学性和合理性，更具效率和效果。同时应结合文献采选的原则和标准来制定馆藏复选的原则和标准，并将馆藏复选取得的信息及时反馈给采编、典藏等业务环节，保持馆藏发展方针政策的一致性和连贯性。应经常性、持续性地开展馆藏复选工作，根据馆藏实际情况，有计划、有步骤地进行馆藏复选。

4. 应对被剔除文献进行妥善处理

制定统一的文献剔除方案，根据被剔除文献的状态和特点区别对待，决定是否移入储备书库、提供给外部机构、出售或作废品处理。处理这些文献时要考虑可能的法律限制。

5. 保守性原则

对于馆际协作计划确定的由本馆分工收集的文献、本馆特藏文献和善本书，原则上不予剔除。对于珍贵的、有长期保存价值的、有潜在使用前景的或重点学科的文献原则上应保留品种。

（四）复选的标准

馆藏复选标准，是进行馆藏调配、剔除和复本增配的准则。不同高校之间，由于办学历史、办学水平、办学特色的不同，其图书馆的服务对象、馆藏状况和馆藏特色存在较大差异，对馆藏使用价值的衡量和理解也不相同，因而也很难找到一个统一的、合理的复选标准。图书馆开展馆藏复选工作时，应视不同类型文献和具体目的，采用不同的标准。

1. 一般标准

（1）以藏书内容为标准

对内容重复、错误、过时或撰写拙劣而不宜公开流通的书刊进行剔除。不宜久藏的图书有以下几种：①一般知识性、消遣性的图书；②大量的习题类图书，其中许多是形式、版本不同而内容相同的图书，如有关大学四、六级英语考试、考研等方面的；③应用科学中更新换代比较快的图书，如时效性强、价格高的计算机类图书，一旦内容陈旧过时就失去保存价值，成为压架书；④入藏时没有及时发现的复本。

（2）以藏书外形为标准

文献的外形是影响其使用价值的重要因素。有的文献经过多次修补，已无法继续利用；有的印刷质量很差，严重影响文献的内容；有的污损、缺页，已不具备内容的系统性。这样的文献属于剔除的范围。但是，在剔除时需注意该书是否为善本书或需先增补新书。

（3）以文献出版的时间为标准

对出版时间过长、内容陈旧过时或连续出版物的早期卷作进行剔除。文献半衰期理论揭示出，文献的使用价值随着时间推移而逐渐减少，馆藏文献剔除应同文献老化的速度一致，才能保证馆藏文献具有活力。因此，一些国家的图书情报机构规定，凡出版时间超过一定年限的文献应从馆藏文献资源中剔除，如科技文献的寿命一般在5年以内。日本弥吉光长所著《图书的选择》一书中，将图书内容与书龄标准结合成一种各门类藏书剔除更新标准：如哲学、宗教和心理学经典名著20年以上，其余10年；社会科学图书10年，古典名著20年；数学、自然科学除经典名著外10年，基础理论20年或20年以上，教科书5年；历史地理、参考书、辞典等一般长期保存；艺术、趣味类图书一般10年，但图集、乐谱等价格昂贵的图书应尽量保留。

（4）以藏书利用情况为标准

对复本过多造成长期积压或无人问津、实用性差、流通率低的书刊进行剔除。从文献过去被利用的情况中可以推测其未来的利用情况。如果一本书过去一直未被利用，可推测今后也不会被利用。科技文献被利用的可能性就更小。要想快捷准确地了解图书的利用情况，除观察分析读者阅读的倾向性、规律性和借阅趋势以外，还能利用计算机图书管理信息系统进行查询得到我们所需要的信息。可采取以下查询方法：

查询图书借阅频率法。利用图书管理信息系统的查询、统计功能，可以方便地得到每本馆藏图书的借阅情况。将一些借阅频率极低或无借阅记录的图书进行统计、比较、挑选，再根据每本图书的具体情况，合理地进行剔除。

查询图书出版时间法。馆藏图书作为科学技术的信息载体，应当不断地推陈出新，以适应科学技术发展的要求。通过查询图书的出版时间，把出版时间长、破损严重、确实不能再借阅利用的旧图书分离出来，进行剔除，并补充该类新版图书。

2. 各类型文献复选标准

（1）图书

图书，特别是中文图书，是馆藏复选的主要对象。清理多余品种或复本、调整呆滞图书或补充复本不足图书是图书复选工作的主要目的。原则上图书馆收藏范围内的所有品种图书应至少保留一个样本。因工作复杂、工作量巨大，在制定图书复选标准时，高校图书馆要在深入分析馆藏实际和使用状况的基础上，综合使用多项一般标准并合理确定其内涵，以提高复选的效率和效果。图书复选标准主要包括：

①根据馆藏实际和书库空间，综合运用书龄、借阅频率等指标，确定相应的指标权值，对藏书进行馆内调整和重新布局。

②拒借率或预约率较高的专业图书，及时反馈给文献采购部门以增加图书复本或购买相关电子图书。

③内容有错误，不宜公开流通的图书应予以剔除或另外保存。

④内容陈旧过时的图书，低质量的赠阅本应予以剔除。

⑤长期压架的多余复本应予以剔除。

⑥利用率低、实用性差的图书应予以剔除。重点剔除内容、水平深度不符合本馆任务和读者实际需要的图书，滞架时间长、借阅频率低的图书，已有电子图书替代且利用率低的图书，误购图书等。

⑦残缺破损，不能继续使用的复本图书应予以剔除。

（2）期刊

对于内容陈旧过时、不符合读者需求或内容有错误的期刊可予以剔除。如一些休闲类期刊、时效性强的计算机类和信息、报道类期刊，可重点进行复选剔除。馆内收藏的交换、赠送期刊如无收藏价值，也可考虑剔除。

期刊缺失严重、连续性差，收藏价值不高的，可予以剔除。现代图书馆多采用全开放模式，期刊的安全管理受到挑战，有些期刊缺失比较严重，而补订工作效果不好，导致期刊连续性差，已无收藏价值，可予以剔除。

利用率极低的期刊，可考虑予以剔除。

已有电子版本的印刷型期刊的处理。目前各高校图书馆的期刊基本都是印刷型和电子版本并存，这是比较合理的，因为印刷型期刊也有一定的读者群，所以纸本期刊有存在的价值，但对使用频率不高的印刷型期刊，可剔除多余复本，保留品种。

（4）视听文献、缩微文献、电子文献和特种文献资料

内容陈旧、不符合馆藏范围和读者需求的，可予以剔除。这种情况和图书期刊的剔除类似。

因产品更新换代、品质变坏、质量差或记录内容部分或全部被抹去或破坏的，导致阅读设备无法读取的可以剔除。如缩微胶片文献可处理为电子文献进行换代。

（3）存储空间不足或与其他数据库重复率较高的数据库，可考虑剔除一些次要的数据库或使用频次较少、投入经费相对较大的数据库，用文献传递等其他有效办法满足相关读者需求。特种文献资料一般具有较强的知识性和专业性，其复选标准主要是按其文献内容、收藏的连续性和文献时效的长短来进行选择。

（五）复选的方法

馆藏复选的关键在于找出馆藏中读者多用、少用、不用或无用的文献进行补充、调整和剔除。对馆藏文献进行审查、鉴别和复选，必须依据馆藏复选标准，综合运用各种馆藏复选方法。复选方法主要有：

1. 经验判断法

这是图书馆藏文献资源复选（剔除）最通用的方法。相关人员根据文献的外观、价值、借阅频率等直接在书架上审查文献资料，进行主观判断剔除。图书馆在剔除工作进行之前，一般会根据本馆馆藏建设方针，制定一系列的标准、规则或准则。由于剔除标准、规则或准则是针对整体馆藏的普遍性原贝IJ，它使剔除人员在宏观上有所把握，防止剔除工作出现大的纰漏，但是在实际剔除工作中除人员面对的是具体的藏书，其涵盖的知识内容千差万别，质量参差不齐。由于剔除人员把握尺度不同，结果往往会不一样，单凭工作人员的经验和印象对文献资源进行主观判断复选剔除是不准确的。因此对经验判断法选出的有疑问的文献，还需参考其借阅记录，查询读者对其需求情况，必要时还要征求读者的意见。

2. 滞架时间判断法

这是一种根据一本书在两次流通之间未被使用的时间长度来确定藏书是否应剔除的方法。滞架时间是预测图书使用率的最佳数据，也是确定"滞书"最有用的客观标准。用计算机对各种图书的利用情况进行调查，统计呆滞图书，生成呆滞书目，可为藏书的剔除工作提住可靠的依据，其前提是必须有完整的文献借阅记录供参考、计算和分析。

3. 书龄法

这种方法是根据文献的出版年代、日期来剔除馆藏文献的。在剔除工作开始之前，必须确定采取什么日期（如版权日期、印刷日期、图书上架日期），以在规定的年限范围内流通的次数为标准，把低于规定流通次数的图书作为剔除对象。出版年代相同的图书，其当前的使用率也相差甚远，因此在以出版年代作为判断标准时，不应简单从事，单纯以年代日期决定藏书的去留，对藏书的内容、版本等还要慎重考虑，必要时还要请有关专家核定，否则就有可能把一些有价值、使用率高的旧书剔除。

4. 半衰期测定法

所谓文献的"半衰期"是指某学科现时尚在利用的全部文献中较新的一半是在多长一段时间内发表或出版的。这与该学科一半文献的失效所经历的时间大体相当。例如，若计算出某一学科文献的"半衰期"是5年，那就意味着该学科现在正被使用的全部文献的一半是在最近5年内发表或出版的；同时，也意味着经过5年，该学科全部文献的一半的利用价值已逐渐衰减。文献的利用衰变与文献增长有密切关系，不同学科的文献有不同的半衰期。应用此方法，剔除前应先确定各学科文献不同的有效时间，然后根据文献半衰期规律确定各类藏书的取舍。

5.目录比较法

通过将馆藏现有中、外文文献和系资料室的文献目录与相关的某学科的标准书目、核心书目、核心期刊代表或某些权威的馆藏目录进行比照，评估文献收藏的完备程度，对馆藏进行复选，决定是否剔除。

6.用户评议法

通过征询读者意见，如个别征询、访问、问卷调查和召开小型座谈会等，了解读者的需求和对图书馆文献资源建设的评价与建议，如哪些书不符合需求或已过时，或需要加强补充，或复本过多或过少，根据用户的建议确定文献复选的范围和标准。

7.数学计算方法

利用数学方法如统计学的方法对载文量、引文量、书龄、复本量、滞架时间和使用频率等进行统计分析，并运用专门的公式或方法进行计算，根据计算结果做出复选决定。

8.外形判断法

最容易为人们所接受的复选标准就是以所藏文献外形为依据。即：①外观陈旧、妨碍使用。②纸质低劣或印刷质量差的文献。③书页肮脏、发黄发脆、书脊开裂、缺页严重，甚至影响阅读的文献。④多次修补无法继续使用的文献。这些文献均属于剔除的范围。

（六）藏书剔除的步骤和程序

组建藏书剔除的领导班子。组建专门负责藏书剔除的小组或部门，该小组或部门由熟悉馆藏、了解本馆任务和读者需求，具有丰富实践经验的人员组成。

调查研究，制订方案。从实际情况出发，调查高校图书馆任务、馆藏、读者的基本情况，读者对各类书刊的要求与利用情况，本馆藏书与书刊流通情况，本馆的主要任务与读者需求趋势，我国科技发展水平与各学科各类型文献老化规律等情况，在此基础上，制定出剔除的实施方案，包括剔除的具体原则、标准、范围、方法、步骤等。

数量统计。对某学科的图书、期刊以及各种类型的文献进行详尽的统计，包括该学科的下位类、各组成部分及相关学科文献，不同文种结构，不同的文献类型，外文书中文版、影印图书的比例，连续出版物的连续收藏时间等。

书目核对和核实电子文献。就本馆现有中、外文图书和系资料室的图书，选择有关某学科的标准书目、核心书目、核心期刊代表或某些权威的馆藏目录，与本学科馆藏进行比照，以评估本馆文献收藏的完备程度。对馆藏电子文献、各种数据库覆盖面、特色、利用情况进行调查，有电子文献的图书文献其副本可减少到最低限度。

逐类逐种审查，提出剔书目录。根据既定方案，剔除人员对藏书逐类审查，逐种鉴别，初步拟定剔书清单，内容包括剔除图书的财产号、文献名称、责任者、出版年、版次、定价等，一并附上剔除原因，经广泛听取意见后，交剔除小组讨论，提出正式剔书目录清单。

抽书、出库和注销工作，及时办好藏书剔除的各种手续。依据剔书清单目录逐一把需要剔除的图书下架，在数据库中注销目录并修改财产账。最后根据剔除清单办理出库手续，保存清单以便统计与参考。

对剔除图书合理处理。团体调拨、交换、旧书寄卖店、图书交换市场、开辟无偿利用角等。

（七）藏书剔除应注意的问题

藏书剔旧必须注意保持藏书的系统完整性和现实科学性。各个学科的发展都有其历史继承性，保证藏书的系统完整性，必须保留各个时期具有经典性、代表性的著作，用以把握社会进程和科学发展的历史轨迹，以资后世借鉴，所以藏书剔除切忌绝种；保证藏书的现实科学性，有效地反映最新知识和科技成果，弃过时、陈旧的内容和学术观点，增强藏书活力和利用率，节约藏书空间。

优化藏书体系，提高藏书质量。克服"大而全""小而全"的藏书思想，依照本校的学科重点，立足图书馆的性质、任务以及读者需要，建立具有馆藏特色的藏书体系，规定不同学科、不同类型的文献在藏书体系中所占的比例，强调实用性和系统性。

加强调查研究。调查研究关系到剔除工作的质量和工作效率。调查包括三个方面：调查读者。请科研教授来馆浏览本专业和相关专业的图书；向图书馆流通人员调查，因为他们直接接触读者，最了解图书借阅情况；剔旧人员亲自按类查看藏书利用的情况，做到心中有数。

建立定期藏书剔除的工作制度，提高工作效率。采编、典藏、流通等各环节与藏书剔除有机地结合起来。藏书剔旧工作原则上3~5年进行一次，也可采取经常性的小量、及时、准确、合理的剔旧。

树立文献资源共享理念。信息时代高校图书馆的资源共享已成为必然趋势。随着文献资源建设自动化、网络化的建立和发展，文献共享得以实现。资源共享方针应纳入剔旧工作统筹规划中。因此，在剔旧时，应该考虑资源共享的藏书发展规划，在集中化协调的制约下，避免剔除本馆可能分享的重点藏书，而对与之相应的非重点藏书，可采取不同的剔旧方法。同时，将剔旧的藏书进行协调，把对整个联合体有较大用途的藏书储存起来，待以后整体储存库建立发展了，再将其集中管理，使其继续发挥应有的作用。

第二节　建立科学的文献资源引进程序

一、建立高校文献资源建设委员会

随着科学技术的发展，国内外出版队伍的壮大，数字图书馆在全球的蓬勃兴起，各种文献资源日渐丰富，高校图书馆文献资源采集正面临以下几方面的问题：

第一，随着社会主义市场经济的深入发展，日益繁荣的图书市场对高校图书馆文献资源建设产生了许多负面影响。如图书的多途径、多渠道发行增加了采访人员选书的随意性，影响了文献资源的采购质量。

第二，面对知识信息爆炸，边缘学科、交叉学科、新兴学科的不断涌现，大多数高校图书馆采访人员知识结构单一，仅仅局限于图书情报专业，或者是单一的文科、理科专业，知识面较窄，加上缺少培训学习，知识成分老化，无法应对日新月异的科技发展，势必形成巨大的"剪刀差"，影响文献资源的米购质量。

第三，受纸张价格上涨等因素的影响，文献资料近几年的价格普遍上涨。据统计，纸质图书的年上涨比例为13%左右。高校图书馆的文献购置经费往往捉襟见肘，无法满足本校教学、科研和广大读者的文献资源需要。

第四，随着出版业的发展，全世界每年出版发行的图书、期刊、电子资源品种多，数量大。高校图书馆少量的采访人员，即便邀请部分教师参与选书工作，仍无法判断取与舍、多与少，难免选购一些可有可无、非师生读者所需的文献资料。

面对以上问题，为了打破目前高校图书馆普遍存在的"采访人员决策"模式，充分发挥有限经费的作用，使高校图书馆采购的文献资源真正满足读者需求，满足学校教学、科研工作的需要，规范文献资源建设行为，在高校建立馆级和校级文献资源建设委员会是非常有必要的。

馆级文献资源建设委员会，一般由图书馆领导、专职采访人员、其他读者服务部门如信息服务部、书刊阅览部、用户服务部的人员组成，实行民主决策，对采访人员提供的需要采购的价格昂贵［一般指单件（套）价格超过1万元的文献资源进行评议审定。

校级文献资源建设委员会，一般由分管图书馆的校领导、馆长、各学院负责人、专家、教授组成，实行民主决策，对图书馆文献资源建设委员会提供的需要采购的价格昂贵［一般指单件（套）价格超过5万元的文献资源进行评议审定。很多高校将校级文献资源建设委员会合并到校学术委员会。

文献资源建设委员会集责任、权力、利益、义务于一体，具有目的明确，群众基础广泛，职能互补等特点。通过馆、校两级文献资源建设委员会的评议审定，一方面可以节约有限的文献购置经费；另一方面能加强文献资源建设的科学性、规范性、针对性；而且还可以进一步提高高校图书馆馆藏文献的学术层次，突出学科建设和专业特色，加强学术文献的系统性、适用性，更好地促进学校教学、科研工作的发展和学术水平的提高。

二、建立完善的文献信息资源采购审批程序

文献资源是构成图书馆的重要因素之一，是图书馆开展各项业务活动的基础和保证，文献资源采购工作的好坏直接关系着图书馆的馆藏建设和服务学校教学、科研的质量。

为了规范文献资源的采购工作，加强文献资源采购经费的监督管理，提高文献资

源采购决策的制度化、科学化水平以及资金的使用效益，促进廉政建设，高校图书馆应根据国家和学校有关招投标管理办法，在总结多年来文献资源采购工作经验的基础上，制定适合本馆实际的文献资源采购审批原则与程序。

（一）采购审批原则

采购文献要满足本校教学、科研、管理工作以及学校未来发展对文献的需要，为学校的发展提供文献信息资源保障。

采购文献要根据学校的学科建设、科学研究、教学工作有重点地选择文献，重点学科的文献要力争达到研究级收藏水平，要满足教学对国内外经典教材和参考书的需要，兼顾不同的用户群体对文献的需求。

采购文献要保证馆藏文献的连续性、完整性、适用性，突出本校藏书特色。要根据读者的阅读习惯和文献的特点选择不同载体的文献。

采购文献时要认真收集用户的意见和建议，实行责任审批制度。

（二）采购审批程序

单件（套）价格低于1万元的文献信息资料，由高校图书馆相关负责人审批。

单件（套）价格2000元以内的一般由文献资源建设部主任审批；

单件（套）价格2000~5000元以内的一般由分管文献资源建设的副馆长审批；

单件（套）价格5000~1万元以内的一般由馆长审批。

单件（套）价格1万元至5万元以内的文献资料，由高校图书馆文献资源建设委员会审定。

单件（套）价格5万元及以上的文献资料，由高校图书馆文献资源建设委员会预审通过后提交学校文献资源建设委员会审定。

数据库、电子图书等大型电子资源，需先经过用户所在单位书面推荐，图书馆联系试用（试用期1~3个月），然后根据试用情况（点击率、下载量等评价指标）和学科专业建设实际需要，按上述程序审批。

经审批确定购买的文献信息资源均应按学校有关大宗物资采购招投标管理办法采购。

第三节　建立完善的文献资源采集工作规范

文献资源采集工作是高校图书馆最重要的基础工作之一，也是高校图书馆文献资源建设的关键环节。它包括学校教学科研信息与馆藏文献信息的调研分析、图书馆文献资源建设中长期规划及其实施计划的制订，文献资源出版发行信息的收集、整序、发布及采购意见和建议的征集，文献信息资源的引进、购买、交换与捐赠文献的受理，入藏文献的验收、登记与复审等。

完善的文献信息资源采集工作规范，包括以下几方面的内容：

第一，严格执行文献采购原则和标准，认真履行文献采购审批程序，模范遵守学校财经纪律，合理使用文献购置经费，避免漏订或重购，严禁滥购，确保图书馆藏书建设工作做到"有规划、有计划、有预算"。

第二，掌握学校学科专业建设、教育教学和科学研究现状与趋势，内容包括学科专业建设规划、学科专业设置、人才培养方案、学生规模、课程设置计划、主干课程教材使用计划，主讲教师、学科带头人、学术骨干等承担的课程及科研课题情况。采取有效形式与本校学科带头人、学术骨干、主讲教师保持经常性联系，及时了解他们对文献信息资源购置、补充的意见和建议，每学期要定期深入教学科研单位了解和掌握学科专业建设、科研课题、本科生和研究生规模、教学计划、教学参考书变动及对其文献信息的需求情况，并做好查访记录，建立信息档案。

第三，充分熟悉本馆馆藏，了解各学科、各专业、各类型文献资源收藏情况，对各学科经典著作、重要学术论著、主要研究资料和教学参考书的收藏状况做到"家底清，情况明"。要在图书馆内各读者部门建立起有效的资源需求及资源利用信息反馈渠道，经常到读者部门听取和收集一线工作人员对藏书补充的建议。

第四，了解国内外文献信息资源，出版发行机构的性质特点和资源特色，掌握与学校学科专业对口的出版单位的出版发行动态，完备收集国内外出版发行信息，并加以整理、分析、建档和建库。积极开发完善读者荐购网络平台，面向全校师生及时发布书目文献信息，公开订购和入藏信息，在图书馆文献信息资源建设活动中，切实赋予不同师生读者以知情权、建议权、授予权、决策权、决定权。

第五，采集图书文献及普通光盘资料时，无论是预订、现购、函购，还是交换或接受赠送，均应进行查重，制作文献采购单，并做好采访数据。同一版本图书重购率应严格控制在3%以内。采访数据著录项目要完整准确，至少包括有题名、责任者、版次、出版者与出版时间、ISBN号、订数、定价或估价、来源等字段；图书预订或现购一般应到本馆图书采购中标单位进行，若因中标单位不能及时或无力保障教学科研所急需图书的供应，经部主任同意，并向分管馆领导说明情况后，可从其他渠道预订或购买。

第六，报刊文献、光盘数据库和网络数据库在每年10月份左右由文献资源采购部门提出下年度订购计划和方案，按文献资源采购审批程序进行审批。因学校学科专业建设发展变化等原因需要临时调整或补充计划时，应经分管馆领导审核并签署意见、报馆长批准后，提交图书馆文献资源建设委员会或学校文献资源建设委员会审定。光盘数据库和网络数据库采购方案要求数据翔实，论据充分，对拟引进数据库的性质特点、收录范围、重点书刊文献、适用学科范围、试用情况、读者评价等事实数据应有全面准确的反映。

第七，购买文献到馆后，应及时交给验收人员验收，验收合格后方可办理付款或报销手续。因特殊原因需提前付款时，应报经馆长批准，并说明原因。发现有不合格产品，均应做好记录，查明原因，分清责任，并做出有效改进D

第八，文献信息资源的采集应做好预订和入藏文献的分类统计，除准确统计各类型文献的种、册、件等数据外，对各学科、各专业文献的预订和入藏情况在统计表中也要有直观的反映。统计工作按月进行并及时上报。

第四节　加强采访队伍的建设

现代科技突飞猛进，信息资源不断地发展和变化，文献信息量剧增，学科之间相互交叉，传统的文献采购方式已经不能满足各个高校图书馆文献采购的要求，现采、网购等新的采访方式相继出现。采访新模式缩短了购书周期，提高了工作效率，但也暴露出许多高校图书馆采访队伍存在的问题，如采访力量不够，采访人员素质不高，知识结构不宽，工作责任心不强等。解决以上问题最有效的办法就是高校图书馆及时调整采访人员结构，加强采访人员的教育培训，使采访人员及时更新知识、更新技能、提高自身素质，真正从单一型人才成长为具有高学历的集多种知识和技能于一身的复合型人才。

一、调整采访人员结构

由于历史的原因，许多高校图书馆成为高校安排教师配偶的首选之地，采访人员学历结构参差不齐，有博士、硕士、本科、专科、中专等学历的，而且大多数人员都是图书情报专业毕业，对本校学科专业的知识不了解，以致高校图书馆的采访队伍结构不合理，很多采访人员的素质低，知识水平不高，责任心不强，采访中多凭自身的经验来判断，给采访工作带来偏差，无法保证文献采购质量。因此，高校图书馆应及时调整采访人员的学历结构和知识结构，有计划地通过引进、选拔、培养等方式让具备较高的思想素质、职业道德素质，有较强的事业心和责任心，有良好的语言沟通能力和社会活动能力，学历和专业水平较高的人员担任文献采购工作，以减少订书的随意性和盲目性，提高采访质量，更好地满足本校教学和科研的需要。

二、加强采访人员思想素质教育

高校图书馆是社会建设精神文明和物质文明，进行爱国主义教育的中心，其所收集的文献资料不允许有不健康的作品，必须是优秀的健康的思想政治、文化艺术、科学技术的作品。这就要求高校图书馆通过学习、培训等方式加强对采访人员思想素质的教育，让他们树立正确的世界观、人生观，热爱图书馆事业，安心本职工作，努力钻研业务，热情为读者服务，把满足读者文献需求和学校教学、科研需要作为自己的目标追求，用购买的优秀作品去潜移默化地影响读者。

三、加强采访人员素质的持续提高和读者培训工作

采访馆员素质的提高是一项长期的工作。采访人员素质一定要跟上学校建设和发展的需要。随着高校办学水平和层次的提高，规模的扩大，文献种类的增多，文献内容的加深，高校对采访人员素质的要求也越来越高。采访人员必须具有广博的学识，通古博今，掌握外语和计算机技术，能够熟练运用计算机进行图书管理和信息分析才

能胜任采访工作。与此同时，读者的培训也十分重要。原因是图书馆的资源越来越丰富，如何用好图书馆资源，使学校投入文献经费效益实现最大化，做到物尽其用，需要馆员的引导，也需要加强读者培训。为此，高校图书馆可通过学历教育、培训、请专家来馆讲座等方式，有计划地对采访人员进行图书馆专业知识、学校相关学科专业知识的培训，提高他们的业务素质，拓宽他们的知识结构，从而提高文献采访的质量。同时，通过培训、讲座、读者调研，让采访人员明确高校图书馆的性质、任务、服务对象，了解馆藏结构和读者的文献需求倾向，减少文献采购的随意性和盲目性。

四、加强采访人员社会活动能力和组织协调能力的培养

高校图书馆采访工作头绪纷繁，涉及面广，经常需要与读者、书商等单位和个人进行沟通和交流，协调处理各项采访事务，没有一定的社会活动能力和组织能力，是不能胜任采访工作的。因此，高校图书馆在重视采访人员思想素质和业务能力培养与提高的同时，也要重视采访人员的社会活动能力和组织协调能力的培养与提高，让他们轻松自如地与同行、读者、书店等单位和个人交往，营造和谐的工作氛围。

除此之外，高校图书馆还须重视采访人员的健康状况，这是进行各项业务工作的前提。采访新模式要求采访人员经常出差到外地现采，没有健康的体质和充沛的精力是无法完成采访任务的。

总之，新时期，高校图书馆应及时地调整人员结构，加强采访人员的教育与培训，让采访人员在掌握图书情报知识的基础上，有良好的语言沟通能力，了解和掌握更多学科的知识，具备较高的思想素质、职业道德素质，有较强的事业心和责任心，有强健的体魄，只有这样，高校图书馆才能采购高质量的、满足学校教学科研和读者需求的文献资料，从而提高自身的服务水平。

第五节　合理使用文献购置经费，加强使用效益评估分析

文献经费的多少决定着高校图书馆馆藏发展的规模、馆藏结构、资源类型和满足读者需求的程度。随着数字资源的急剧增加，服务网络化程度的不断提高，文献需求多元化等趋势的呈现，高校图书馆馆藏文献资源结构发生了巨大变化。面对新趋势、新变化，如何让有限的经费发挥最大的作用？高校图书馆特别是经费紧张的地方高校图书馆需要加强文献经费的管理，合理使用文献购置经费，有计划、有针对性地购买文献，满足不同层次读者的文献需求。

每年高校的事业经费中，都会列出图书馆的文献购置经费。高校图书馆应组织专门人员（一般由主管馆长、文献资源建设部主任、采访人员组成）制订年度文献购置经费使用计划，提交图书馆学术委员会审议通过后执行。

在制订经费使用计划时，应坚持重点优先、合理分布、互为补充、需求满足的原则。凡是与本校重点学科一致的文献资源首先要得到保障，新增学科或专业的文献资源优先考虑，并保持文献经费在本校各学科门类、专业之间的均衡，纸本资源与电子

资源的互补，高利用率资源的补充等，切实加强文献购置经费使用的力度和广度。

文献购置经费使用是否合理，是通过使用效益评估分析来确定的。经费使用效益评估就是计算经费的投入产出效益。根据使用效益评估分析可以了解不同类型文献的经费投入与利用现状，及时调整资金的流向：目前，许多高校图书馆仍然以读者满意度调查法作为主要的评估方法，也有高校图书馆以文献采全率、采准率、流通率，专家评估法，电子资源使用量统计法等方法作为评估方法。但是由于采全率和采准率的实际操作性不强，简单的量化过程很难体现各项目标任务的价值及合理性，要做出精准的经费使用效益评估比较困难。为此，各高校图书馆正在积极探索寻求更好的评估办法。

第六节　建立合理的藏书布局

近几年，随着高校办学条件的改善，许多高校图书馆或修建或改建或扩建了新馆，办馆环境得到了明显的改善，服务模式也发生了较大的变化，从以前的书库和阅览室分离、闭架阅览、限时开放跨越到了藏、借、阅一体化、全年全天候全方位开放的服务模式，大大增强了服务功能，优化了资源配置，提高了数字信息技术含量。

藏书布局是藏书组织的重要环节，是将藏书区分为相对独立又相互联系的系统，目的是建立各种功能的书库，为每一部分藏书确立合理的存放位置，以便保存和利用。合理的藏书布局，将有效而充分地利用馆藏文献信息、资源，使图书馆的服务功能更齐全、管理更科学、读者借阅更便捷。

合理的馆藏布局，应以学校的教学科研需求为基础，按学科门类、利用程度划分。按学科门类，一般分为马克思列宁主义毛泽东思想、哲学、社会科学、自然科学和综合性图书等五大类书库区。按利用程度，可分为流通馆藏区（又称一线书库区）、历史馆藏区（又称三线书库区）和剔除馆藏区：其中流通馆藏区存放的是近几年出版、大多数读者需要、满足本校教学科研要求的文献资料，是高校图书馆馆藏文献的主体，一般根据《中国图书分类法》按学科分类排列；历史馆藏区存放的是出版时间比较长、少数读者需要、具有保存价值的专业文献资料，是高校图书馆馆藏文献的辅体，一般也是根据《中国图书分类法》按学科分类排列；剔除馆藏区存放的是已经老化或者接近老化、读者基本不利用的文献资料，该部分文献资料在适当的时候可以剔除，进行财产清除。在流通馆藏区，高校图书馆一般会设置参考书（又称保留本）阅览区、普通阅览区、特色资源阅览区、新书阅览区等，以方便读者查阅。

合理的馆藏布局，还应考虑高校读者的习惯和图书馆的管理效益。目前，高校图书馆为方便读者借阅，通常有两种布局方式：一是将所有同一学科专业的中外文图书、期刊都存放在同一地点；二是将中外文图书、中外文期刊分别存放。两种方式都有其优缺点，前者有利于读者迅速查找到自己的专业资料，但不利于图书馆的资料管理，如交叉学科相关资料的存放地问题、图书馆工作人员的劳动强度问题等；后者有利于读者对相同载体资料的查阅，但不利于读者全面查找自己所需要的专业资料。

通过合理的馆藏布局，高校图书馆可以使利用率高的文献不致被淹没，使老化的文献及时得到处理，从而满足了读者的需要和本校教学科研的需求，适应时代的发展。

第六章　高校图书馆数字资源版权管理实践

第一节　制订图书馆数字资源版权管理战略规划

一、案例分析

本节选取有代表性的图书馆策略规划中的版权管理相关内容，以期为我国图书馆的数字资源版权管理战略规划的制定与实施提供有意义的参考。

（一）欧洲数字图书馆战略规划

2008年，欧洲数字图书馆、博物馆与档案馆一体化组织——Europeans 正式对公众开放。

资源集成是我们正努力实现的目标，期望2025年公众可以访问到欧洲的全部数字化文化资产。

我们的目标是提供一种新的文化获取方式，激发创造性，促进社会发展和经济增长。为了实现这个目标，其利益相关者将面临巨大挑战，其中最主要的挑战来自智力成果数字化。如果Europeans不涵盖20世纪、21世纪的文化资源，它就跟不上时代的步伐。因此，首先需要处理孤儿作品和权利协调的问题；其次，加速文化和智力成果的数字化进程；第三，确保资金的长期投入，即对Europeans和向其提供资源的内容提供者和集成服务者的资金投入。Europeans2011—2015战略规划出了应对这些挑战的方法以及相关者和用户创造价值的途径。

整合内容，从而构建开放、可信的欧洲文化资产资源库｜在文化资产领域中促进知识的转移、创新和传播；用户访问不受时空限制；采用新的方法鼓励用户参与文化资产建设；Europeans在2011—2015年继续将价值传递给

相关利益群体，整合、促进、传播和参与将支持Europeans未来的发展方向和商业的成功。

第一，整合。通过与提供版权资源的特定提供商合作，将当代数字化资源与遗产资源整合起来，形成资源互补。

第二，促进。不管是在文化资产领域，还是在政策制定者或者终端用户那里，由

于社会和经济利益的推动作用，我们的整体目标是开放获取在线文化资产。

我们开展了一系列有利于持续获取的主题宣传活动，例如：开放商业模式、应用关联数据来扩展资源获取途径、永久标识符的重要性、优质数据的需求、访问障碍的排除、鼓励用户参与以及内容的有效复用。

主导主题是公有领域和孤儿作品正在积极构建公有领域的保护机制，公有领域知识依赖于创新和学习。Europeans公有领域政策的发布、公有领域标识和知识共享协议的采用、公有领域作品使用指南的建立，都将有不利于提高政策制定者、内容提供商和最终用户的著作权认知。

孤儿作品是Europeans特别关注的重点，20世纪的很多内容在Europeans没有存档，而且最为流行的视听内容也是最稀缺的，Europeans将继续解决由孤儿作品造成的一系列问题、我们将和Europeans委员会、成员国政策制定者、合作伙伴一起研究解决办法，例如共同许可、权利注册。

（二）美国图书馆协会2011—2015版权战略规划

《美国图书馆协会2011—2015版权战略规划》的目标之一是宣传、资助和公共政策，其中的一项策略是"大力宣传图书馆的关键问题，如教育、知识自由、隐私、合理使用、文化遗产的长期保存、信息素养、公平获取、政府信息的永久免费公共获取"。

（三）美国国会图书馆2011—2016版权战略规划

《美国国会图书馆2011—2016版权战略规划》中提出的战略目标之一是：采集与保存全球知识及美国创造力的记录并提供获取，使国会和美国人民拥有有价值、实用性强，及现在、未来易于获取的知识馆藏。预期成果是使需要的文献被纳入馆藏中，其中，根据版权强制缴存规定，图书馆继续扩大电子作品的采集。为此，将采取分析媒介与信息获取、格式、内容和保存的发展趋势，促进与外部伙伴关于图书馆馆藏采集、处理和保存的合作，在全馆范围内普及关于著作权和许可实践方面的知识等措施。

二、操作建议

（一）认识战略规划的重要性

现阶段，图书馆在数字资源开发利用、服务、长期保存等方面正面临着来自版权方的严峻挑战，版权问题已成为数字图书馆建设与服务的关键制约因素之一。实施图书馆版权管理，有效避免版权侵权风险，最大限度地提高信息、资源的开发利用效率，保障公众自由获取信息的权利，消除"信息鸿沟"，已成为图书馆在现代技术环境下谋求发展的重要一环。

从上述案例可以看出，目前越来越多的图书馆意识到版权管理的重要作用，并将其纳入图书馆的整体发展战略规划中。图书馆的战略规划是图书馆面向未来确定图书馆使命、愿景、目标、战略及其实施计划的思维过程与框架，战略规划对图书馆具有重要的价值，它不但可以引导图书馆应对变化、把握未来、规范组织行为、增强组织活力，而且能起到宣传图书馆的作用。图书馆数字资源版权管理战略规划是指图书馆对其在数字资源建设、存储、服务和长期保存等过程中所涉及的版权问题及其解决方案进行的战略指导和规划。它是一个纲领性文件，主要用来指导图书馆数字资源建设与服务中的版权著作管理，进而实现图书馆的使命和目标。制订图书馆数字资源版权管理战略规划，是解决版权问题的一种策略性方法，其意义和价值在于：

第一，是数字图书馆解决版权问题的重要策略。图书馆在国家文化发展中起着非常重要的作用，它是保障社会公众获取知识、享受普遍均等的信息服务的有效途径。但图书馆的建设，尤其是数字图书馆的建设尤其应当重视版权保护和合理利用之间的关系。目前的《著作权法》和《信息网络传播权保护条例》中关于图书馆合理使用与法定许可的条款有限，并不能满足社会公众对于知识的需求，因此制定相应的版权战略，提升版权管理的战略地位，是合理有序地解决相关的版权问题的重要保障。

第二，是梳理版权及其相关知识产权问题的良机。图书馆资源建设和服务中存在很多版权问题，制定版权战略是梳理这些版权问题的良好机会，加强图书馆内部各部门的参与，也能在资源建设与服务过程中避免侵犯他人的相关权利，同时能够更好地保护图书馆自有知识产权的资源。

第三，是员工和用户认识和理解版权的有效方式。宣传和实施版权战略的过程，可以增强员工对于版权制度的认识，同时对用户进行相关知识的教育，也是尽到图书馆合理注意义务、规避侵权风险的一种有效方式。

（二）遵循战略规划的制定程序

无论是单独制定数字资源版权管理战略规划，还是将其纳入图书馆整体战略规划中，都可遵循图书馆战略规划制定的一般程序与内容框架设计。

Bryson J. M. 将图书馆战略规划程序描述为 7 个步骤：发起和同意战略规划程序；识别组织任务；阐明组织使命、任务和价值观；评估外部环境以明确机遇和挑战；评估内部环境以明确优势和劣势；确定战略重点；规划方案，实现战略重点。赵益民认为，图书馆战略规划流程设计包括图书馆战略规划的组织保障环节、目标确立环节、方案拟订环节、文本编制环节。本节选取其中的关键步骤加以解析，包括：分析战略环境与组织定位，确定版权管理战略目标；制定版权管理战略目标和版权管理战略实施方案；编制版权管理战略规划文本。

1. 分析战略环境与组织定位，确定版权管理战略目标

分析图书馆所处的战略环境与其组织定位，是明确战略目标、设计实施方案的前期基础与必要依据。

分析图书馆所处的宏观环境，包括政治、经济、文化、技术等各个领域目前的情况与未来的发展态势。剑桥大学图书馆指出："信息资源的分发和传递在这个技术变化的时代正在得到快速的改变。用户越来越期望无障碍的知识发现，期望获得无障碍地链接网上全文的能力以及在他们自己的工作场所重新使用资源的权利。我们的馆藏发展政策将会更加完善，以反映日益改变的需求。"这也是目前图书馆界面临的整体宏观环境。

对图书馆的内部环境进行分析、预测和评估。评估图书馆的内部环境，要了解主

管部门及相关部门的支持力度、馆员的态度、本馆所拥有的资源及经费对图书馆的影响等系列因素，利用方法评估并分析本馆的优势、劣势、机遇与挑战。以作为制订战略计划的参考。例如：图书馆描述图书馆版权管理所面临的挑战时提到，"为满足用户日益增长的资源需求，图书馆与商业机构都在大规模地开展文献数字化工作。这方面主要受到经费和版权的限制。版权的挑战来自于很难确认每一个作品的法定版权持有人"。针对这一挑战，荷兰国家图书馆在战略规划中的解决方案是与出版商协会签署版权协定。

明确本组织的性质、核心服务对象、主要服务内容与范围、本馆的社会责任和形象以及自身使命等。例如，图书馆行业协会宣传与推广的版权战略规划内容为，传播并确保人类对信息、思想和想象的公平获取，平衡用户需求与创作者权利。美国图书馆协会大力宣传图书馆的关键问题，如教育、知识自由、隐私、合理使用、文化遗产的长期保存、素养、公平获取、政府信息、永久免费、公共获取。作为高校图书馆，主要服务是为科研提供支持，因此哥伦比亚大学图书馆建立了版权咨询办公室，以此解决好版权法与大学中的研究、教学、服务活动之间的关系。

2.制订版权管理战略目标和版权管理战略实施方案

制定战略目标应秉承系统、平衡、权变的原则，确保清楚明确，合理可行。数字资源版权管理的战略目标与数字资源建设与服务等密切相关，可借助这些指标设定量化、具体的目标，使战略规划具有可衡量性、执行性。例如，公有领域资源预期建设量、自主知识产权数据库建设目标、外购数字资源量、授权服务人群增长率、授权服务方式与服务范围扩大等。

版权管理战略实施方案是实现战略目标的支撑，图书馆要针对战略目标，根据自身条件制定切实可行的行动方案。例如，英国国家图书馆提出的战略目标之一是"对授权的数字资源提供更多的在线访问机会"，针对这一目标，其具体实施策略是"与出版商协商，通过各种模式提供馆外授权资源的访问（包括付费和免费访问），协调版权人与用户间的利益关系"。版权管理战略实施方案与策略有多种选择，例如，开发公有领域资源、利用法律法规中的合理使用与法定许可条款、从多种渠道获取版权所有者授权、保护自有知识产权等，实施方案的制定要具有针对性、科学性、客观性、可行性，对图书馆在战略规划的实施阶段有切实的实践指导意义。

在确定战略实施方案中，要充分考虑图书馆环境因素的变化及影响程度，将有限的资源用在最关键的地方，以发挥最有效的作用。此外，还要运用战略、战术，要对每个阶段可能遇到的风险及变数进行分析，并制定应对风险和变数的措施。

3.编制版权管理战略规划文本

在分析战略环境与组织定位，确定版权管理战略目标，制定版权管理战略目标和版权管理战略实施方案等过程完成后，要将这些成果细化到版权管理战略规划的文本中。不同国家、不同类型图书馆的战略规划文本有一定区别，但有一些核心的基本要素与内容框架被大多数图书馆所采用。柯平等在《图书馆知识管理研究》一书中将这些基本要素概括为：背景、使命、愿景、价值声明、战略目标、任务和行动措施。赵益民在《图书馆战略规划流程研究》一书中将这些要素分为"战略管理路径"和"战略保障体系"两个维度，前者包括使命陈述、愿景展望、发展历程、环境分析、目标体系、实施策略、部门分工、评价体系、制定过程和成功关键因素等10个指标，后者包括服务承诺、经费支持、组织管理、信息资源、人力资源、建筑设施、技术应用、薪酬管理、危机管理和可行性分析等10个指标。在规划文本的编制方面，国外图书馆的体例结构、撰写格式已日趋规范化、标准化，结构充实合理、内容丰富完善，具有可操作性，可作为编制战略规划的借鉴。

（三）建立战略规划保障体系

战略规划的有效应用与实施需要建立可靠的保障体系，根据图书馆的运行特点，涉及制度建设、经费安排与岗位设置、宣传推广和培训等方面。

1. 设置版权管理岗位，安排版权管理经费

在数字图书馆的建设与服务过程中，版权管理的实践性很强，需要安排专门的人员，同时将版权成本纳入到经费预算中，为规避版权风险，有效地进行版权管理。国外一些图书馆专门设置"版权图书馆员"岗位来管理知识产权事务，如美国密歇根州立大学图书馆、亚利桑那大学图书馆、犹他大学图书馆、加州大学洛杉矶分校图书馆、加拿大昆特兰理工大学图书馆、澳大利亚新南威尔士州立图书馆等，要求版权馆员能熟悉版权政策，为用户提供各种版权咨询，指导用户利用知识产权实现对资源的充分利用。2005年中国国家图书馆开始设立"知识产权管理"岗位，在数字图书馆建设与服务中强调版权管理的重要作用，积极探索版权解决方案，并安排专项资金解决版权问题。

2. 制定和完善相关版权政策

系统的版权政策能够有效指导图书馆的相关业务工作，规避侵权风险。部分图书馆在本国版权法中合理运用法定许可条款以及图书馆条款的指导，独立发展自己的版权政策。如：纽约公共图书馆的版权政策包括纽约公共图书馆对其网站的权利、其他人的版权义务、关于公众使用互联网的政策、法律声明、纽约公共图书馆的一般规则和条例等内容。一份国内图书馆的调查显示，在49所被调查的图书馆中，制定专门的图书馆版权政策的有8所，而没有制定过专门的图书馆版权政策的多达41所，占83.67%。这项数据反映出我国图书馆的管理机制还比较滞后。

图书馆需要制定和完善相应的版权政策以支持版权战略规划的实施，包括面向图书馆各项业务的版权规章制度，如采购版权政策、文献传递版权政策、复制版权政策、网站建设版权政策等；面向用户的版权政策，例如网站声明、用户应遵守的版权须知等。同时根据国际版权条约的修订、本国法律法规及政策的变化等情况，不断调整完善版权政策。

3. 进行员工版权培训和读者版权教育

在制定版权管理战略规划后，图书馆需要向员工介绍规划战略目标和具体实施策略，使全体员工积极参与到版权管理活动的每一个环节，严格地执行战略规划。

图书馆需要加强版权保护教育工作，开展相关的讲座和培训，提升版权保护意识，讲解在图书馆数字资源采集、复制、数字化、文献传递、参考咨询、讲座展览服务、数字资源发布服务等各个业务环节中的版权注意事项，避免侵权行为发生，以有

利于图书馆版权管理战略规划的顺利实施，促进版权管理工作的顺利开展。例如，"全国文化信息资源共享工程"（以下简称"共享工程"）通过加强培训强化保护意识，采取人员集中面授和卫星广播方式，举办了5次全国范围的知识产权培训班，分5批对共享工程省分中心有关人员进行了知识产权巡回培训，邀请国家知识产权局、法学专家、高校教授等就知识产权问题进行深入浅出的讲解，培训人次过万，这对共享工程获取更多资源的许可使用权有很大帮助。

图书馆应开展对用户的版权教育，编制用户版权指南，为用户合理利用图书馆提供指导，提醒复制、数据库使用、资源浏览与下载等过程中应注意的版权问题。在网络服务时以书面或口头的方式，提醒教育读者有义务尊重版权，同时，通过版权声明、免责声明等方式尽到合理注意义务，指导读者合法利用数字化资源，提醒对文献内容作摘录和引用时，必须按照版权法的要求注明作者及其出处。

第二节　制定版权管理制度

一、图书馆版权管理岗位

（一）案例分析

1. 国内外图书馆版权管理岗位设置

目前，国内外一些图书馆已设立了专门的版权机构和工作人员，负责图书馆版权管理方案的制定、实施、评价，处理版权事务，有效规避版权侵权风险。例如：据一项对美国50所图书馆网站的调研显示，有15%的图书馆设立了版权图书馆员或版权委员会；哥伦比亚大学图书馆设立了版权咨询办公室，以解决版权法与大学中的研究、教学、服务活动之间的关系；加拿大皇后大学图书馆版权咨询办公室与该大学律师紧密合作，为教师、学生和工作人员在知识获取、学习、教学科研、学术交流中涉及的版权相关问题提供支持；密歇根大学图书馆设立了版权办公室，旨在为学者、研究人员、工作人员和学生提供清晰明确的版权信息与指引；2008年，中国国家图书馆成立版权管理组，负责解决馆藏资源建设和服务中的知识产权事宜。

版权图书馆员岗位在不同的图书馆称谓有所不同，有的称为"版权图书馆员"，有的称为"版权与许可证图书馆员"，也有的称为"媒介与版权图书馆员"等，该岗位主要负责图书馆版权问题的咨询、处理、对外关系、许可证谈判以及其他与版权有关的业务。有些版权图书馆员岗位是专职的，有些图书馆的版权图书馆员还要兼任其他职责。

2. 图书馆版权管理岗位素养要求

版权图书馆员要为图书馆各个业务环节提供有关版权的建议与解决方案，需要具备扎实的图书馆学专业基础与系统的版权专业知识。例如，华盛顿大学图书馆、多伦多大学图书馆、加州大学洛杉矶分校图书馆都对图书馆版权管理岗位的任职条件提出了详细的要求。

（二）操作建议

图书馆数字资源版权管理的规划、实施、反馈是一个长期的过程，版权图书馆员有助于在数字资源生命周期的各个环节对版权业务进行统一的协调与处理。设立版权管理岗位，需确定岗位职责、明确岗位要求，以便更有效地发挥作用。

1. 确定岗位职责

纵览各图书馆版权管理岗位的设置，因图书馆的性质、规模、服务对象、业务范围不同，版权管理岗位的具体职责也存在差异。总的来说，图书馆版权管理岗位的职责是在保护著作权人利益的同时，推动信息、资源的开发与利用，推动图书馆数字资源的建设与服务。具体而言，包括如下职责：

协助图书馆管理者制定图书馆数字版权管理规划与相关制度，为图书馆开发数字资源提供版权支持，甄别公有领域资源，梳理版权相关的法律法规。协助图书馆合理使用法定许可的条款，确保图书馆能够最大限度地利用著作权法赋予自身的合法权利进行数字资源建设与服务，通过多种途径获得版权许可与授权使用，参与相关合同制定与谈判，授权数字资源，更好地服务用户。

对数字资源建设与服务的各个环节做好风险预警，避免出现版权纠纷。提供与版权相关的参考咨询、培训与建议。提供版权法律法规和图书馆所制定的各种版权政策的解释和咨询，解答关于版权、授权及权限的问题；开展培训，向工作人员讲授关于版权的案例、做法，传达版权权限、合理使用的信息，确保图书馆签署的许可协议的内容符合国家相关法律法规，并且清楚地传达给图书馆工作人员；提供关于作者协议、合理使用、权限和数据存取、使用及共享的专门要求的建议。

2. 明确岗位要求

图书馆在设置版权管理岗位时，参考国外图书馆的岗位要求，结合我国法律环境与图书馆业务实际需求，聘用符合岗位素养要求的人员。针对版权管理岗位的职责需求，借鉴上述图书馆的版权图书馆员任职条件，我国图书馆版权管理岗位需要如下方面的知识与技能：

了解《世界版权公约》等法律与条约；了解图书馆协会或其他图书馆协会有关图书馆可适用的著作权例外的声明性文件、原则或指南；熟练掌握知识产权相关法律法规知识；了解图书馆资源与服务，熟悉图书馆资源建设、信息业务和数字资源管理等方面的专业知识；了解版权的情况和版权交易的惯例与规则；具备优秀的能力，以利于在版权协议的签署过程中为图书馆争取最大利益；具备良好的沟通能力与表达能力，能完成图书馆版权相关的咨询、培训、言传等工作。

二、图书馆版权规章制度

（一）案例分析

1. 美国图书馆业务版权规章制度

图书馆需要规范工作人员在业务活动中的版权管理，即在保存、复制、文献传递、馆际互借等自身业务活动中负有遵守版权的职责。例如，美国佐治亚大学为复制服务、保存、文献传递、馆际互借、政府出版物、非书资料、计算机软件、大学档案、许可协议等15类业务活动规定了版权处理规范，加州大学洛杉矶分校分为馆内保存、电子保存、馆际互借、间接复制、未受监管的复制、未出版资料及为馆藏制作版权资料的复制件等七类业务活动中的版权处理规范；雪城大学图书馆是按作品类型划分，分成打印、录音、视频、幻灯片、软件、多媒体、电子文档、未出版作品等八类作品的版权处理规范。这些业务规章制度涵盖了大部分图书馆业务流程，从而保证了图书馆在具体业务运行中有章可循。

2. 加拿大图书馆协会（CLA）图书馆版权规章制度模型

加拿大图书馆协会制定了《图书馆版权政策模型》，针对图书馆工作人员和用户在复制、获取图书馆资源过程中应遵守的版权保护行为规范作了说明，包括合理使用、复制政策、资源获取指南、自助复印机告示等内容，为图书馆制定自身的版权规章制度提供了借鉴和参考。

3. 保护的作品范围、种类

新加坡国家图书馆：

新加坡国家图书馆网站中的资源，包括但不限于信息、文本、图片、链接、音频、图表、视频。

约旦国家图书馆：

本站内容，包括全部图片、文本。

西班牙国家图书馆：

网站设计、源代码及网站显示的商标、标记及其他有独创性的标志。

英国国家图书馆：

图片、文本、声音和视频文件、程序和草稿。

中国国家图书馆：

网络资源服务（包括但不限于各种书目型、文摘型、全文型数据库）。

4. 免责条款

新加坡国家图书馆：

NLB数字图书馆不能保证本网站及其资源的准确性、适当性、完整性，对其中的谬误、遗漏不承担责任，对资源的内容也不承担任何责任；NLB数字图书馆不能保证网站及资源不中断、无错误；不保证网站及资源无病毒、

无恶意代码、程序或宏。NLB数字图书馆对由下列原因及相关原因导致的任何损害后果和经济损失不承担责任：由于访问、使用或无法访问使用本网站，或依赖于本网站的资料、信息所致；由于系统、服务器或传输中连接失败、错误、缺省、中断、延迟及计算机病毒所致；由于使用或访问任何连接到本网站的其他网站所致。

一旦访问NLB数字图书馆或向我们发送电子邮件，就表示您同意我们通过电子手段与您交流，同意我们提供任何的合法的协议、通知、披露事项及其他通信。

新加坡NLB数字图书馆不担保、支持、认可链接网站的产品、信息，以及显示新加坡NLB认可或与之有关联的链接网站。新加坡NLB承认链接网站内容合法拥有者的知识产权。

链接网站可能包含非新加坡政府网站，这些网站的隐私政策不同于我们的，我们对此不负责任，请您咨询这些网站。

奥地利国家图书馆：

已经尽力认真提供本网站内容，但不能保证信息的绝对准确、新颖、无误。如发现错误，我们将努力更正。欢迎指正。如果捐赠品由私人签名，意味着是作者的私人意见，除非我馆明知是非法内容信息而接收，且该非法活动或非法信息变得显著并导致索赔，否则我馆对此概不承担责任。如果您发现非法内容，请告诉我们，如有必要，我们将移除该捐赠品。提供其他网站链接，特意疏远与链接网站的关系，不使用链接网站的名义，对链接网站的内容没有加工设计。同样，链接网站对我馆网站也是如此。如发现其他网站非法链接到本站，我们将立即清除。

德国家图书馆：

德国国家图书馆对通过无线网传递的信息不负任何责任。

西班牙国家图书馆：

提供链接到外部网站，国家图书馆无法控制，故对其内容、信息及服务免责。西班牙国家图书馆不能保证网站链接及内容不中断或无错误，也不能保证网站内容始终最新，尽管将尽最大努力校正技术错误和更新内容在所有情况下，国家图书馆保留对网站的权利，无需提前通知。对超链接连接的第三方网站的内容免责。

英国国家图书馆：

英国国家图书馆认真负责地编辑网站的内容，但对于本网站、链接网站及随后的链接材料中包含信息的准确性，不做任何担保、明示及暗示，包括但不限于：任何可销售性和适合某一特定目的的暗示；任何由于获得信息或信息缺乏对您的计算机硬件、数据、信息、材料和事务造成的损害；任何错误、遗漏或不准确的信息；任何依赖于信息所做的决定和是否采取行动的决定。链接到外部任何其他网站任何产品、服务、政策、观点与图书馆无关。图书馆不能保证外部链接网站中信息的正确性，也不承担外部链接内容可能对用户造成的损失。

中国国家图书馆：

本网站不能保证发布信息的绝对准确、完整，如发现错误，欢迎批评指正，我们将努力更正。出于方便读者的考虑，本网站提供了外部链接或站外导航，但对于这些链接网站的内容、安全性等方面我们无法控制，故不承担任何责任。

5. 技术保护措施新加坡国家图书馆

为了保护您的个人数据，所有电子存储和数据传输请施以适当的安全技术。

约旦国家图书馆：

本站图片均有水印，并禁止移除水印。

德国国家图书馆：

德国国家图书馆采取了保护措施，使数据免于被无授权的个人滥用，保护措施随着法律规定和新技术发展不断更新。

英国国家图书馆：

如果违反本网站的规定，本馆保留阻止您访问网站或获得服务的权利。为了确保内容的真实性，本网站采用了数字签名等技术。

中国国家图书馆：

在数字资源建设中，国家图书馆积极采用先进的技术保护措施。

6.许可使用新加坡国家图书馆

没有获得我馆事先许可，本网站的任何部分不得复制、分割、改编、修改、再版、陈列、广播、超链接、建立镜像或以任何方式传输、存储。

但是，可以为个人非商业使用目的使用下载、打印资料，但不得修改资料，并且要保持资料的所有版权及所有权。

约旦国家图书馆：

只能个人、研究、非商业使用。未经本馆相关部门书面允许，不得以任何形式对本站内容全部或部分复制。

爱沙尼亚国家图书馆：

出于个人需要、学习或研究目的，可以通过电子图书馆服务或中央流通部门请求获得馆藏资料的复印件。制作复制件，要遵守爱沙尼亚国家图书馆藏品复制作品的规定。

奥地利国家图书馆：

提出合理使用申请，由奥地利国家图书馆提供复制服务。允许以保护作品为目的将作品进行数字化处理或保存在微缩胶片上。

英国国家图书馆：

网站内容可以访问、打印、下载，用于个人研究临时使用，不得直接或间接用于商业用途及非商业用途。

打印、下载的内容不能买卖、倒卖、许可、转让、复制，或以任何形式，在任何载体上，为任何人再现全文或部分内容，包括但不限于：以任何方式传输；在任何介质、系统或程序中存储；以任何形式展示、表演、租用、租赁、出租或贷款，或以任何其他形式利用。

除了明确允许的条款和具体的个别的服务，您不可能获得我馆的事先书面同意：

系统地摘录、使用本网站的部分内容，包括但不限于使用本网站的实质性部分，而利用数据挖掘、机器人或类似的数据采集和提取工具提取（不论是一次或多次）。

创建或发布您自己的数据库，且该数据库与本网站的实质性部分相似，包括但不限于我们的价格表、产品服务列表。

您同意不做以下行为：

模仿另一个人或使用假名字，或使用未经授权使用的名字创建一个假身份、假电子邮件地址或试图带给他人身份或通信来源的误导；

没有事先获得同意，就提供或上传您不拥有版权或没有获得授权或收集别人信息（例如名字/地址）的文件，包含软件、资料、数据或信息；

损坏、干扰或中断访问网站及通过该网站实现的服务，为可能中断或损害其功能的行为；

发表及散布诽谤性的、攻击性的、侵犯性的、淫秽的、不适当的违法不良材料或信息；

威胁、骚扰、追踪、滥用、破坏等给他人权利（包括隐私权和公开权）造成困扰；

以非法、不当目的使用网站及内容；

提供、上传或散布任何形式的包含病毒、错误、损坏数据、木马、蠕虫或其他有害软件。

中国国家图书馆：

引用本网站内容，请注明出处；若用于商业用途或非法目的，以致影响国家图书馆声誉的，我馆保留追究其法律责任的权利。

7. 权利状态和版权信息

新加坡国家图书馆：

我们保留随时变更网址、政策、使用条件的权利。该情况是独立的，不影响其他部分的效力和强制性。

英国国家图书馆：

英国国家图书馆已经尽力查明、联系和告知版权人，希望本馆网站没有正确查明和告知的版权人联系我们，我们将做必要修正。

中国国家图书馆：

在数字资源建设中，国家图书馆一贯重视版权问题，遵守《中华人民共和国著作权法》及相关政策法规。

8. 侵权救济

新加坡国家图书馆：

如果您确信您的作品被以某种形式复制并构成伤害，请向新加坡知识产权局举报。

与访问NLB数字图书馆有关的争议，或通过NLB数字图书馆购买的产品应秘密提交新加坡仲裁庭。除非您已经侵犯或威胁了NLB数字图书馆的知识产权，那样我们将寻求禁制令或在任何国家寻求其他适当的救济，采取法院专属管辖权和属地管辖权。

新加坡国家图书馆发现潜在违反著作权或其他知识产权、收到违反出版规则及其他相关规定的投诉时，将尽快从馆藏中移除所涉资源，等待进一步调查，如果投诉根据看似合理，该资源将被永久撤出馆藏。

如果您是权利人，并发现我馆网站上您的作品没有获得您的许可，请联系我们。我们将随之启动如下程序：

新加坡国家图书馆将确认收到您的投诉信，将对于投诉的合法性和可信性做初步评估。

未商定解决方案前，材料将从新加坡国家图书馆网站删除。

新加坡国家图书馆将与存储该材料的捐赠者联系，捐赠者将被通知材料受到了投诉，受到了指控，并鼓励投诉人和捐赠者迅速和平地解决纠纷，

用以下可能的结果满足各方要求：材料仍然存在新加坡国家图书馆网站；材料改变，替代国家图书馆网站原有的材料；网站永久删除该材料。

中国国家图书馆：

作为国家的重要公益性文化机构，我馆的重要职能之一是为教育科研服务。为达到此目的，我馆在网站建设中将不可避免地使用部分作品，其中若有不慎而未事先征得授权者同意，敬请相关权利人及时告知，以便我馆采取适当方式予以弥补。对此，我馆希望得到全体著作权人和出版单位的鼎力支持。

9. 版权主体/版权归属

新加坡国家图书馆：

版权归属NLB数字图书馆或内容提供者；NLB数字图书馆对本网站全部内容有排他的编辑权；本网站所用软件归NLB数字图书馆或其软件提供商及附属机构所有；除有其他标示之外的全部内容，包括文本和图表，版权都归NLB数字图书馆。

本站显示或使用的商号、商标、服务标志属于NLB数字图书馆或其许可人所有。

约旦国家图书馆：

版权属于哈希姆王国国家图书馆。

德国国家图书馆：

版权属于德国国家图书馆。

西班牙国家图书馆：

版权属于西班牙国家图书馆或其他授权给国家图书馆的主体。

英国国家图书馆：

版权属于英国国家图书馆。

中国国家图书馆：

中国国家图书馆版权所有。

10. 中国科学院国家科学图书馆合理使用声明

编制"读者版权须知"或"用户版权指南"，为图书馆用户提供版权指引，明确在使用图书馆资源与服务时可以采取的行为和应该禁止的行为，是图书馆版权规章制度不可或缺的一部分。例如，中国科学院国家科学图书馆针对用户使用网络数据库制定说明，规范用户在其中的行为。

合理使用声明：

授权用户出于个人的研究和学习目的，可以对网络数据库进行以下合理使用：

对网络数据库进行检索；

阅读检索结果（文摘索引记录或全文文章，下同）；

打印检索结果；

下载检索结果存储在自己的个人计算机上；

将检索结果传送到自己的电子邮件信箱里；

承担使用单位正常研究生教学任务的授权用户，可以将作为教学参考资料的少量检索结果，下载并组织到供本使用单位教学使用的课程参考资料包中，置于内部网络中的安全计算机上，供选修特定课程的研究生在该课程进行期间通过内部网络进行阅读。

以下行为超出了合理使用范围，是侵犯网络数据库知识产权的行为，应严格禁止：

对文摘索引数据库中某一时间段、某一学科领域，或者某一类型的数据记录进行批量下载；

对全文数据库中某种期刊或会议录，或者它们中一期或者多期的全部文章进行下载；

用类似网络蚂蚁的批量下载工具对网络数据库进行自动检索和下载；

把存储于个人计算机的用于个人研究或学习的资料以公共方式提供给非授权用户使用；

把课程参考资料包中的用于特定课程教学的资料以公共方式提供给非授权用户使用；

设置代理服务器为非授权用户提供服务；

在使用用户名和口令的情况下，有意将自己的用户名和口令在相关人员中散发，或通过公共途径公布；

直接利用网络数据库对非授权单位提供系统的服务；

直接利用网络数据库进行商业服务或支持商业服务；

直接利用网络数据库内容汇编生成二次产品，提供公共或商业服务。

（二）操作建议

1. 认识版权制度的重要性

版权规章制度也称为版权政策、版权业务规范等，是图书馆进行科学有效管理的重要手段，包括对工作人员的规章制度、版权政策、版权业务细则、

版权管理条例等，以及对图书馆用户的规章制度（如读者须知、用户指南等）。版权规章制度通过对工作人员的行为加以规范，引导工作人员在业务工作的各个流程切实处理好版权问题，以提高图书馆文献资源建设与服务的版权管理水平，在做好业务工作的同时有效规避侵权风险；对用户在利用图书馆资源时的行为进行规范与约束，明确其权利与义务，提高其版权保护意识，同时也尽到图书馆的合理注意与提醒义务，减少侵权风险行为。版权规章制度应达到以下两个基本目标：

第一，遵守。在对图书馆工作人员和用户复制版权保护期内资料进行管理时保持一致性，以避免侵权行为，同时遵从本国版权法和本馆电子资源的许可协议。

第二，指引。为图书馆工作人员和用户提供与版权相关的图书馆服务与图书馆资源利用各方面的指导教育，教给图书馆工作人员与用户关于版权的知识。

2. 调研需求

图书馆工作人员或读者可能会对提供或获取资源有很多版权方面的疑问，例如：既然图书馆已经购买了资源，为什么不能随意数字化并且提供使用？图书馆作为公益性机构，不以营利为目的，是否可以减免版权侵权责任？是否可以复印整本书？是否可以把文章扫描以后放在网站上？需求调研有助于进一步明确版权规章制度需要解决的相关细节问题。

需求调研可以在包括但不限于如下范围进行：

图书馆工作人员，尤其是提供复印、虚拟参考咨询，以及电子阅览室（或数字共

享空间）的一线工作人员，数据库采购人员、处理数字资源建设与服务相关业务的工作人员等。

3. 梳理业务与评估版权风险

针对图书馆提供或计划提供的业务活动进行梳理，对其已经存在的侵权责任或者潜在的侵权风险实施评估。例如，以下业务活动可能存在侵权风险：

复制活动：如用户自助复制（影印、打印、扫描、下载），图书馆工作人员为用户复制等。

数字资源建设：如数字资源采购、馆藏资源数字化或格式转换、网络资源采集、网络资源导航等。

数字资源服务：如数字资源发布服务、虚拟参考服务、数字资源原文传递服务、在线展览或在线讲座服务、网站转载网络信息资源、数字资源共享服务等。

图书馆要明确这些业务活动是否遵循了著作权法律法规和/或图书馆的许可协议，分辨在业务处理过程中潜在的侵权行为，针对各项业务的各种行为提出风险规避方案。

4. 制定版权规章制度

图书馆电子信息联盟对图书馆制定版权规章制度制定了指南，旨在突出考虑制定图书馆版权规章制度时应注意的问题，包括如何起草一项版权规章制度以及该制度应包含的要素。指南指出，版权规章制度应当：

帮助明确图书馆工作人员和用户在版权法规定下有哪些权利和义务，并确保符合法律规定。

为图书馆工作人员提供足够的信息，以支持他们在版权许可、授权和数字化问题的决策中做出正确选择，为解决版权方面的问题提供确定信息。

图书馆遵循所有相关国家立法的责任的声明。关于图书馆服务提供的相关规定，尤其是例外与限制用户的规定。用户行为应符合法律或协议许可，包括用户复制行为、教学人员为教育和研究的目的的复制、学生为学习和研究目的的复制、为方便残障人士使用而进行的复制、图书馆中使用数码相机或手持式扫描仪、格式转换、在电子学习工具中使用图书馆的资源等。

在图书馆版权规章制度制定完成后，还应定期检查与更新，以反映图书馆信息环境的变化，尤其是当国家立法、图书馆数字资源的协议、图书馆人员和信息资源的使用发生改变以后，以及图书馆引进新服务时，需要对已有的版权规章制度进行修订。

第三节　利用法律法规与政策支持

一、利用公有领域资源

（一）案例分析

1. 古登堡计划

古登堡计划是一个以自由的和电子化的形式，基于互联网，大量提供公有领域书籍的协作计划。最初是在1971年7月由MichaelHart发起的。它是世界上第一个数字图书馆，所有书籍的输入都是由志愿者来完成的，并将这些书籍文本化。到2012年11月为止，古登堡工程已经收录了超过4万部书籍，平均每周将新增50部。古登堡计划主要收录进入公有领域的作品，根据美国版权法对其电子书进行版权验证。只有版权过期者才可以加到古登堡计划的档案中来，版权失效的记录将保存以备未来参考。

2. 欧洲数字图书馆

欧盟于2008年11月在布鲁塞尔正式启动欧洲数字图书馆。欧洲数字图书馆中的资源来源于欧洲的博物馆、图书馆、档案馆、音视频收藏机构，欧盟各成员国约1500个文化机构贡献了数字资源。目前欧洲数字图书馆的藏品已经超过1500万件。首先由欧盟各成员国向Europeans提供数字资源的机构先提出申请，根据需要签订《数据提供协议》或《数据聚合协议》，Europeans对申请审核之后确定是否接受。Europeans要求数据提供者必须尽最大努力确保权利的信息，包括机器可读的信息和标引的正确性；数据提供者要确保所提供的资源没有侵犯他人的知识产权。将贡献者提供的数字资源或其元数据置于互联网上供用户使用，每一个对象数据都有详细的权利信息并且附有该资源原拥有者的链接，如果用户想看到更高质量的资源版本，或者有的资源需要付费才能使用，需连接到原拥有者的网站上。文化机构出于资金和实际的考量，一般从数字化公有领域的馆藏开始，因此，正在建设中的数字信息资源绝大部分是已过版权保护期的作品。

3. 美国记忆

"美国记忆"起源于1990年一个将美国国会图书馆珍贵历史资源数字化的实验项目。1994年国会图书馆宣布开展"美国国家数字图书馆"项目，同时将"美国记忆"作为其代表性项目正式启动，针对国会图书馆及其他文献机构最具价值的历史文化资源实施数字化加工组织，以期实现保存"美国记忆"的最佳方式。有900万件数字化历史文化资源，来源文献的格式包括手稿、印刷品、照片、海报、地图、录音、电影、书籍、小册子、乐谱等，这些数字资源被组织为100多个专题。受版权保护的限制，"美国记忆"在网站上提供获取的绝大部分是进入公有领域的作品。

4. 公有领域

2008年，中国国家图书馆开始启动公有领域书目筛查项目，该项目是国内图书馆界开展的第一个针对公有领域作品的版权筛查项目，项目内容是搜集并制作已进入公有领域的，1912年1月1日以后正式出版并公开发行的汉语版图书目录，截至目前，已筛查出6万余种图书，确定无版权侵权的图书可以通过互联网向广大读者提供服务。

5. 齐白石后人诉出版社及书店

2007年年末，齐白石后人以"未经继承人合法授权"为由，将涉及全国各地的25家出版单位和生产、出售齐白石作品的商家告上法庭，索赔金额近千万元。2008年中旬，沈阳市中级人民法院判决山东画报出版社、上海书画出版社及重庆出版社，立即停止对齐白石作品的侵权行为，赔偿经济损失50万余元，责令沈阳新华购书中心有限责任公司停止销售涉案书目。2008年年底，济南中级人民法院判决人民教育出版社立即停止出版发行、济南市新华书店立即停止销售《中国美术馆藏近现代国画大师作品精选——齐白石》书籍，人民教育出版社赔偿齐良末等16人经济损失人民币15万元。

案例5涉及的法律问题颇多，主要针对作品是否进入公有领域展开分析。据查，齐白石于1957年9月16日去世，其作品的著作权保护期截止时间为2007年12月31日，保护期期满后即进入"公有领域"，即截止到目前，

齐白石的作品已经进入公有领域。然而，这些出版社侵权使用齐白石作品的时间却是在权利保护期期满前，故会被追究相应的侵权责任。所以，准确地甄别作品是否进入公有领域是无障碍利用作品的前提。

（二）操作建议

1. 认识公有领域的内涵

"公有领域"是知识产权法中被广泛使用的概念，是调整和鼓励创造、使用智力成果而产生的。1886年《伯尔尼公约》第14条规定："本公约适用于在本公约开始生效时尚未进入公有领域的所有作品。"关于"公有领域"的定义在理论界存在很多学说，如："无法律保护说"，是指对于具有创作性的作品，如果没有现行法律确认其具有财产权地位，或者现行法律将某类作品的保护摒除在外时，这些作品即可认为处于公有领域内；"专有权利时间截止说"，是指版权和专利权利人仅在法定期限内享受专有权利，当此期限截止后这些作品和发明就进入公有领域。本书认为的公有领域，是指根据我国著作权法的规定，受著作权保护的期间之外的作品在法律上的状态处于公有领域的作品，通常包括：

（1）权利保护期届满的作品

《著作权法》规定，版权保护期届满的作品，除作者署名权、修改权、保护作品完整权等精神权利继续受保护至永久外，不再受版权法保护，任何个人、法人与其他组织均可无障碍利用，既不需要得到权利人许可，也不需要支付相应的费用。自然人作品是在作者死后五十年后进入公有领域，团体作品是在发表五十年后进入公有领域，进入公有领域之后任何人都可以不受限制地利用这些作品。《著作权法》第二十一条规定：公民的作品，其发表权、本法第十条第一款第（五）项至第（十七）项规定的权利的保护期为作者终生及其死亡后五十年，截止于作者死亡后一年的12月31日；如果是合作

作品，截止于最后死亡的作者死亡后第五十年的12月31日。法人或者其他组织的作品、著作权（署名权除外）由法人或者其他组织享有的职务作品，其发表权、本法第十条第一款第五项至第十七项规定的权利的保护期为五十年，截止于作品首次发表后第五十年的12月31日，但作品自创作完成后五十年内未发表的，本法不再保护。

（2）版权法不予保护的作品

《著作权法》第五条规定：法律、法规，国家机关的决议、决定、命令和其他具有立法、行政、司法性质的文件，及其官方正式译文；时事新闻；历法、通用数表、通用表格和公式。从平衡创作者利益和社会促进知识发展的公共利益的角度出发，在著作权法中设定公有领域，既规定赋予作者在一定期限内享有专有权利，又规定超过了一定保护期限后，有关作品就会进入公有领域，成为人人可以利用的资源。所以，公有领域的最终目的是既鼓励作者创作出更多新的作品，又能使更多的人能够利用前

人的智慧创造出更加有价值的作品，促进知识的传播和发展。由于版权法不予保护的作用，和著作权人放弃权利的作品较为明确，下文所指的甄别和利用的公有领域，主要是指权利保护期届满的作品。

2. 了解甄别公有领域作品的意义

（1）明确法律规定的抽象性

法律规定具有一定的抽象性，实践过程中通常需要进一步细化明确。《著作权法》第二十一条中规定的著作权的发表权和财产权保护期为个人作者终生及其死亡后五十年，权利的保护期很明确，但事实上，除了名人作家可以通过一些权威的著作进行考证之外，其他大部分籍籍无名的作者生卒年很难考证，甚至连真名也无从知晓，导致著作权保护期限无法考证，因此就无法判断作品何时进入公有领域。

（2）了解著作方式的复杂性

中文图书除了著、撰、编、辑、纂、译等常用的著作方式外，还有执笔、训义、创作、句、补、续、注、集解、释义、疏证、制定、笔、平议、笔受、述、讲、说、录、提案、校、标、选、集评、书、刻、治印、手拓、绘、作、赞、曲、鉴定、采集、发行、阅、藏等生僻的著作方式，中文图书责任方式的多样性导致其著作权归属很难确定，单就作品上的署名和著作方式并不能简单判断该著作权归属，进而无法判断该作品上的署名作者是否是作品的权利人。例如，作品署名为王某著，李某阅。通过查证，"阅"这种著作方式并没有对作品创作增加新的独创性内容，则李某不能认定为作品的著作权人。所以，甄别作品是否进入公有领域，首先需要深入研究作品的著作方式，正确理解这些作品责任方式的内涵。

（3）利用作品的合法性

目前，图书馆除了可以利用已经进入公有领域的古籍之外，如果不经权利人许可擅自利用未进入公有领域的近现代作品，则将面临承担侵权责任的风险。例如，齐白石作品侵权案中，那些未仔细甄别齐白石作品是否进入公有领域的出版社，最终受到了法律制裁。所以，甄别作品是否进入公有领域可以将作品的版权状态明确化，可以使图书馆利用作品合法化。

3. 明确公有领域的甄别方法

（1）确定著作权人

根据我国《著作权法》的规定，著作权属于作者。根据《著作权法》第一条的规定：首先，创作作品的公民是作者；其次，由法人或者其他组织主持，代表法人或者其他组织意志创作，并由法人或者其他组织承担责任的作品，法人或者其他组织视为作者；再次，如无相反证明，在作品上署名的公民、法人或者其他组织为作者。因此，图书馆在确定著作权人时，可以明确的是，在作品的书名页和版权页上署名的公民、法人或者其他组织即为作者，著作权属于作者。

对于作者身份不明的作品，即无署名、匿名、书目无名氏等的作品，可以依照《著作权法实施条例》第十三条的规定，由作品原件的所有人即图书馆行使除署名权以外的著作权。当作者身份确定后，由作者或其继承人行使著作权。

（2）确定个人作者的生卒年

根据我国《著作权法》的规定，公民作品的权利保护期为作者终生及其死亡后五十年，因此，判断个人作者的生卒年，尤其是卒年是甄别作品是否进入公有领域的核心方法。判断个人作者的生卒年相对困难，一些名人作家可以通过一些权威出版机构出版的权威工具书进行查找，例如：《中国近现代名人生平暨生卒年录1840~2000》《民国人物大辞典》《中国近现代人物名称大辞典》《外国人名辞典》等。但对名气不大且作品量少的作者，则只能通过其作品的研究领域，或查阅作者个人的族家谱，作者籍贯的地方志等途径去追寻蛛丝马迹来证明其生卒年。其间，还需要辨别同名作者、同一作者的不同笔名、佚名作者的真实姓名等。

（3）确定作品的发表时间

根据我国《著作权法》的规定，法人或其他组织的权利保护期为首次发表后的五十年，但作品自创作完成后五十年内没有发表的，不再受著作权法保护。所以，甄别作品的发表时间，主要目的是判断团体作品是否进入公有领域，以及判断作品是否仍处于版权保护期，通常是以版权页或书名页上的出版时间为准。

（4）确定著作方式的内涵

著作方式通常能够说明作者对一部作品所进行的创造性劳动，如果作品只有单一的著作方式，则通常只需要考证该著作方式的所有作者的生卒年，或团体作品的发表时间即可，如果作品有多个不同的著作方式，则往往不属于合著，其著作权并不属于所有署名作者。例如：在版权页的作者项上明确写着某人著，某人推荐。该种情形中，结合内容能够判断推荐者显然没有参与任何创作，则该作者不能享有该作品的著作权，此类著作方式还包括藏、发行、采集、阅等。

（5）确定版式权保护期

我国《著作权法》第二十六条规定，出版者有权许可或者禁止他人使用其出版的图书、期刊的版式设计，其权利的保护期为十年，截止于使用该版式设计的图书、期刊首次出版后第十年的12月31日。所以，对于图书和期刊，除了需要考虑的作品的权利保护期，还需要考虑出版者的版式设计权的权利保护期。满足前者条件，即可以不加限制地使用作品内容·，满足后者条件，即可以不加限制地利用作品的形式。

（6）其他

对于符合《著作权法》第十六条中的职务作品，即：①主要是利用法人或者其他组织的物质技术条件创作，并由法人或者其他组织承担责任的工程设计图、产品设计图、地图、计算机软件等职务作品；②法律、行政法规规定或者合同约定著作权由法人或者其他组织享有的职务作品。署名作者只享有署名权，其他的相关著作权是归法人或其他组织所有的。此外，对于合作作品、翻译作品以及多责任方式的作品，如果版权页或书名页中明确了署名，那么对于所有的署名作者都需要进行具体甄别。

4.充分利用公有领域作品

目前，充分利用不受版权限制的公有领域资源日益引起各国图书馆界的重视，并在公共领域资源的版权甄别与利用推广方面陆续开展了实践性项目。各国图书馆的公有领域研究情况主要涉及音视频资源、孤儿作品、文献数字化、政府信息、其他公共领域资源的提供及利用、开放获取、图书馆的作用解读、数字资源保存等多个方面。

例如：2002年，日本国立国会图书馆开始实施"近代电子图书馆"计划，对明治、大正（1868—1921年）时期的图书开展大模的版权甄别工作并提供网络服务；2009年5月，继向 Internet Arrive 捐献7万件数字化公有领域资源后，美国康奈尔大学图书馆解除对这部分资源的使用限制；2009年9月，纽约公共图书馆开始为用户提供50万册公有领域图书的按需数字化服务；2009年3月，欧洲10个国家、18所图书馆开始提供对数字化的公有领域图书按需出版的服务；2010年2月，英国国家图书馆决定，将免费让亚马逊公司电子阅读器 Kindle 的用户下载该馆珍藏的6.5万多本19世纪的小说；谷歌公司在其 Google Book Seareh 项目中对公有领域图书提供全文阅览服务。综上所述，开发利用公有领域作品，有利于真正实现著作权法的价值，平衡著作权人和利用者的权益，将近现代作品.的版权状态明确化，通过先进的技术手段，向广大利用者提供这些毫无利用风险的公有领域作品，为更多的新作品提供形式和内容方面的借鉴，这是图书馆作为优秀文明的传承者的责任，进而达到联合国的《世界人权宣言》中第二十七条第一款所称"人人有权自由参加社会的文化生活，享受艺术，并分享科学进步及其产生的福利"的目的。

二、利用合理使用制度

（一）案例分析

1. "共享工程"对合理使用制度的利用

2002年文化部、财政部共同组织实施的"全国文化信息资源共享工程"是我国公共文化服务体系的创新工程。共享工程结合实际，充分利用中国著作权法律法规中有利于推动共享工程发展的有关条款，合理利用社会资源，促进信息传播。例如，依据《著作权法》和《信息网络传播权保护条例》的相关规定，按照合理使用原则将中国公民、法人或者其他组织已经发表的以汉语言文字创作的作品翻译成少数民族语言文字作品；共享工程网站文化新闻栏目精选国内主流知名权威网站，如人民网、新华网、中新网等所刊载的符合共享工程使用要求的文化新闻进行转载，完全保留原本的格式，注明转载出处。

2. 王某等诉某学校翻印其作品供教学使用

1994年，原告王某等四人共同编著《新编高等数学题解》一书（以下简称《题解》），并由华中理工大学出版社出版发行。为满足学生学习高等数学的需要，某学校自考分院决定为学生配备《题解》，翻印《题解》300套。翻印后，自考分院将270套《题解》以每套21元分发给公路工程专业、高等级公路管理专业学生及教师。原告王某等四人向法院提起诉讼，诉称，被告私自翻印由原告四人共同编著的《题解》，给原告在经济和名誉上都造成了损失，要求判令赔偿损失并赔礼道歉。被告辩称，翻印300套《题解》是为课堂教学所需，未对外销售，也未盈利，符合我国《著作权法》第二十二条合理使用的有关规定，不构成侵权，不应承担民事责任。法院经审理认为：被告未征得原告同意，擅自翻印原告作品300套，虽用于教学，但数量较多，影响了原告作品的正常发行，且以此盈利1620元，其行为构成侵权，给原告造成了经济损失及一定的精神损害，应承担侵权的赔偿责任。

（二）操作建议

1. 了解我国可适用于图书馆的合理使用规定

《著作权法》的目的是既保护著作权人的权利，又鼓励作品的传播，因此，在保护著作权人权利的同时，也给予公众和图书馆、档案馆等公益机构一定的合理使用权利，图书馆在对版权保护期内文献资源进行数字化及提供使用的过程中，可以充分地利用这些合理使用条款的规定。在我国现行的著作权法律体系中，可适用于图书馆的著作权合理使用主要体现为 3 类：明确固定使用主体为图书馆的合理使用、明确规定适用主体，但图书馆也可适用的合理使用和只规定目的而没有明确规定适用主体的合理使用。这 3 个方面的合理使用主要分布在《著作权法》《信息网络传播权保护条例》《计算机软件保护条例》中。

2. 严格遵守合理使用的限制条件

例如，《著作权法》第二条第六项规定，"为学校课堂教学或者科学研究，翻译或者少量复制已经发表的作品，供教学或者科研人员使用，但不得出版发行"的情形。这项规定将可复制的范围限定在已经发表的作品，这表明，未发表但受版权保护的作品，除法律或合同另有规定的外，图书馆不得出于研究或学习的目的为用户提供复制件（或将其数字化）。在数量限定上，我国没有做出量化规定，只是宽泛地限定为"少量"。一般来说，应当谨慎提供整部作品的复印件（或将其数字化）。《信息网络传播权保护条例》第七条规定，"图书馆可为陈列或者保存版本需要以数字化形式复制作品，但这些作品应当是已经损毁或者濒临损毁、丢失或者失窃，或者其存储格式已经过时，并且在市场上无法购买或者只能以明显高于标定的价格购买的作品"。不满足上述限定条件的，不适用于合理使用的情形。《信息网络传播权保护条例》第六条规定，"通过信息网络提供他人作品，属于下列情形的，可以不经著作权人许可，不向其支付报酬：不以营利为目的，以盲人能够感知的独特方式向盲人提供已经发表的文字作品"。第十一条规定，"通过信息网络提供他人表演、录音录像的，应当遵守本条例第六条至第十条的规定"。上述条款规定的合理使用严格限定了只能以盲人能够感知的独特方式提供，所以该独特方式应该仅限于盲人能够感知，如果同样适用于正常人，将被排除在合理使用的范围外；对于所提供的形式也做出了限定，规定为"文字作品"和"他人表演、录音录像制品"，其他类型的作品不包含在合理使用范围内；向盲人提供服务要确保"不以营利为目的"。另外，利用合理使用条款进行数字资源建设与服务时，不得影响该作品正常使用，也不得不合理地损害著作权人的合法利益。

3. 必须指明作者姓名

作品名称署名权是著作权人的精神权利，依据《著作权法》的规定，该权利是不受保护期限制的。因此，在对馆藏文献数字化或提供局域网使用、向少数民族或盲人提供数字资源等合理使用的过程中，应当指明作者姓名、作品名称。

4. 不得修改作品权利管理信息

权利管理信息是行使版权的手段，对于强化网上信息的知识产权保护，维护网络的健康发展具有重要意义。许多国际公约及信息化程度较高的国家，都对权利管理信息给予保护。我国《著作权法》第四十八条第七项规定，未经著作权人或者与著作权有关的权利人许可，故意删除或者改变文字作品、录音录像制品等的权利管理电子信息的，应承担侵权责任。因此，利用合理使用条款进行数字资源建设与服务过程中，不能删除或者修改原作品上的权利管理信息。

5. 采取技术保护措施，防止资源非法传播

技术保护措施，是指版权人和相关权利人为了有效控制、防范或者防止他人非经授权访问接触作品，或以复制、发行、传播、修改的方式使用其作品而采取的技术上的保护措施。图书馆在依据《信息网络传播权保护条例》第七条规定向用户提供信息服务的时候，还应当履行该条例第四项规定的义务，采取技术保护措施，防止"图书馆馆舍以外的其他人"获得著作权人的作品，并防止"图书馆馆舍内的服务对象"的复制行为对著作权人利益造成实质性损害，在馆舍内向盲人提供数字资源服务时，图书馆需要保证不以营利为目的，只向盲人提供数字化的资源供他们听或触摸式阅读，如果在网络上向用户提供数字资源服务，需要利用必要技术手段。研发人登录系统，严格限制使用者身份，保护著作者的权益，避免版权纠纷；同时使用相关技术对数字资源进行保护，严格控制超出服务对象之外的传播。

三、利用法定许可制度

（一）案例分析

1. "共享工程"向农村地区推送资源

《信息网络传播权保护条例》第九条规定，为扶助贫困，通过信息网络向农村地区的公众免费提供中国公民、法人或者其他组织已经发表的种植养殖、防病治病、防灾减灾等与扶助贫困有关的作品和适应基本文化需求的作品，网络服务提供者应当在提供前公告拟提供的作品及其作者、拟支付报酬的标准，"共享工程"依据此条规定实行"公告制"法定许可使用，通过采用现代通信技术和网络技术，消除不同地区在获取文化信息资源上的不平等，使文化信息能够经济、快速地传送到各地，使老少边穷地区的群众也能享受到优秀文化精品，实现文化信息资源在全国范围的共建共享。

（二）操作建议

1. 我国可适用于图书馆的规定

法定许可与合理使用的区别主要在于法定许可需支付报酬，而合理使用不需支付报酬。著作权法对法定许可规定了四种情况：期刊转载、文艺团体表演、录音唱片制作录音制品，电台和电视台使用他人已发表的作品制作广播和电视节目。著作权人声明不许使用的则不得使用，否则构成侵权。法定使用作品必须具备以下条件：第一，使用的作品，必须是已经发表的；第二，使用者应向著作权人支付报酬；第三，著作权人未发表不得使用的声明；第四，网络服务提供者应当在提供前公告拟提供的作品及其作者、拟支付报酬的标准。自公告之日起30天内，著作权人不同意提供的，网络服务提供者不得提供其作品；自公告之日起满30日，著作权人没有异议的，网络服务提供者可以提供其作品，按照公告的标准向著作权人支付报酬。网络服务提供者提供

著作权人的作品后，著作权人不同意提供的，网络服务提供者应当立即删除著作权人的作品，并按照公告的标准向著作权人支付提供作品期间的报酬。依照前款规定提供作品的，不得直接或者间接获得经济利益。

2. 严格遵守法定许可条款的使用要求

与城市地区相比，农村地区的公众由于多种条件的限制，所接触的文化资源有限。为改善这一状况，国家制定的法律法规充分考虑到文化扶贫工作的重要性，《信息网络传播权保护条例》第九条即出于这种考虑，规定了通过信息网络向农村地区的公众提供作品的情形，特意对广大农村地区以政策支持，给予了公益性文化传播机构著作权例外的待遇。图书馆在使用这一规定提供数字资源时，需注意以下问题：•提供资源必须是以扶助贫困为目的，且不得直接或者间接获得经济利益。符合《信息网络传播权保护条例》第九条规定的资源类型为中国公民、法人或者其他组织已经发表的种植养殖、防病治病、防灾减灾等与扶助贫困有关的作品和适应基本文化需求的作品、表演、录音录像制品。图书馆不得提供著作权人事先声明不许提供的作品。图书馆应当在提供前公告拟提供的作品及其作者、拟支付报酬的标准。图书馆在提供资源时，须指明作品的名称和作者的姓名（名称），并且不得侵犯著作权人依法享有的其他权利。图书馆在提供资源时，需要采取技术措施，防止除农村地区公众以外的其他人获得著作权人的作品。

四、利用其他法律法规与政策支持

（一）案例分析

1. 孤儿作品与绝版图书数字化及利用

在版权领域，目前国际上图书馆界关注的热点主要是孤儿作品和绝版作品问题。"孤儿作品"是指版权所有人身份不明或者版权的当前持有人无法找到的作品。"绝版作品"是指已停止发行的作品。这两类资源在图书馆的馆藏中占有一定规模。据英国国家图书馆估计，其版权保护期内的馆藏40%是孤儿作品。目前各国纷纷在研究如何应对孤儿作品与绝版作品的难题。2012年10月27日，欧盟在其《官方公报》上正式公布关于"孤儿作品"的指令，规定图书馆、教育机构、博物馆、档案馆、视听资料以及公共广播机构等公益性机构可将孤儿作品馆藏数字化和提供公益性使用。法国在绝版作品的数字化利用上已取得了较大的进展，2012年3月初，法国政府通过一项法律，允许对20世纪约50万种不可或缺的版权保护期内作品进行数字化及销售，由法国国家图书馆制作数字化文献目录，并对该计划进行监督。

2. "共享工程"建设的政策支持

在《文化部、财政部关于进一步加强全国文化信息资源共享工程建设的意见》（厅字20055号）中规定："各级党委、政府和有关部门要积极支持'工程'的资源建设（'工程'属于政府向全社会提供的公共文化服务，是公益性文化事业。改革开放前由国家投资生产的电影等作品，'工程'可以无偿使用。今后各级政府和有关部门投资或部分投资创作的各类作品，应当事先与有关单位或者个人就该作品的著作权归属问题签订协议，协议确定由政府或者政府有关部门享有著作权的，'工程'可以无偿使用该作品。"在此政策的支持下，文化共享工程通过免费获取的方式得到上述资源的使用权。如：文化部将用于对外宣传的数十部文化专题片提供共享工程使用；国庆六十周年期间，通过文化部协调无偿获得《复兴之路》的播放权，国庆六十周年优秀剧目展演的节目共享工程可播映。

3. 中国政府公开信息整合服务平台建设

2008年5月1日起施行的《中华人民共和国政府信息公开条例》第十六条规定，各级人民政府应当在国家档案馆、公共图书馆设置政府信息查阅场所，并配备相应的设施、设备，为公民、法人或者其他组织获取政府信息提供便利，行政机关应当及时向国家档案馆、公共图书馆提供主动公开的政府信息。根据条例赋予的职责，国家图书馆联合公共图书馆共同建设中国政府公开信息整合服务平台，为社会提供政府信息服务，通过全面采集并整合我国各级政府公开信息，构建一个方便、快捷的政府公开信息整合服务门户，使用户能够一站式地发现并获取政府公开信息资源及相关服务。2009年4月30日，中国政府公开信息整合服务平台正式开通服务。

中国政府公开信息整合服务平台的终极目标是联合全国省、市、区、县各级公共图书馆采用分层建设、共建共享的模式完成政府信息的整合与服务，由国家图书馆整合中央级的政府信息，省、市、区、县图书馆整合本行政区的政府信息，通过合作共建实现公共图书馆在政府公开信息整合开发方

面的统筹协调发展，以实现对各级政府信息资源的收集、整理、保存、开发、利用并服务于公众。

（二）操作建议

1. 了解我国适用于图书馆的其他法律法规与政策支持

公有领域，《著作权法》规定合理使用和法定许可的情形，图书馆在数字资源建设与服务中适用的其他支持，主要分布在《著作权法实施条例》和《信息网络传播权保护条例》中。此外，《政府信息公开条例》也对图书馆提供政府信息的服务给予了政策支持。

2. 使用作者身份不明的作品

我国著作权法律法规尚未对孤儿作品的使用做出明确规定，仅在《著作权法实施条例》中有针对作者身份不明的作品如何行使著作权的条款，这是图书馆可资利用的一项规定。作者身份不明的作品是指无法确定作者的作品。根据著作权法的规定，如没有相反证明，作品上署名的公民、法人或者其他组织为作者。但是，在实践中，某些作品没有署名，这就难以确定该作品的作者，也就是无法确定的著作权人，为了便于这类作品著作权的行使，《著作权法实施条例》规定：作者身份不明的作品，由作品原件的所有人行使除署名权以外的著作权；作者身份确定后，由作者或者其继承人行使著作权，图书馆如果拥有作者身份不明作品的原件，可利用此条款开发和利用该作品。需注意以下问题：①确定作者身份不明：经过合理、谨慎的查询以后，仍无法判断作者身份。②确定拥有作品原件：作品的原件是指手稿、书信、字画、照片等作品最初产生的复制件的原始文件。图书馆要利用上述条款规定行使作品著作权，必须拥有作品的原件。③保护作品署名权：尽管作品上可能没有署名，图书馆仍要保护作

者的署名权，不得使用其他公民或法人名称署名。一旦确定作者身份，图书馆应停止开发与利用该作品，在法律允许的前提下（如已进入公有领域）或征得作者或其继承人同意后方可使用。

3. 提供政府公开信息

《中华人民共和国政府信息公开条例》赋予了公共图书馆提供政府公开信息的权利，公共图书馆可不经过许可提供，且无需支付报酬。图书馆在提供此类信息服务时需注意以下问题：可提供的信息为属于行政机关，法律、法规授权的具有管理公共事务职能的组织所产生的公开信息。可提供的信息包括：法律、法规，国家机关的决议、决定、命令和其他具有立法、行政、司法性质的文件，及其官方正式译文；涉及公民、法人或者其他组织切身利益的；需要社会公众广泛知晓或者参与的；反映行政机关机构设置、职能、办事程序等情况的；国民经济和社会发展规划、专项规划、区域规划及相关政策；国民经济和社会发展统计信息等。这些信息必须属于《政府信息公开条例》规定的公开范围的信息。涉及国家秘密、商业秘密、个人隐私的政府信息不得提供，法律规定可以提供的除外。行政机关、公共事务管理部门网站发布的信息，不属于政府公开信息范围的，图书馆如果进行采集、转载等操作，需取得著作权人的许可。

第四节　获取著作权授权

一、著作权人授权机制

（一）案例分析

1. 多家图书馆通过著作权人获取授权

在数字资源开发与利用过程中，许多图书馆注意保护著作权，通过著作权人获得授权。一些图书馆提供在线培训或讲座服务时，通过与培训教师、讲座主讲人签订合同或通过授权书取得授权，对培训、讲座进行拍摄、编辑，通过互联网向大众提供服务。例如：黑龙江省图书馆建设的非物质文化遗产数据库，与文字作品作者、图片拍摄者、音乐作者、表演者、视频制作者等著作权人签署非专有许可使用合同，约定黑龙江省图书馆享有信息网络传播权、放映权、广播权、复制及建立镜像、翻译权、汇编权、展览权、表演权等，用于公益性使用。接受捐赠是图书馆资源建设的方式之一。无偿获得著作权人的版权转让与授权，既可以节约图书馆版权建设经费，又能促进文化资源的广泛传播，对图书馆与著作权人而言是互惠双赢的模式。1971年发起的数字图书馆项目"古登堡计划"中的部分资源，就来自于著作权人的捐赠，他们将作品的非专有使用权捐赠给此项目提供用户服务。近年来，国家图书馆积极争取作品的著作权人捐赠数字版权或无偿授予使用权，目前已接受千余种正式出版物的数字版权捐赠。"共享工程"动员和鼓励著作权人将其作品版权捐赠，先后得到张岱年、任继愈、戴逸、汤一介、冯其庸、启功、王蒙、厉以宁、华君武、江平、郑成思、袁行霈、陈平原、卓新平、卜祖善等颇负盛名的学界泰斗和青年才俊以及社会各界数百位作者捐赠的数以千万字的文字作品和大量美术与照片资料的信息网络传播权。

（二）操作建议

根据著作权法律法规中的"先授权后传播"原则，除公有领域资源、合理使用与法定许可等著作权权利限制与例外等特殊情形，图书馆将版权保护期内的作品数字化和提供使用，必须先获得著作权人的授权。获得著作权人的授权有两种方式：一种是与著作权人签订许可使用合同，获得作品的使用权，包括复制权（包括但不限于数字化形式的复制、加工和整合等）、展览权、放映权、传播权、信息网络传播权等权利的使用权；另一种是与著作权人签订著作权权利转让合同，获得作品，除精神性权利（包括署名权、发表权、修改权和保护作品完整权）以外的部分或全部著作财产权，包括但不限于数字化方式的复制权、信息网络传播权等。图书馆在通过著作权人获得授权过程中应注意下列事项。

1. 确定著作权归属

图书馆获得著作权人的授权需要与其签订许可使用合同或著作权转让合同，因此需要确定著作权的归属，从享有权利的公民、法人或其他组织获取授权。《著作权法》第十一条规定，"著作权属于作者，本法另有规定的除外。创作作品的公民是作者。由法人或者其他组织主持，代表法人或者其他组织意志创作，并由法人或者其他组织承担责任的作品，法人或者其他组织视为作者。如无相反证明，在作品上署名的公民、法人或者其他组织为作者"。除上述一般情况外，《著作权法》对特殊作品的著作权归属还有特殊的规定。

2. 审查著作权人是否具备授权资格

首先，要审核著作权人是否具备相应的主体资格。转让方是自然人的，应具备相应的民事行为能力和民事责任能力；转让方是法人或其他组织的，应是依法成立，合法存续，具备持续经营能力的实体。

其次，要审核著作权人是否有权自由地转让该著作权或许可授权。例如：职务作品完成两年内，未经单位同意，作者不得许可第三人以与单位使用的相同方式使用该作品，在这种情况下作者没有权利单独自由地许可图书馆使用作品。如果著作权人将其著作权中的财产权出质，将该财产权作为债权的担保，即进行了著作权质押，那么著作权人不得擅自转让或许可他人使用已出质的著作权中的财产权，除非出质人已征得质权人同意。如果著作权人已排他性授权第三方使用，例如将信息网络传播权等独家授权给出版社，则在排他授权期限内著作权人没有权力将该作品授权图书馆使用。

3. 签订著作权许可使用或转让合同

图书馆使用他人作品无论是有偿获得授权还是接受著作权捐赠，都应当同著作权人订立许可使用合同，严格按照合同约定使用作品。许可使用合同包括下列主要内容：许可使用的权利种类，为满足图书馆将作品的数字化与提供服务等需求，至少应包括复制权与信息网络传播权等；使用的权利是专有使用权或者非专有使用权，一般而言，图书馆的使用作品权限要求非专有使用权即可；许可使用的地域范围、期限，例如局域网、互联网或认证用户使用，是否能与其他机构共享，是永久授权还是有使用期限；付酬标准和办法；双方的违约责任；双方认为需要约定的其他内容。著作权人将著作财产权转让给图书馆时，图书馆也应当与其订立书面合同，严格按照合同约定使用作品。权利转让合同包括下列主要内容：作品的名称；转让的权利种类、地域范围；转让价金；交付转让价金的日期和方式；违约责任；双方认为要约定的其他内容。

二、出版商授权机制

（一）案例分析

1. "国家图书馆文津图书奖"参评图书授权

"国家图书馆文津图书奖"是国家图书馆主办的公益性图书评奖活动，每年举办一次，评选范围包括哲学、社会科学和自然科学类的大众读物，侧重于能够传播知识、陶冶情操，提高公众的人文素养和科学素养的普及类图书。获奖图书通过社会投票与专家评审相结合的方式产生。为了方便社会大众参与评奖活动，国家图书馆需对参评图书进行数字化，在官网上设立阅读平台，方便读者检索、阅读，参与评选投票。由于涉及网上评选的图书都尚在版权保护期内，因此每届图书评奖活动，图书馆都会组织专人联系出版社，从出版社获取相关授权，签署授权协议，并根据授权内容、授权期限在授权范围内发布使用。协议到期后，根据出版社实际拥有图书版权情况，联系续约事宜；对于协议到期又未能续约的图书，则会将图书具体内容从网站上及时删除，仅保留图书基本信息介绍。通过出版商获取授权具有多方面的优势：首先，作品在出版发行之时，出版商可通过与著作权人签署出版合同，从权利人手中获取复制权、信息网络传播权等权利的授权。其次，部分出版商已将本社的资源进行整合，制作成数据库，将本社的全部或部分内容通过数据库平台提供。例如：德国斯普林格出版社的Springer Link就是在其电子出版服务平台下同时提供电子期刊、电子图书、电子丛书和大型电子工具书等在线资源；中国社会科学文献出版社的皮书数据库保存整理了该社年度报告类科研成果，包含以皮书和专项研究报告为内容的七个子数据库。再次，根据《著作权法》第三十五条规定，出版者享有图书的版式设计权，且保护期限为十年。另外，出版社在版权解决方面有较丰富的经验积累和可行模式，获取的权利较为清晰，版权瑕疵较少。通过出版社获得作品授权，同时解决复制权、信息网络传播权、版式设计权等权利的授权问题，可以减少多方交易的繁琐。

（二）操作建议

图书馆如想要将在版权保护期内的图书、期刊、音视频资源数字化后通过网络进行公益性使用，除了通过著作权人、著作权集体管理组织等方式获取授权外，还可以与图书、期刊、音视频等资源的出版社沟通，出版社就资源的复制权、信息网络传播权、图书版式权等相关权利签订授权协议，在取得出版社的合法授权后，才能在网站上发布使用，否则即是侵权，且不能用"合理使用"或"没有营利"等理由加以规避侵权责任。在通过出版社获取授权时须注意如下问题。

1. 审查出版社拥有的权利

通过出版社获取授权时，须确定资源的复制权、信息网络传播权等权利是否在原著作权人与出版社签订的出版合同中有明确约定。如果是音视频资源，审查出版合同时，要明确对于表演者权利、录音录像制作者权利等相关权利的具体约定，明确出版社是否有权利转授，及出版合同是否已经到期等情况。如果图书馆所需要的相关权利作者持有，或出版社不具有转授的权利，则需要联系作者取得授权。必要时，要求出版社提供出版合同或相关权利、部分条款的原件或复印件等相关证明性文件以供判断。

2. 取得授权

在合法获取文献复制权、信息网络传播权等权利授权的同时，图书馆如果要将文献原版原貌发布在网站供读者使用，该图书或期刊的出版时间还没有超过一年，则应获得出版社的版式设计权授权。

3. 约定版权无瑕疵承诺

协议中对授权方的权利及转授权、授权期限等要有明确约定。要保证授权者是真正的权利所有者，保证所提供授权的作品著作权为合法来源，没有侵害他人著作权和其他权利，且所拥有的相关权利无任何版权瑕疵，明确因版权瑕疵所导致的所有法律责任由承诺方即授权方承担。对于版权无瑕疵的承诺条款可以最大化降低图书馆的侵权风险，在一定程度上有效防止合同方侵权而导致图书馆承担授权连带责任。

第五节　应用版权管理技术

一、版权信息管理技术

（一）案例分析

1. 美国密歇根大学图书馆版权审查管理系统

美国在1923—1963年之间出版图书数量达到近50万种，目前很多图书版权已经进入公有领域，可以为用户提供在线的全文阅览服务；对于尚在版权保护期的图书，其利用则受到版权法的严格限制。因此，甄别图书的版权状态对于图书馆应用资源开展服务是至关重要的，但实际上这项工作的开展面临着重重困难，面对这种情况，美国密歇根大学从2007年开始就投入技术服务部门的人员，开始甄别图书的版权状态。2008年，密歇根大学图书馆获得了来自美国博物馆和图书馆服务协会的经费支持，开展为期三年的版权审查管理系统建设，用系统对每种图书的版权状态进行人工核查，CRMS项目的初期目标是开发技术工具，甄别1923—1963年美国出版图书的版权状态，帮助图书馆工作人员和读者在获取和利用图书时做出合理选择。经甄别版权已经进入公有领域的图书，密歇根大学通过Hathi Trust数字图书馆提供在线公开获取服务，最终提升全世界对于文学、学术、科学遗产的公开获取能力。同时，在提高版权状态甄别可靠性的基础上，创造与其他机构合作开展版权甄别的契机，促进世界各国图书馆更好地利用馆藏提供公众服务。为完成项目目标，密歇根大学开发了必要的软件来进行海量版权甄别工作，在长期基金的支持下，项目不断完善系统功能以改进工作流程，提升甄别准确度。

2009年，密歇根大学发布了CRMS系统，两名审查员互相审查对方已审查的图书，如果两次审查结果一致，甄别结果就为最终结果，如果不一致，则进入"专家仲裁"的三次审查流程，最终甄别结果输出更新权利数据库。经甄别已经进入公有领域的图书，就可提供全文获取。2010年6月，CRMS发布了2.0版本，重点加强了界面、导航和文档功能，以及为培训和聚合其他机构审查员而设置的合并功能，旨在改进版权甄别工作的效率。在2010年9月，印第安纳大学、威斯康星大学、明尼苏达大学的审查员通过培训开展了

日常甄别工作。2011年5月，CRMS发布了3.0版本，重点针对甄别Hathi Trust数字图书馆中复本的版权而进行改进。至2011年11月1日，密歇根大学用CRMS完成了11.7万种图书的版权状态甄别，其中约8.7万种（约51%）版权已经进入公有领域，因此，通过Hathi Trusl数字图书馆提供全文资源获取服务。

在CRMS项目成功实践的基础上，密歇根大学及合作单位获得了IMLS拨付的新项目奖金，用于支持2011—2014年CRMS的后续运行工作，同时开始开发和部署CRMS-World系统，将版权审查扩展为国际性项目。在CRMS-World项目中，密歇根大学及合作单位将针对非美国出版作品开发版权甄别工具，首先从英国、加拿大、澳大利亚、西班牙出版的英语图书开始。

2. 国家数字图书馆版权信息管理系统

中国国家数字图书馆工程在实施时，将版权信息管理系统作为资源建设主导项目的子项目之一，2012年基本完成开发建设，于2013年正式投入使用。该系统基于遵循SOAP，XML等Web Service相关协议规范，保证基于SOA架构下与国家数字图书馆工程整体系统其他模块的互联，使用Java语言开发，以B/S架构实现，使用Oracle数据库存储数据，运行在Web shpere Middleware应用服务器中。中国国家数字图书馆工程版权信息管理系统的主要目标是建立国内标准的数字版权信息管理系统，实现国家数字图书馆各种类型资源的版权信息统一管理，并在国家数字图书馆分馆或联盟馆内推广实施，建立全国数字资源版权信息库，推动主馆与分馆之间的版权信息资源共享。

（二）操作建议

数字版权问题贯穿数字图书馆建设和利用的全过程，在图书馆大力发展数字资源采集、加工、组织、保存、发布与服务等信息技术的同时，如何有效管理馆藏资源的数字版权及其授权成为图书馆必须解决的问题。管理系统是数字图书馆技术发展的重要内容，也是整个数字图书馆运行的法律支持和核心基础构件，在推动图书馆尊重、保护和利用版权方面具有重要意义。

1. 选择适用的系统建设方式

版权信息管理系统的开发与建设是一项复杂的系统工程，一般情况下，图书馆主要通过三种方式建设版权信息管理系统：（1）图书馆自主研发。图书馆组织力量自主开发版权信息管理系统，从本馆的实际需求出发，系统功能的针对性和实用性更强，但这也要求图书馆具备相应的开发能力，包括具备较好的人员与技术基础、软硬件条件和经费支持等，并对从系统需求设计、开发、测试到正式部署应用需要较长的时间

周期有充足的考虑。（2）复用其他图书馆的版权信息管理系统。尽管大多数图书馆对版权信息管理系统具有强烈的实践需求，但部分图书馆不具备自主开发的条件，特别是对于一些中小型图书馆而言，没有能力承担系统开发和建设所需要的人力、物力和财力投入。在信息技术标准化的背景下，通过协商和沟通，复用其他图书馆已经完成建设的版权信息管理系统是图书馆有益的选择之一，不但能够避免重复开发带来的浪费，而且可操作性也较强。（3）采购商业化的版权管理系统。目前市场上存在多种信息管理解决方案，其中不乏专门的版权信息管理系统，通过采购引进商业化管理系统也是图书馆的选择之一。采用这种方式建设版权信息管理系统，要求图书馆必须加强对商业化版权管理系统的调研和分析，充分考虑满足本馆需求的情况和信息安全问题，并考虑系统的适用性改造。

2. 设定版权信息管理系统的目标与定位

图书馆馆藏资源类型多样，纸质资源、数字资源等不同类型的资源管理系统可能同时并列存在，而多种类型馆藏之间可能存在密切的关联关系，例如，对于同一种图书，图书馆既采购了纸本图书，也采购了相应的电子图书，并分别在本馆纸本图书管理系统和数字资源管理系统中登记馆藏信息。在这种情况下，图书馆的版权信息管理可能通过两种方式实现：一是在原有的馆藏管理系统中增加版权信息管理模块，记录授权信息及使用情况；二是设计独立的应用系统，以版权信息为主线，集中管理和利用分散分布的馆藏资源，综合考虑版权信息管理的特性、图书馆现有馆藏管理的改造难度以及图书馆综合管理的需求，独立的版权信息管理系统在数字版权管理中的优势更加明显。版权信息管理系统的主要目标是建设版权信息库，实现馆藏信息、授权信息、合同信息三位一体的登记与管理，并提供版权相关信息的查询、检索和统计服务，建立各种资源之间的版权关联关系，以及版权与馆藏资源之间的授权关系，并与数字图书馆其他业务功能及系统之间保持顺畅的数据交换关系。

3. 明确版权信息管理系统的核心功能

针对不同的应用需求，版权信息管理系统的设计可能千差万别，但其核心功能基本是趋于一致的，主要包括：实现各类型资源及其授权信息与合同信息的登记和变更管理，实现版权授权预警管理和合同结算管理；建立和维护图书馆数字资源、纸质资源等多种馆藏资源版权记录的连接，表明各种资源的版权关系；提供版权信息的接收、查询、导航、检索和统计服务；建立与数字图书馆加工、组织、保存、发布服务等其他应用系统之间的调用服务接口；实现本系统的用户管理、数据管理、日志管理、负载监控等运行维护功能。

二、数字版权保护技术

（一）案例分析

1. 面向实时控制的电子书数字版权保护客户端系统及方法

针对电子图书的数字版权保护问题，国内某大学计算机申请了一项"面向实时控制的电子书数字版权保护客户端系统及方法"发明专利，在该项发明中，其客户端系统包括巧|用监视器，用于提供许可证保护、决策及更新；电子书阅读器，用于对数

字内容进行操作；可信系统硬件，用于为引用监视器和电子书阅读器提供安全保护。引用监视器具体包括：许可证保护模块，用于许可证解密及许可证验证；决策模块，用于许可证授权决策及解释，授予电子书阅读器权利，以供其进行相应的操作；更新模块，用于更新影响授权决策的属性；导航控制模块，用于控制模块多线程交互运行。在该发明中，客户端系统采用UCONABC模型作为决策模型，包括主体、主体属性、客体、客体属性、权利、授权、义务、条件8个要素，即时对用权情况进行积极审计，能够实现有效的实时控制功能。而且UCONABC是基于XML设计，使得系统具有良好的开放性和可扩展性，丰富了客户端使用控制功能。

（二）操作建议

数字信息技术的发展大大提高了资源的生产和传播效率，便捷的复制和传播方式同时加大了版权侵权的隐患。数字版权保护技术应用于数字化作品生产、传播、销售和利用的全过程，是针对权利保护的数字化管理技术工具，核心作用是通过安全和加密技术控制数字内容传播，从而在技术上防止数字内容的非法复制和使用。数字版权保护一方面是从内容提供者的角度提供有效的技术手段来保护作者和出版者的版权，使得作者和出版者的利益能够得到保证；另一方面则是要确保内容消费者接受的数字作品信息内容的完整性、真实性和安全性。数字版权保护技术不是一种单一的技术，而是由数字证书、数据加密、数字水印、验证、权限描述等多种技术共同构成的综合技术体系。其中，数字水印（DigitalWatermarking）是目前在图书馆范围内应用最为广泛的一种技术措施。数字水印技术将标识信息直接嵌入到数字载体当中，或是通过修改特定区域结构来间接表示标识信息，并且将嵌入信息隐蔽，在不影响原载体的使用价值、不易被探知和再次修改的情况下，起到标识的作用。数字图书馆中的数字载体可能是图像、音视频、文本等，标识信息即水印信息，可以是序列号、图像、文本等形式，用来识别数字内容的来源、版本、作者身份、合法使用人等重要信息。数字水印技术主要具有以下特点：

1. 安全性

数字水印是以隐蔽手段嵌入的信息，难以篡改或伪造。当原数字内容发生变化时，数字水印一般随之发生变化，对重复添加信息，也具有很强的抵抗性，从而可以用来检测原始数据的变更情况。

2. 隐蔽性

数字水印不易直接被感知，只能通过数据压缩、过滤等方法才能检测嵌入的信息，同时，数字水印不影响被保护数据的正常使用，不会因为添加数字水印而降低原数据的质量。

3. 鲁棒性

鲁棒性就是系统的健壮性，是指数据在经历数据剪切、重采样、滤波、信道噪声、有损压缩编码等多种信号处理过程后，数字水印仍能保持部分完整性而被检测出来。如果擅自去除嵌入的标识信息，就会影响数字内容的质量。

4. 嵌入容量大

嵌入容量是指载体在不发生形变的前提下嵌入的水印信息，嵌入的水印信息必须是足以表示数据内容的创建者或所有者的标志信息。数字水印包括序列号、图像、文本等各种形式。在版权标识方面，之前图书馆常见的做法是在图像、文本、视频等数字载体上直接添加标识信息，使读者能够直接感知这种方式，不但影响视觉效果，且易于被去除或者篡改，使数据的安全性受到影响。数字水印技术是利用数据隐藏原理使版权标志不见或不可听，既不损害数字内容，又能达到版权保护的目的。目前，用于版权保护的数据水印技术已经进入了初步实用化阶段，IBM公司、Adobe公司等就在其产品中提供了数字水印功能，可供图书馆作为技术实践参考。

三、数字资源访问控制技术

（一）案例分析

1. 深圳图书馆实行馆外访问限量规定

深圳图书馆是一家市级公共图书馆，截至2013年4月，正式采购的中外文数据库近90个。针对采购的数字资源，深圳图书馆为持证读者提供到馆访问和馆外访问两种方式。在网站提供的数字资源列表中，设计了馆外访问标识，针对带馆外访问标识的数据库，读者可通过点击馆外访问按钮在馆外免费使用、即时下载，但深圳图书馆根据本馆的采购情况，对各数据库馆外使用采取了控制措施，并在网站上公布《数字资源馆外访问限量规定》，以督促读者在控制范围内合理使用图书馆资源。

（二）操作建议

数字资源访问控制是图书馆常用的数字版权保护措施之一，也是图书馆与数字资源提供商合同约定的必要内容。目前，图书馆进行访问控制的主要方式包括：数字资源发布范围控制、用户认证管理、用户访问行为规范等。

1. 数字资源发布范围控制

图书馆数字资源的来源十分广泛，主要获取渠道包括采购、许可授权、自主建设、征集、捐赠、交换等，各种来源资源的版权状态与使用限制也不尽相同，这要求图书馆在提供发布服务时，必须采用"分类分层"管理，严格按照版权要求和合同约定控制资源的发布范围。控制数字资源发布范围主要依靠数字资源管理系统和用户信息管理系统的设置，控制的依据是数字资源的版权状态。公有领域资源和图书馆自有版权资源允许的发布范围较为广泛，图书馆可根据自身需求选择发布控制；对于尚在版权保护期内的资源，其发布范围则受到法律约束，图书馆应根据本馆获得的授权情况进行发布。因此，在图书馆与资源提供商签订授权合同时，必须明确约定发布范围。通过计算机互联网、局域网、广播电视网、固定通信网、移动通信网等方式提供数字资源服务，涉及信息网络传播权等不同种类的版权，这是图书馆在获取授权中应当重点审查的内容，围绕发布服务范围的问题，图书馆应通过明确的合同约定和有效的权利审查，避免在服务中引起版权纠纷。

2. 用户认证管理

用户认证管理是进行数字资源访问控制的一种必要手段，结构合理、管理有效的用户认证管理系统，能够促进数字资源服务和数字版权管理得到高效、安全、有序的保障。根据不同的认证状态，图书馆用户一般可被划分为匿名用户、非实名认证用户、实名认证用户、集团等类型。图书馆应按照分级分类的原则，结合数字资源授权情况，为不同类型的用户分配不同的访问权限。一般而言，实名认证用户包括图书馆物理卡用户和网络实名认证用户，要求用户使用身份证、户口簿等有效身份证件以真实身份进行注册登记，有条件的图书馆可以探索与公安机关的身份证管理系统进行关联，以提高实名身份认证的准确率和认证效率。实名认证用户身份真实可靠，便于进行用户管理和服务跟踪，图书馆应当提倡使用实名认证，让实名认证用户成为本馆的主体用户，并在合理授权约定内为其提供相对广泛的访问权限。匿名用户，主要是指不需要任何身份认证信息，即可以"游客"身份进行访问活动的用户。非实名认证用户主要指通过一定的网络注册流程，但未使用真实身份信息进行注册的用户。这两类用户由于真实身份不明确，导致图书馆管理和服务追踪的难度加大，因此，图书馆应根据数字资源的版权状态，为匿名用户和非实名认证用户设置相对有限的访问权限。集团用户和VIP用户是图书馆服务特殊的用户群体。集团用户包括企事业单位用户、分馆用户等。由于集团用户的规模可能对权利人版权的收益带来影响，特别是具备采购能力的独立法人用户，因此，一般情况下数字资源提供商在进行数字版权授权时，会针对集团用户提出专门的授权政策，图书馆在进行授权谈判、用户管理、访问范围控制等环节的工作时，对此应有全盘的考虑。如果权利人许可，图书馆可以通过建立镜像站点和专用网络的方式为用户提供数字资源。同样，为VIP用户开放超越一般用户的特殊访问权限也应当得到权利人的许可。

3. 用户访问

在通过数字资源访问控制技术加强数字资源保护的活动中，图书馆不但可以用认证和权限管理完成访问控制的后台操作，同时可以采取明示政策和内置提示功能，以互动的方式对用户访问行为进行规范。图书馆在著作权法律法规和授权合同约定的框架之下，为用户提供数字资源服务，用户的利用行为也必须符合法律和合同的要求。为此，不少图书馆选择通过张贴海报、网络发布等各种方式向用户明示相关信息，使用户明确知晓其在访问图书馆数字资源过程中的权利和义务。例如，本节案例提到的深圳图书馆就在数字资源服务页面公开发布关于数字资源访问权限的规定，用户在开始使用资源之前就能很清楚地了解到图书馆的管理办法。此外，也有图书馆将相关的管理信息内置于具体的数字资源中，在用户利用的特定环境进行提示，如当用户超出访问范围、超过用户使用流量限制时，系统弹出对话框提示用户。为了防止出现用户过量下载的现象，有的图书馆采取限制用户在单位时间内下载资源数量的技术措施。采用这种控制方式时，规定的下载数量应当经过科学合理的测算，并且必须保证用户在开始访问之前能够了解到图书馆的相关规定，以避免引发服务矛盾。图书馆应当合理使用资源，尊重和保护数字资源的版权，同时，也应当采取必要的防范措施，防止出现不当使用行为或侵权行为，并加强用户服务制度建设，发生用户不当使用或侵权行为，图书馆应视情节酌情给予警告、通报、注销用证卡等处罚，将造成严重影响的用户通报相关机构依法管理。

四、数字与网络技术的发展

数字与网络技术的发展极大地推动了国内外数字图书馆的建设与发展，同时也使图书馆面临的著作权问题更加复杂。数字图书馆涉及数字资源建设、数字资源组织、数字资源服务等各项环节与业务，在数字资源建设与服务过程中不可避免地要遭遇著作权问题。能否妥善处理著作权问题，直接关系到数字图书馆项目的资源建设规模、服务模式、服务范围等方方面面。数字图书馆获得信息资源的途径包括两种：一种是获得法律的授权，另一种是获得合同的授权。目前，国内外多个数字图书馆项目在如火如荼地开展，各个数字图书馆都在极力寻求适合于自身发展的著作权解决方案，有的已积累了许多成功的经验，并形成了可被他人借鉴的模式。这些数字图书馆项目解决著作权问题的方式大多从以下几个角度出发：或充分开发公有领域资源，或充分利用著作权法中的权利豁免，或与著作权集体管理组织、出版社、作者等签订授权协议，这些都是数字图书馆建设与发展过程中解决版权问题的有益探索与有效途径。此外，图书馆还需要采取各种措施与手段来保障数字资源版权管理工作顺利开展，例如应用版权管理技术、制定版权规章制度及设置版权管理岗位等。本书通过对国内外数字图书馆建设与服务各环节的侵权风险、版权管理实践案例进行分析与总结，在版权侵权风险防范、版权战略规划制定与实施、利用法律法规与政策支持、获取著作权授权、应用版权管理技术及制定版权管理制度等方面提出了具体的操作建议，以期为图书馆数字资源版权管理工作的开展提供借鉴。

第七章 高校图书馆学科化服务未来的发展趋势

高效图书馆学科化服务是在学科馆员服务基础上不断发展和创新的服务模式。近年来，随着网络技术、Web2.0的深入发展以及泛在网络的提出，一种新的信息环境——泛在图书馆环境正在形成。在该环境下，高校图书馆学科化服务正朝着以用户需求为中心，嵌入用户环境，并与用户亲密合作的嵌入式馆员服务方向发展。

第一节 泛在图书馆

一、泛在图书馆的提出

泛在图书馆一词首先出现在20世纪末。"Ubiquitous"（泛在）一词来源于拉丁文"Ubique"（到处，处处）《简明牛津英语词典》（网络版）解释为"处处呈现、出现或被发现"之意。目前，国外图书馆学情报学领域还没有建立一个清晰的"泛在图书馆"概念体系。许多学者试图从各个角度去阐释这个新的词汇。1999年，Michael Keller用"泛在图书馆"一词来描述对重要内容的网络检索。2003年，韩国学者李恩奉（Lee Eung Bong）认为，泛在图书馆是用户能应用信息设备随时随地获得所需信息的数字图书馆，并且能够通过集成的有线或无线宽带迅速提供相关信息。同年12月，由Charless B.Lowry博士领导的团队直接将"泛在图书馆"作为马里兰大学图书馆未来5年发展的新导向，使"泛在图书馆"这一术语在校园里得到广泛传播。2005年，澳大利亚蒙纳士大学信息技术网发布了一个"泛在图书馆"的研发计划，旨在使用户能在Caulfield图书馆的任何角落检索和返回各种文献。

特别值得一提的是马里兰大学的CharlessB.Lowry博士，他于2005年专门撰文阐明"泛在图书馆"的概念，指出"泛在图书馆"是一个比虚拟图书馆、数字图书馆、电子图书馆更加贴切的未来图书馆的专业术语，并且强调拥有这样一个具有特殊意义、能够与时俱进、若不过分使用则显亲近的术语去描绘图书馆的现在和未来是非常重要的。"泛在"一词的使用传达了这样一个讯息：今天的先进技术如数字服务以及无线技术正在把传统图书馆变成所有的信息服务都能在用户的指尖敲击中得到利用的泛在图书馆。

二、泛在图书馆的概念及特征

泛在图书馆是国外近年来提出的一个新概念，也是一种全新的图书馆理念。英语中 Ubiquitous（泛在）的含义是"无所不在，普遍存在的"。国外也有人将泛在图书馆称为渗透性图书馆或弥散式图书馆。虽然称呼不同，但就其本质来说它们都体现了图书馆的无所不在和图书馆服务的泛在化，即任何人无论在任何时间、任何地点都可以获取图书馆的信息资源和服务。泛在图书馆的重要意义在于它突破现有物理图书馆和数字图书馆的藩篱，打破人们对图书馆的传统认识，真正从用户及其需求出发，遵循用户新的需求，适应用户的行为变化，将图书馆的服务融入用户科研和学习的一线，嵌入用户的科研和学习过程之中。用户在哪里，服务就在哪里，拉近与用户的距离，消除与用户之间的隔阂，模糊和淡化图书馆与用户之间的边界，创造图书馆服务与用户空间和过程有机整合的一种新的平衡状态，为用户提供一种到身边、到桌面、随时随地的服务。可见，"泛在图书馆"的意义不在于提出了一个新概念，而是揭示了图书馆存在的本质和发展前景，其意义是深远而非同寻常的。它彻底改变了图书馆用户服务范围的限制，无缝、动态、交互地融入用户日常行为过程之中，将服务的范围延伸到一切有用户存在的地方，真正体现了图书馆的服务本质和社会使命，是未来知识型社会的一种综合而全面的数字化信息基础设施的重要组成部分。

关于泛在图书馆的特征，目前具有代表性的观点源于美国马里兰大学图书馆馆长 CharlesB.Lowry 和美国乔治南方大学 LiLili。Lowry 认为泛在图书馆的特征是信息在线获取、可获取各种信息资源、全天候的咨询服务、资深馆员参与服务、便捷的用户接入、文献传递以及馆际协作。LiLili 认为泛在图书馆的特征是网络化服务、全天候服务、开放性服务、多格式服务、多语种服务和全球化服务。

根据以上观点，泛在图书馆的特征可概括如下。

（一）以人为中心，真正实现从资源网络到知识网络的演变

所谓知识网络，按照安德瑞斯•休弗特等人的观点，就是为实现服务价值，对服务活动所涉及的人（包括服务者和服务对象）、资源及其相互关系进行合理分析与架构，从而有助于实现知识创造和传递的网络，其基本要素是人、资源及其相互关系。知识网络所强调的是借助于网络所形成的关联关系和以人为导向的知识流动，目的是实现网络中的参与者之间知识的传递、共享、创造和应用。泛在图书馆实现了数字信息服务基础建构由以数字化资源为核心的资源网络转向以人为核心的知识网络，使"人"位于服务环境的中心，各种系统、功能和服务都是由人的需求驱动和设计的，并能够对他们的偏好和行为进行跟踪、分析，作出相应的反映，帮助他们顺利完成学习和工作。

（二）高度智能化，以灵活实现用户信息自组织和知识空间构建

泛在图书馆与泛在网络、泛在学习等新生事物一样，是泛在计算、泛在智能技术发展应用的产物，是硬件、软件、系统、终端和应用的融合，因而高度智能化是其重要特征。泛在图书馆重视信息和知识的"语境"，重视对知识、知识元之间的关系及

语境进行描述，关注知识创建、获取、传播、组织和利用的整个生命周期。泛在图书馆在为用户提供知识服务时，对于用户而言是"透明"的，不易被用户所察觉。它能通过传感器和终端设备与外界进行信息交流，并结合网络技术、语义技术对原始数据进行语义抽取，构建基于行业或学科的宏观知识空间和基于用户特定需要的微观知识空间，以动态、无缝的知识组织方式，使不同格式、不同类型、非结构化的相关媒体信息能够有效地组织，最大限度地实现知识和信息的重复使用。所以，泛在图书馆网络资源库中的每一本书、每一份文献都不再是"孤岛"，它们的内容不再相互隔离，而是成为由一系列相互链接的概念所构成的灵活、流动的组织——每一本书中的每一个词都被互相耦合、串接、引用、摘录、排序、分析、注释、混合、重组，并且被融汇到比以往更深的知识空间结构中；每个页面都读懂了其他的页面（包括音频、视频、图像、虚拟现实等不同媒体形态的资源），每个比特（Bit）都影响着它的伙伴，从而形成一种全新的、"傻瓜化"的共享信息环境和知识空间。

（三）无所不在性，即随时随地、灵活多样的用户接入服务

泛在图书馆的基本理念是为用户提供一种到身边、到桌面、随时随地、无所不在的服务，有用户的地方就应该有图书馆的服务。服务可能在物理的图书馆，可能在用户的实验室、旅行途中，也可能在用户的虚拟社区，是一种动态的、无缝的、交互式的信息传播与利用方式。用户的最大感受是方便、快捷、无障碍。泛在图书馆通过多种载体形态、多种动态渠道为用户提供信息服务，服务获取终端不仅可以是传统的台式机、笔记本电脑，还可能是平板电脑、

PDA（个人数字助手）、掌上电脑、高清晰度电视和手机等一切存在于人们日常生活中的装置或设备，极大限度地体现用户信息获取途径的泛在性。

除此之外，泛在图书馆还有许多与我们传递信息和馆员参与教学和科研相关的特征，这些特征主要包括：①学术检索。学术信息日益增长的优势将使其在网上可以获得全文检索。②资源。泛在图书馆信息应用程序将为用户提供经许可的资源和网络免费资源，以使用户能够将这些杂乱无序的资源进行整合、序化。③专家咨询。通过网络参考咨询服务可与学生专家馆员取得联系。④馆员作用。馆员的作用尤其是在信息素养的培养和构建同步和异步学习能力方面引入注目。⑤设备更新。旧的设备需要加大关注的力度，一些设备需要更换或重新设计以适应泛在图书馆新技术发展的要求。⑥复本存取。图书馆将创建能够减少低使用率资料的复本的合作，同时通过国家和地方的呈缴本制度维持"最终复本"的存取。⑦机构合作。本地和地区为共享资源的合作、利用和网络将在未来发生最大的作用。⑧数图项目。数字图书馆将提供独一无二的特色馆藏，并将使离线检索成为可能，一些数字化的努力将瞄准保护现有公共领域免遭商业利益的侵蚀。⑨领导地位。图书馆将通过计划、数字仓库、数字档案等方式提升高校教师学术成果的检索，占据机构领导地位等。

三、泛在图书馆与学科化服务

学科化服务是图书馆为适应新的信息环境、以用户的需求为中心而推出的一种贴近用户一线的新的服务模式。它打破了传统的按照文献工作流程组织科技信息的方

式，按照科学研究的学科、专业、项目、课题等来获取、组织、检索、存储、传递与提供利用信息资源，从而使信息服务学科化，服务内容知识化。学科化服务以新一代的学科馆员为纽带，通过网络、电话、到研究所、到课题组、到现场、到社区的服务方式，将图书馆的服务延伸到用户群中，融入用户的科研过程中。因此，学科化服务体现出泛在图书馆的理念，从这种意义上，学科化服务就是在创建泛在图书馆，是泛在图书馆功能的体现。具体表现如下。

（一）从图书馆的学科馆员到用户的学科馆员

传统学科馆员的服务往往是从图书馆的业务出发，工作重点常常是某一或某几方面的服务，如收集、整理、评价某个学科的网络资源并建立链接导航，为对口用户提供利用图书馆资源的培训，帮助对口用户进行相关信息的文献检索等。他们的服务通常是以"本地化"的到馆服务为主，是一种单向被动的信息服务模式，因此称之为图书馆的学科馆员。而泛在图书馆环境下，"学科化服务的主要目标是使信息服务从基于图书馆端的系统过渡到基于用户端的系统，从作为第三方系统过渡到成为具体科研活动的有机组成部分"。学科馆员的服务定位与服务模式发生转变。学科馆员面临的挑战是如何面对大量的、散漫的信息整合集成的知识体系，如何将用户从"信息富有"却又"知识贫乏"的状态下解脱出来，主动地深入科研用户之中去，伴随在科研用户左右，随时为科研用户提供及时准确的服务。学科馆员以满足科研用户的需求为最终服务目标，通过泛在的服务方式为科研用户提供学科化的知识服务。

（二）从以利用图书馆为目标到以利用信息和知识为目标

在数字化网络的信息环境背景中，科研用户的信息行为已不再是纯粹地以图书馆提供的各种信息资源为目标，他们更需要的是从不同渠道、利用不同方式获取各种载体之上的不同类型、不同形态的信息与知识。他们的信息行为从单一的以利用图书馆为目标转变到以利用广泛存在的信息和知识为目标。传统意义上的图书馆界限越来越模糊，取而代之的是呼唤泛在图书馆这样的超越时空的服务机制。

从学科馆员的角度来讲，作为用户信息服务的第一责任人，学科馆员不能单纯地从图书馆角度出发，将某一个图书馆所拥有的信息资源简单地推介给用户。学科馆员的任务不是推销（marketing）某一个图书馆，而是要将泛在信息系统化、知识化，并通过无所不在的服务模式帮助用户构建用户需要的信息环境。例如，中国科学院国家科学图书馆在重视到馆的服务，为用户建立"研究生学习交流室"的集成的学习科研环境的同时，还为不到馆的用户提供"服务到人"的学科馆员服务，做到责任到所、服务到所、考核到所。同时，还将用户培训的课件放到"空中课堂"，在"科苑星空"建立图书馆专版等。

（三）从各自为战到协同工作

传统学科馆员的信息服务模式决定了他们基本上是各自为战，独立服务于各自的学科领域。随着科学的发展，学科间的交叉与渗透越来越明显，信息环境也变得越来越复杂，科研用户对专业化服务的要求也越来越高。显然，这种各自为战的工作方式已经很难满足用户深层次、跨学科领域的信息需求。以此信息环境为背景的泛在图书馆的服务模式应该是一个具有新的组织结构、在功能上相互协作的团队式工作模式，只有这种工作模式才能形成以各种类型人员和部门结成的服务网络，体现泛在图书馆"24×7"的服务特征，体现在任何时间、任何地点都能为科研人员提供跨地区、跨学科领域的系统化、深层次的学科服务。这种团队式的工作模式包括学科馆员之间的协同、不同部门间的协同、不同图书馆间的协同、总分馆间学科馆员的协同及不同学科领域之间的协同。例如，中国科学院国家科学图书馆为用户提供的原文传递服务、实时参考咨询服务、馆际互借服务等。

（四）从信息中介到科研合作伙伴

传统的学科馆员扮演着信息与用户之间的中介的角色。他们在图书馆所拥有的资源与用户的需求之间建立起沟通的桥梁，起到图书馆与用户之间联络员的作用。泛在图书馆环境下的学科化服务要求学科馆员仍然要保持信息中介的角色，并将广泛存在的、无序的信息进行提炼、组织、加工，提供给用户使用。但同时更要以科研合作伙伴的角色深入科研一线，面向重点科研用户，主动与科研用户保持密切联系，了解学科需求，密切跟踪学术研究动态与学术前沿，利用信息分析工具，对学科发展现状、比较研究和发展态势等经过定量和定性分析，提供给用户，作为其确定科研战略的重要依据。

（五）从提供资源利用的指导到充当用户的信息环境顾问

提供对资源利用的指导，开展用户信息素质教育，一直是学科馆员的主要任务之一。学科馆员花费大量的时间和精力用于向用户讲解图书馆使用方法、文献检索与利用技巧等。在信息资源数量剧增，信息环境变得日益复杂的形势下，用户常常是不知所措、无能为力。学科馆员作为专业的信息服务人员，应充当用户信息环境顾问的角色。为用户应对信息环境的变化和更好地驾驭信息环境出谋划策和提供指导。这是学科馆员和图书馆的新职能，它超越了传统图书馆服务的界限，但它是用户所需要的，也是学科馆员责无旁贷的责任。

第二节 泛在图书馆环境下嵌入式馆员的泛在化服务

随着数字图书馆建设的发展和Web2.0的应用，泛在图书馆和嵌入式馆员已成为学术界讨论的热点论题。在泛在图书馆的环境下，高校图书馆学科化服务也必将向着嵌入式馆员服务的发展方向演进。

一、嵌入式馆员的概念及特点

1993年，是图书馆学专家从事实践性工作具有重大转变的一年。在这一年里，Tom Davenport和Larry Prasak发表了《公司资料库的产生》一文，并在文中对图书馆员提出了8条建议。其中，前两条是：走出图书馆，走向各行业，主动获知信息需求者和信息拥有者，并帮助他们相互联系。同年，Michel Bamvens发表了《网络图书馆员宣言》。他在文中介绍了自己作为一名图书馆员在虚拟网络环境中的工作经历，并提出了"Cybrary Network"模型，以建议重视信息需求的公司从战略角度虚拟设置网络图书馆员，将那些接受过良好培训，具有 IT 素养的人员吸收到管理团队中。自此，一些图书馆员遵循上述建议和模型，经过多方面的探索，最终以一种新的服务模式描述了图书馆员的职位。这种新的服务模式被称为"嵌入式馆员"。

目前，对嵌入式馆员还没有一个确切的定义。在众多说法中，以下观点较有代表性：田纳西州立大学的馆员认为，嵌入式馆员是将自己作为助教、联合指导者或联合设计者添加到在线课程的馆员。Shumaker 认为，嵌入式馆员是在可扩展的一段时间内专门为某一用户（群）服务的馆员，是由用户而不是图书馆付费的，也许有一个在用户区域内的办公室。从以上表述可以看出，无论对嵌入式馆员进行怎样的定义和描述，它们都具有一些相似的职能，如导航数据内容，提供新闻更新和 RSS 种子、监管社会化网络站点、指导资源的使用等。而这些职能与参考馆员、学科馆员提供的服务极其相似，所不同的是嵌入式馆员是从服务方式的角度进行划分而不是按功用或是学科进行划分的。据此，任何一个馆员，包括参考馆员、学科馆员都可以成为嵌入式馆员。

与用户亲密合作是嵌入式馆员最为显著的特征。在当今信息过载的时代，传统馆员的职能和提供的服务（检索、整合、报告信息）已无法满足用户的需求。用户需要的是引路人和指导者，需要的是在深入服务内容中提供更深层次的高质量的服务馆员。也就是说，馆员要走出图书馆、走进课堂、走进企业等去与用户（学生、教师、职员）亲密合作，去发现他们真正的信息需求，并积极主动地参与到课题或项目中去，通过与用户之间的亲密合作来提供高质量的服务，而这正是嵌入式馆员服务的关键所在。

（一）嵌入式馆员的发展历程

国外高校在 20 世纪 90 年代后就普遍采用的学科整合式信息素养教学是嵌入式概念引入学科馆员的实践基础，嵌入式是在此基础上深入和改进的，但学科馆员与嵌入式学科馆员是不可相互取代的。嵌入式学科馆员大致按以下历程逐渐发展：学科联络员—学科咨询员—学科导航员—与教学科研相整合的学科馆员—嵌入式馆员。

1. 学科联络员

自 1998 年清华大学图书馆建立学科馆员制度后，国内许多高校也陆续建立了学科馆员制度。他们一般都具有某一学科背景，负责对口院系数据库培训、参考咨询、文献检索课的教学、评价和搜集相关学科的文献资料等。尽管这些学科馆员大多数都能起到将图书馆与各学科院系相联系的桥梁作用，但学科服务的深度还不够，很多工作只是停留在表面，这种学科馆员服务在某种意义上只能被称为学科联络员。

2. 学科咨询员

图书馆服务方式不断变革和发展，各学科分支更加细化，研究的课题越来越专深，而院系学科科研人员对较深层次的信息需求量越来越迫切。如何更好地为院系专家学者服务，为研究课题提供优质专深的信息服务，自然成为图书馆参考咨询工作的重点。

学科馆员不能只坐在办公室里通过网络把课题相关的资料提供给课题组，这与学科馆员的服务宗旨相悖。学科馆员应将服务延伸到科研中，加入课题研究队伍里，及时掌握课题的发展。在研究课题进行的不同阶段，科研人员对信息的需求是不同的，学科馆员要穿插整个课题的始终，要及时有效地建立检索策略，满足信息检索和信息咨询的需求。

3. 学科导航员

随着信息技术的高速发展，信息来源日益增多，大多数高校图书馆学科馆员都在为各自学校的重点学科及用户的需求积极开发和整合网络资源，建立学科导航库。有些学科馆员甚至更加深入地参与指导学生的专业课程学习，在学生投入大量时间阅读参考资料之时，学科馆员主动给予指导，让学生以较少的时间而获取足够的信息资源。国外很多大学生的学科馆员已经开始为各学科建立学科服务网。例如，在加拿大圭尔夫大学图书馆中，学科馆员为120个学科制订了学科导航，有些学科馆员还制订了一些课程导航，他们制订的导航策略一般包括该学科的背景资料（如专业术语、词典、图谱等）、该学科的核心期刊（收录该期刊的数据库使用指南）、研究该学科内容的主要网址和对网站内容的评价、与该学科相关或相近主题的机构指南等内容。

4. 与教学科研相整合的学科馆员

在学科馆员工作深入开展的背景下，学科馆员开始主动和院系教授联系并开展合作，在双方取得相互尊重和诚意的前提下，学科馆员参与到课程教学和科研中来，将图书馆及其资源利用整合到学科建设中。学科馆员随堂听课，根据课程内容设立课程导航，对学生的课程作业进行评审，深入了解师生对专业信息的需求，及时制订指导方针，帮助师生更好地理解专业内容。这种学科馆员与教师合作成功的范例在国内外不断涌现，并为嵌入式学科馆员工作的开展作了很好的铺垫。

（二）嵌入式馆员提出的现实意义

嵌入式馆员的提出为高校图书馆学科馆员服务提供了新的思路，其意义主要表现在以下几方面。

1. 适应用户信息环境变化的需求

网络已成为人们日常生活、学习、科研活动不可或缺的内容，用户希望足不出户就可以在办公室、实验室、家中或出差途中随时随地获取和利用所需要的信息。在新信息环境下，嵌入式馆员通过利用先进的网络技术和图书馆2.0技术，利用电子邮件、虚拟参考咨询系统、BLOG、QQ、NSN等实时通信工具及其他沟通联络方式，与用户建立紧密互动的服务关系，使用户在遇到问题时，足不出户就能得到及时、专业的帮助。对嵌入式学科馆员，用户能"首先想到你，广泛地知道你，方便地找到你，有效地利用你，良好地评价你"。

2. 满足用户信息需求变化的需要

现代信息社会，用户对知识的需求越来越具体、越来越个性化。嵌入式馆员服务是图书馆为适应新的信息环境、以用户的需求为中心而推出的一种贴近用户一线的新型服务模式。嵌入式馆员以其独特的嵌入式服务方式，把图书馆服务的触角延伸到用户的方方面面，为用户提供全程的贴心服务，真正做到了"用户在哪里，嵌入式馆员就在哪里，嵌入式服务就在哪里"，体现了以用户及其需求为中心的图书馆服务理念。

3. 深化图书馆学科化服务的需要

在新的信息环境下，如何进一步深化学科馆员服务，建立真正符合用户需求的学科化服务机制，已成为图书馆努力的方向。2007年，ACRL在其123家成员馆中进行了学科馆员服务大型调查，各馆学科馆员大都认为其服务中最大的挑战在于如何建立与教员间的合作关系，保持与学院的持久联系，体现了美国学科馆员对于融入用户、嵌入学科的关注。在国内，中国科学院国家科学图书馆于2003年实施了"资源到所，服务到人"的战略，并于2006年进一步实施了"融入一线、嵌入过程"的战略，建立专职的嵌入式学科馆员团队，要求学科馆员走出物理图书馆，直接融入用户之中，嵌入用户的科研过程之中，为用户提供个性化、学科化、知识化的信息服务。

4. 提高图书馆核心竞争力的需要

信息环境的变化，Google、Baidu、Yahoo等网络搜索引擎和检索工具的发展，使得人们到图书馆学习的主观愿望不再强烈。有资料显示，84%的用户使用搜索引擎进行信息检索，只有10%的大学生认为图书馆的馆藏可以满足他们的信息需求，90%的用户对使用搜索引擎获得的信息表示满意。可见，用户已经将搜索引擎作为信息获取的首选，这使得用户与搜索引擎的关系日渐亲近和密切，而与图书馆间的关系变得愈加疏远和陌生，图书馆将失去越来越多的赖以生存和发展的用户。因此，图书馆要想在竞争的环境中求得生存、求得发展，就必须采取创新的服务方式和服务手段，而嵌入式馆员服务就是一种行之有效的服务模式。

（三）嵌入式馆员与传统馆员的区别

1. 服务时间上

传统馆员主要通过电话、到馆、邮件服务来满足用户需求。虽然电话能较快满足用户的需求，但到馆咨询及邮件服务却因受地理位置、上班时间等限制，用户需求未必能得到及时满足。而嵌入式馆员则能在较短的时间内为用户提供实时服务，可通过"一站式咨询平台"实时地显示用户最新提出的问题，并利用QQ等实时通信工具，及时回答用户咨询。此外，还可以通过图书馆Web2.0技术及个性化服务，在第一时间内为用户提供多种信息需求服务。

2. 服务地点上

传统馆员的服务地点主要是图书馆，包括物理图书馆和数字图书馆，馆员主要在图书馆内进行以图书馆为中心的服务。而嵌入式馆员的服务地点除了传统馆员的服务地点外，还可深入地扩展到用户的物理空间和网络空间，如办公室、实验室、BBS、E-mail、Blog等，以此体现无处不在的泛在知识服务。

3. 服务深度上

一般来说，传统馆员提供的是基于文献或信息单元需求的文献服务或信息服务，这些服务只是暂时满足了用户的浅层需求却并没有深入用户的深层需求中去，而嵌入式馆员则可运用自己的学科知识，深入用户的项目、课题研究中，并跟踪用户需求，挖掘出用户真实及潜在的需求，从而提供面向用户需求的解决方案。

4. 服务中心上

传统馆员的服务是以图书馆文献资源为中心，而嵌入式馆员则是以用户和用户教育为中心；传统馆员提供的是图书馆的信息资源服务，而嵌入式馆员所提供的是一些建议性的帮助。也就是说，如果传统馆员是授之以鱼，那么嵌入式馆员更多的是授之以渔，更多的是教给用户获取信息的方法。

5. 服务方式上

传统馆员为用户提供的服务是被动的，也就是用户需要什么信息，馆员就被动地提供什么样的信息需求服务。而嵌入式馆员则是采取主动的服务方式，积极地满足用户需求，甚至是满足用户尚未意识到的、潜在的信息需求。目前，通过 Web2.0 技术，如 Blog 与 RSS 聚合器，嵌入式馆员主动对信息的推送服务已有了很多的实现途径和实现方式。

二、泛在图书馆环境下嵌入式馆员的泛在化服务

泛在图书馆是一种全新的图书馆理念，是未来图书馆存在的重要形态，是一种新的信息环境。在泛在图书馆环境下，高校图书馆学科化服务将以嵌入式馆员服务为主要服务模式，为用户提供泛在化的、无所不在的贴心服务。主要表现在以下几个方面。

（一）服务环境上

1. 嵌入用户一线或虚拟空间

传统的图书馆员主要是在图书馆内进行服务，是以图书馆为中心的服务，而在泛在图书馆环境下，图书馆提供的是以用户及其需求为中心的服务，它所体现的是一种嵌入式的泛在化的服务特色，即嵌入式馆员的服务特色。

在国内，中国科学院国家科学图书馆的学科馆员从某种意义上扮演了嵌入式馆员这一角色。该馆（总分馆）34 名学科馆员的服务场所不是在图书馆、办公室，而是在全院 116 个服务单元（研究所、野外台站）的一线和用户所在的各种虚拟空间。学科馆员运用自己的学科知识、文献情报技能和良好的服务能力，为用户提供包括检索和工具的培训、文献信息咨询、学科情报研究、研究所资源配置分析、用户个性化知识环境构建等嵌入式服务。这样，不仅极大地提高了图书馆在研究所和用户中的显示度、贡献度和影响力，而且还激发了学科馆员的成就感和职业归属感。在国外不少高校，如 URI、CCV 等都实施了嵌入式馆员服务项目。以 CCV 大学为例，该校由 12 个校区构成，它主要是通过深入用户一线及在线服务的方式向学生提供相应的指导。自项目实施以来，已取得了显著的成效。

2. 嵌入用户学习环境

泛在图书馆环境下，嵌入式馆员融入用户的学习环境，主要表现在：①通过知识管理平台，利用各种知识管理技术帮助用户解决学习过程和系统中出现的各种问题，加强对知识的创造、获取、加工和应用。②通过提供检索工具帮助用户快速、方便地获取所需学习资料，特别是 E-leaming 系统以外的相关资料。③通过知识发现机制和数据挖掘工具，帮助用户对获取的信息进一步分析，找到学习资源中隐含的知识或模式，以促进知识的增值。

3. 嵌入用户工作环境

　　泛在图书馆中，嵌入式馆员可融入用户工作环境中，利用知识管理平台和技术，为科研提供持续的增值服务：①为用户提供单一的信息、平台和检索工具，使用户能够方便快捷地获取各种STM全文资源。②对用户科研活动中产生的科研数据进行收集、整理、存储和传递，以促进用户对科学数据的长期获取和利用。③利用知识地图构建工具，为用户提供知识及其相互关系的链接组织方法，帮助他们按照自己的需求以及需求的变化构造个性化的、灵活动态的知识地图。

　　4. 嵌入用户日常生活环境

　　在泛在图书馆服务中，嵌入式馆员不仅通过提供检索技术帮助用户方便地查找所需的各种信息，还可通过智能标签技术等支持用

　　户按照自己的意愿对信息进行个性化分类，促进知识的共享以及通过社会公告牌、Wiki、Blog等技术提供与日常生活紧密相关的信息（如天气预报、火车时刻表、物价表、股票行情等），帮助用户了解专题信息、新闻和社区公共事务，促进用户参与社区事务讨论，从而使嵌入式服务在用户日常生活和社区活动中发挥积极主动的作用。

（二）服务内容上

　　泛在图书馆环境下，嵌入式馆员的服务内容极为广泛，从类型上看，可分为以下几种。

　　1. 嵌入式咨询服务

　　在信息大爆炸的今天，用户要在海量信息中寻求有用的信息已变得日益艰难。面对庞杂的信息，用户时常感到束手无策。这就需要图书馆员在新的信息服务中引领用户并满足其信息需求，而嵌入式咨询服务正好把这一愿望变成了现实。

　　一方面，嵌入式咨询服务改变了传统馆员在图书馆等候用户到馆咨询的服务方式，嵌入式馆员主动地走出图书馆为用户提供面对面的信息咨询服务，如参与企业项目的策划、与教师亲密合作、为教学科研提供信息资源服务，并紧密围绕教研开展各项活动等。另一方面，嵌入式馆员充分利用新一代网络技术和图书馆2.0技术，利用电子邮件、虚拟参考咨询系统、Blog、QQ、MSN等实时通信工具，为用户提供实时虚拟咨询服务。例如，东北师范大学图书馆馆员利用QQ、MSN开展的嵌入式咨询服务等。

　　2. 嵌入式教学服务

　　嵌入式教学服务是指嵌入式馆员为高校教学提供的一系列服务。它是指教师在教学过程中，嵌入式馆员帮助教师进行相关课程的文献检索教学，从而增强学生的自学能力、知识的自我更新能力、科研能力及创新能力的服务。

　　在嵌入式教学服务中，嵌入式馆员走入课堂，将图书馆相关资源和服务介绍给学生，并在学生以后的学习日程中进行一系列的信息素质教育。在美国，嵌入式教学服务已相当普遍，如康奈尔大学图书馆员与教师合作授课，即在一门课程中有一两节课由嵌入式馆员主讲。这样，既帮助学生掌握了利用学科文献的知识，又为馆员深入院系发挥作用提供了机会。目前，此种授课方式已成为康奈尔大学用户教育的主流方式。至2006年，仅康奈尔大学图书馆就参与了179门课的合作授课，而且绝大多数分馆也都与院系建立了合作教学关系。

3. 嵌入式科研服务

嵌入式科研服务是嵌入式馆员针对科研工作者而开展的一项服务。馆员嵌入科研活动中能够更加及时、更加清楚地了解科研的相关信息，了解目前科研工作者的思想。更为重要的是，嵌入式科研服务能够深入科研工作者的科研项目中，深入科研工作者知识需求的解决过程中，并与科研工作者亲密合作，协同完成科研项目。以维克森林大学的嵌入式馆员为例，2007年该大学嵌入式馆员Susan加入社会学系夏季课程小组，并跟随小组成员完成为期两周的加利福尼亚北部到南部社会阶层方面的一项社会调研。在沿途，她主要的工作是帮助和指导学生处理信息技术问题，包括建立Blog、上传照片并维护在线互动课程网站等。通过Susan的帮助及调研过程中的理论联系实际，学生搜集、整理、处理、发布信息的能力均有了较大提高，并具备了一定的处理和驾驭信息的能力。在国内，中国科学院国家科学图书馆于2003年实施了"资源到所，服务到人"的战略，采取多种服务方式，将资源开通到科研人员的桌面上。并于2006年进一步实施了"融入一线，嵌入过程"的战略，建立专职的嵌入式学科馆员团队，深入科研一线，提供到所、到组、到人的服务，对全院的科研工作起到了积极的推动作用。由此可见，嵌入式馆员的泛在化服务在科研过程中的作用是不可低估的。

4. 其他领域的嵌入式服务

在政府部门、营利组织和非营利组织等领域内，图书馆因其服务类型的不同，馆员的服务也随着具体环境的变化而不同。在这些领域，对馆员的称呼也多种多样，有嵌入式馆员，也有研究馆员、项目信息专家、信息分析家、知识分析家等。但不管怎样称呼，他们只是在职能深度和层次上有所不同，而其核心职能都是嵌入用户环境，与用户亲密合作，满足用户需求。目前，嵌入式服务在这一领域的应用尚不太多，最为有名的有MITRE公司、BCBSF公司等的嵌入式服务。而这种嵌入式服务不仅体现了图书馆服务的泛在化，而且也体现了图书馆的社会价值。

（三）服务手段上

泛在图书馆中，用户需求的无限与图书馆有限的人力形成了矛盾，这就要求图书馆员必须学会利用先进的技术来开展服务工作，通过平台、工具等泛在化服务手段的运用来解决用户的问题。

1. 利用短信方式将服务嵌入用户的手机、PDA等移动设备

随着手机等移动设备的普及和无线网络的成熟，将图书馆服务融入用户的手机等移动设备中已成为大势所趋，国内外图书馆已进行了较多的实践。例如，北京理工大学馆员通过手机短信实现用户相关借阅信息、到期信息、预约信息等的推送服务；上海图书馆员通过手机短信支付的方式为用户提供数字资源的查询和下载服务；墨西哥Tecnologicode Monterrey大学馆员则利用无线通信技术为用户提供无线通信环境下数字图书馆的访问和资源获取服务等。这些都为嵌入式馆员利用移动设备为用户提供泛在化的服务积累了丰富的经验。

2. 利用桌面工具将服务嵌入计算机桌面

目前，嵌入式馆员利用桌面工具为用户提供泛在化服务的方式主要有两种：一种

是利用浏览器插件工具，使用户不必登录图书馆网站就可以实现资源的检索、定制、个人信息查询等。例如，清华大学图书馆员利用 LibX 定制的 THU，为用户提供馆藏目录、电子期刊的快速查找和馆藏文献电子版全文的获取、邮箱提醒等服务。另一种是运用桌面信息工具。以中国科学院国家科学图书馆推出的 E 化通为例，嵌入式馆员通过运行在用户计算机上的 E 化通系统，为用户提供不需要登录图书馆网站就可以直接查询相关馆藏目录、数据库资源、辞典、翻译、科学数据等信息的服务。凡此种种都体现了嵌入式馆员泛在化服务的特性。

3. 利用 IPTV 系统将服务嵌入用户环境

IPTV（即互联网协议电视）是一种通过高性能宽带网传输信息的新型电视。它不同于传统的模拟有线电视，也不同于经典的数字电视。在 IPTV 系统下，嵌入式馆员不仅可以为用户提供广泛的、自由的宽带网电视资源以及在规定时限内任一电视节目的服务，还可以在用户观看电视节目时提供上传有关要求的信息服务。从我国发展状况来看，目前正在图书馆推广 IPTV 的有上海等地。2005 年年末，上海某图书馆将 IPTV 引入，并建立了 IPTV 视频中心。在清鹤数码 IPTV 系统下，图书馆员为用户提供图书馆各类别的视频资料、电视频道的直播及一些频道的时移功能等服务，从而改变了用户的阅读习惯，拓宽了用户知识获取的途径。可以预测，当教育进入 IPTV 的服务范围时，电视图书馆将会有新的发展。这样，嵌入式馆员利用 IPTV 系统将服务嵌入用户环境将会成为高校图书馆学科化服务的一种发展趋势。

4. 通过其他方式将服务嵌入用户熟悉的环境

面对图书馆用户日益减少，很多图书馆已经努力将服务融入用户的使用环境中。例如，清华大学图书馆员借助 SFX 生成包含所有电子馆藏信息的 XML 文件，为校园内的师生提供全文信息的获取服务。中国科学院国家科学图书馆员通过在"科苑星空"BBS 设立的"E 图淘宝"板块，将图书馆服务动态、使用图书馆需要注意的问题、重要资源推荐等融入用户经常使用的 BBS 中。Ryer-son 大学图书馆员通过 OPAC 搜索工具栏将服务嵌入用户最常使用的社交网站 face book 中等。

总之，在泛在图书馆环境下，图书馆的信息组织、服务方式和教育模式都发生了深刻的变化。而作为泛在图书馆的主要服务模式——嵌入式馆员服务，它在图书馆的泛在化服务中发挥着重要的作用。与传统的学科馆员相比，嵌入式馆员融入泛在图书馆的服务理念、服务模式和服务成效，充分体现了泛在图书馆"无所不在、无时不在"的本质特征，从而使高校图书馆学科化服务展现出广阔的发展前景。

参考文献

[1] 赵静.高校图书馆的功能演进［M］.北京：清华大学出版社.2016.

[2] 于亚秀，汪志莉，张毅.高校图书馆创新服务［M］.上海：上海社会科学院出版社.2016.

[3] 范国崴.高校图书馆现代化管理［M］.长春：吉林人民出版社.2016.

[4] 徐婷.高校图书馆门户网站建设［M］.上海：上海社会科学院出版社.2016.

[5] 林水秀.高校图书馆资源建设与管理研究［M］.长春：吉林大学出版社.2016.

[6] 赵洁，王维秋.高校图书馆文献采购理论与实践探索［M］.北京：中国农业大学出版社.2016.

[7] 储节旺.首届安徽省高校图书馆服务创新大赛案例汇编［M］.合肥：中国科学技术大学出版社.2016.

[8] 刘芳.大数据时代高校图书馆信息服务创新研究［M］.北京：光明日报出版社.2016.

[9] 郭娟娟.基于员工援助计划模式的高校图书馆人力资源管理研究［M］.合肥：合肥工业大学出版社.2016.

[10] 广州市图书馆学会.现代图书馆研究系列 图书馆合作创新与发展 2016年卷［M］.广州：暨南大学出版社.2016.

[11] 包瑞.高校图书馆服务与资源开发［M］.长春：吉林大学出版社.2017.

[12] 毕东.高校图书馆党建研究与实践［M］.北京：光明日报出版社.2017.

[13] 何秀荣.高校图书馆创新发展研究［M］.北京：中国农业大学出版社.2017.

[14] 卢家利.21世纪美国高校图书馆管理与服务［M］.桂林：漓江出版社.2017.

[15] 陈进.高校图书馆阅读推广案例精编［M］.北京：海洋出版社.2017.

[16] 王志华.跨文化背景下中美高校图书馆比较［M］.中国广播影视出版社.2017.

[17] 徐娅囡.新形势下高校图书馆的发展与创新研究［M］.北京：中国纺织出

版社.2017.

[18] 孙秀斌，田会明，李洪伟.高校学生图书馆利用指导教程［M］.黑龙江大学出版社.2017.

[19] 张涛.图书馆利用与文献检索［M］.长春：东北师范大学出版社.2017.

[20] 张白影，聂道良.图书馆工作论丛 第6辑［M］.北京：北京理工大学出版社.2017.

[21] 陈进.高校图书馆服务创新案例精编［M］.北京：海洋出版社.2015.

[22] 严潮斌，李泰峰.高校图书馆资源与服务体系建设研究［M］.北京：北京邮电大学出版社.2015.

[23] 张晖.高校图书馆信息服务创新研究［M］.北京：清华大学出版社.2015.

[24] 詹长智.高校图书馆"十三五"规划 理论与方法［M］.北京：海洋出版社.2015.

[25] 高凡.高校图书馆发展规划编制指南［M］.北京：海洋出版社.2015.

[26] 艾家凤.高校图书馆人力资源管理研究［M］.合肥：中国科学技术大学出版社.2015.

[27] 覃凤兰.高校图书馆数字资源绩效评价［M］.武汉：武汉大学出版社.2015.

[28] 张晖等.高校图书馆资讯中心模式研究［M］.北京：清华大学出版社.2015.

[29] 康敬青.基于网络环境的高校图书馆信息服务体系研究［M］.北京：地质出版社.2015.

[30] 曹树金，杨涛，陈忆金.网络环境中公共图书馆和高校图书馆用户需求实证研究［M］.北京：学习出版社.2015.